目　录

前言

　　人生价值观是人们对于人生意义（"人为什么而活"）、人生理想（"人生的目标和追求是什么"）、人生道路（"人生价值和追求如何实现"）等人生基本问题的总的看法和根本观点。进入新时代，习近平总书记多次强调树立正确的人生价值观对于青少年成长的重要意义。"我们教育引导学生，一个重要任务就是用中国梦激扬青春梦，为学生点亮理想的灯、照亮前行的路。"[①]"广大青年要坚定不移听党话、跟党走，怀抱梦想又脚踏实地，敢想敢为又善作善成，立志做有理想、敢担当、能吃苦、肯奋斗的新时代好青年。"[②]我国青年人生价值观现状总体积极向上，呈现出关注自我价值的实现等时代特征，也存在社会取向与个人取向矛盾冲突、远大的人生理想与功利化的人生道路选择对立并存等现实问题。新时代青年人生价值观教育既要在"日常化、具体化、形象化、生

[①] 中共中央文献研究室《习近平关于青少年和共青团工作论述摘编》，中央文献出版社，2017年，第18页。

[②] 习近平《高举中国特色社会三义伟大旗帜　为全面建设社会主义现代化国家而团结奋斗：在中国共产党第二十次全国代表大会上的报告》，人民出版社，2022年，第71页。

活化"上下功夫,又要自觉地推进"生命化",实现正确的人生价值观从"入耳入脑"向"入心"的发展飞跃。这一问题的实质是:如何将"我们想要什么"的社会价值导向与"我想要什么"的个人价值取向有机衔接,如何将国家建设、社会发展的价值预期与个人生命成长的价值期待相互融通,如何使社会主义核心价值观内化为人心所向,具化为生命样态,最终成为每个社会成员的人生价值观。本书紧密聚焦青年这一决定未来整个社会价值走向的关键群体,运用跨文化的研究方法,着力探寻社会主义核心价值观个人化、生命化的普遍性规律及其区域性特质,力求为新时代下我国社会主义核心价值观的建设提供支撑。

随着全球化的不断深入,世界各国在教育领域的交流与合作日益增多,青年人生价值观教育作为高等教育的重要组成部分,也日益受到广泛关注。在这个背景下,对青年人生价值观教育进行系统研究,不仅有助于我们更好地认识和理解教育的发展规律,也可以为我国青年人生价值观教育提供有益的启示。在 21世纪的今天,世界各国在教育领域的交流与合作日益密切。青年人生价值观教育作为教育的重要组成部分,不仅关乎未来社会的发展,而且对培养具有全球视野和责任感的人才具有重要意义。因此,对青年人生价值观教育进行深入研究,具有重要的理论和实践意义。我国青年人生价值观教育注重集体主义、传统、家庭、社会责任等价值观,强调青年的道德素质和社会责任感。对青年人生价值观教育进行系统研究,有助于我们更好地认识和理解人生价值观教育的本质,也可以为我国青年人生价值观教育实效提供有益的思路。我们期待这项研究能为我国青年人生价值观教育的改革和发展提供一些有益的思考和启示。

一、研究缘起

党的十八大以来,以习近平同志为核心的党中央高度重视青年工作,站在党和国家事业发展薪火相传、后继有人的战略高度,关心青年的成长进步,并围绕青年工作发表了一系列重要论述,为新时代党的青年工作指明了前进方向,并深刻论述了新形势下青年工作的重大理论与实践问题。特别是党的十九大报告明确指出"青年兴则国家兴,青年强则国家强"[①],"中华民族伟大复兴的中国梦终将在一代代青年的接力奋斗中变为现实"[②]。由此可以看出,青年群体对国家和社会发展的推动力量之强大,国家和社会对青年的寄望之深。同时,在世界大发展大变革大调整时期,青年群体也承载着重要的时代使命和道德角色,尤其是随着时代发展,各国之间的联系与依存日益加深,构建人类命运共同体成为时代的要义,也对青年人生价值观的构建提出了新任务。

第一,深化推进社会主义核心价值观建设的客观要求。在当前全球化、信息化、多元化的社会背景下,世界各国青年的人生价

[①] 习近平《决胜全面建成小康社会 夺取新时代中国特色社会主义伟大胜利:在中国共产党第十九次全国代表大会上的报告》,人民出版社,2017年,第70页。
[②] 同上书,第70页。

值观教育面临着诸多挑战和机遇。通过系统研究,我们可以深入理解社会主义核心价值观的内涵与外延,探索在新时代背景下如何更有效地推进社会主义核心价值观的建设,以满足社会发展和人才培养的客观需求。这将有助于我们更好地引导青年树立正确的世界观、人生观和价值观,培养具有社会责任感和历史使命感的新时代青年。社会主义核心价值观作为主流价值共识,是中国特色社会主义的本质体现,是强国之基,是民族之魂。其倡导的价值理念具有强大的道义力量,昭示的前进方向契合中国人民的美好愿景,对我们铸牢理想信念、坚守价值追求具有重大意义和价值。党的十八大以来,以习近平同志为核心的党中央高度重视培育和践行社会主义核心价值观,提出了一系列重要思想,作出了一系列重要决策部署,推动社会主义核心价值观的培育和践行。党的十九大立足于新的实践和时代要求,对进一步深化推进社会主义核心价值观建设提出了新要求。因此,要进一步深化推进社会主义核心价值观建设,除了贯彻落实好这些新要求与新部署,还要以培养能担当民族复兴大任的时代新人为着眼点,充分发挥社会主义核心价值观的引领作用,才能切实推动社会主义核心价值观建设的深化与拓展。

社会主义核心价值观是当代中国精神的集中体现,凝结着全体人民共同的价值追求。要充分发挥社会主义核心价值观的引领作用,就必须抓好青年这一群体的人生价值观构建。通过充分发挥社会主义核心价值观的引领作用,使广大青年将正确的道德认知、自觉的道德养成、积极的道德实践紧密结合起来,树立正确的核心价值观,倡导良好的社会风气,达到社会对于青年成长成才的发展要求,使其成为德才兼备的社会主义事业建设者和接班人。

第二,树立新时代青年正确人生价值观的时代需求。新时代背景下,社会经济、科技、文化等领域都发生了深刻的变革和发展。青年是国家和社会的重要资源,他们应当具备与时俱进的人生价值观,能够适应时代变化,紧跟时代发展的脚步,具备创新思维和适应变化的能力。随着社会的发展和时代的进步,对作为国家未来栋梁和社会新鲜血液的青年进行人生价值观教育显得愈发重要。因为新时代对青年的要求不仅仅是具备专业技术能力,更重要的是全面发展和综合素质。正确的人生价值观教育应该包括追求真理、崇尚科学、强调人文关怀、注重社会责任等,以培养出具备创新能力、团队合作精神、社会责任感和文化修养的人才。同时,新时代对人生价值观教育的要求是培养适应社会发展需要的人才。正确的人生价值观应该包括对国家和社会发展有责任感,强调自身发展与社会进步的统一,注重实践能力和创新精神。为此,在新时代背景下,我们需要深入研究青年人生价值观的内涵和外延,探索适应时代发展需求的社会主义核心价值观教育路径。通过分析不同国家在青年人生价值观教育方面的经验和做法,我们可以更好地理解社会主义核心价值观的时代价值,为我国青年提供科学、全面、有益的人生价值观教育,引导他们树立正确的世界观、人生观和价值观,成为具有社会责任感和历史使命感的新时代青年。

塑造青年人生价值观是新时代的必然要求。随着社会的发展和进步,青年不仅要具备专业知识和技能,还需要具备正确的人生价值观,成为具有社会责任感、创新精神和创造力的人才。其一,社会发展的要求。随着社会的发展和进步,社会对青年的期望也在不断提高。青年不仅仅需要具备专业知识和技能,还需要在道德层面上具备正确的判断和选择能力。只有具备正确的人生价值观,才能更好地适应社会的发展需求,为社会做出积极贡献。其二,个人成长的需要。青年作为社会的中坚力量和未来的栋梁之材,他们的人生观、价值观的形成对于个人的成长至关重要。正确的人生价值观可以帮助青年树立正确的人生目标,明确自己的方向和追求,塑造积极向上的人格品质,提高个人素质和能力。其三,社会责任感的培养。青年作为社会的一员,应该具备强烈的社会责任感。他们应该关注社会问题,积极参与公益活动,为社会的发展和进步做出贡献。正确的人生价值观可以培养青年的社会责任感,让他们意识到自己应该为社会负责,并主动承担起社会责任。其四,时代精神的践行。新时代对于青年的要求是具备创新精神、全球视野、科学精神等多方面素质。正确的人生价值观可以引导青年在实践中发扬时代精神,培养创新思维和创造力,面对全球化挑战和机遇。拥有正确的人生价值观,青年才能成为社会所需要的有用之才,为社会的繁荣和进步做出积极贡献。

第三,引领新时代青年价值观建设研究的现实需要。面对全球化和多元化的文化冲击,以及信息技术的高速发展,新时代青年的价值观建设面临着前所未有的挑战。在这样的背景下，深入研究青年人生价值观教育，有助于我们更准确地把握新时代青年价值观建设的现实需要。通过深入分析，我们可以发现社会主义核心价值观教育的优势所在，同时吸取其他国家的有益经验，为我国青年价值观建设提供新的思路和方法。这将有助于我们更好地引导青年树立正确的价值观，培养他们的社会责任感和历史使命感，使他们成为新时代的中坚力量。

一方面，随着社会的发展和进步，人们对于青年的要求也在不断提升。正确的人生价值观可以帮助青年更好地适应社会的发展需求，成为具有道德和社会责任感的人才。因此，人生价值观教育研究是社会需求的体现。当前，我国的教育改革正在加速推进，其中包括大力推行素质教育、全面深化教育改革等。人生价值观教育是素质教育的重要组成部分，也是教育改革的一项重要任务。另一方面，青年正处于人生的关键阶段，他们的人生观、价值观的形成对于个人成长至关重要。总之，人生价值观教育研究是引领新时代青年价值观建设研究的现实需要。它既符合社会需求，也满足教育改革的要求，有助于青年个人成长和社会责任感的培养，并能够践行时代精神，为建设美好的未来做出贡献。

此外，青年群体的价值观蕴含多种类型，例如人生价值观、政治价值观等内容，而人生价值观在一定程度上决定着其理想信念是否远大。并且随着经济发展和物质文明的不断进步，我国青年群体的精神文明程度和思想道德素质也在不断提升，我国在社会公德、职业道德、家庭美德、个人品德等各个领域的道德建设取得显著成效。总体上青年群体的道德品质与人生价值观呈现出积极向上的发展趋势。但是随着经济的增长,青年群体的人生价值观与道德素质方面也出现一些问题,特别是思想道德领域出现了一些不可忽视的问题与现象。例如,享乐主义、功利主义等落后思想有所滋长,导致一些青年的人生价值观界限模糊不清,甚至令他们做出一些破坏道德原则、打破道德底线的事。这些现象与问题,无疑影响到青年群体的发展和社会的和谐稳定。因此,为解决这一问题,须从青年人生价值观的现实样态入手,通过探索世界范围内的青年人生价值观现状,在坚持和传承中华优秀道德传统的同时,了解把握他国的青年人生价值观建设经验,以推动我国青年群体人生价值观的构建与发展,进而满足深化青年价值观建设的现实需要。

二、研究定位

在当今世界,各国由于各自的教育体系和教育理念在培养青年人生价值观方面有着显著的特点。因此,本书旨在深入探索青年人生价值观教育的普遍规律,为我国的教育改革和发展提供有益思路。本书将围绕五个方面展开深入探讨。首先,我们将探究新时代青年全面健康成长与发展的有效路径,以期为教育实践提供有益的参考。其次,我们将构建与完善青年人生价值观教育的理论框架,以丰富和深化我国在该领域的理论研究。同时,我们也将强化社会主义核心价值观在广大青年群体中的培育与践行,为培养具有社会责任感和道德素质的人才做出贡献。此外，我们还将充实人生价值观教育研究的实证数据与案例分析，以期为我国教育改革和发展提供有益的参考。最后，我们将扩展人生价值观教育研究的国际视野，探索多元方法，以期培养具有全球视野和创新精神的新时代人才。

第一，探究新时代青年全面健康成长与发展的有效路径。研究人生价值观教育的实践维度，包括教育方法、教育手段、教育评价等方面，有助于了解人生价值观教育实践的效果和影响，并探索如何在实践中更好地培养学生的价值观。当代青年的人生价值观呈现出主流积极健康向上的发展特点，但面对社会经济成分、组织形式、就业方式、利益关系和分配方式多样化的趋势，面对世界范围内各种思想文化的相互激荡，青年人生价值观建设方面还有许多新情况、新问题和新矛盾需要解决。只有准确把握青年人生价值观的现状特点与发展趋势，明确青年人生价值观的内涵与本质，并以科学的理论依据为指导，才能确保青年人生价值观的正确发展方向，推动青年群体的健康发展。因此，本书通过研究青年人生价值观教育的现实样态，厘清青年人生价值观教育的特点和问题，客观认识自身的优势与不足之处，从而在正确的方向指引下推动开展人生价值观培育，解决青年群体在人生价值观方面的现存问题，为青年提供价值观念的基本遵循。此外，了解青年人生价值观现实样态，能够促进我们从青年的角度和现实需要出发，思考其人生价值观的构建与人生价值观的培育问题，有利于促进新时代青年全面健康成长与发展，充分发挥青年在人生价值观构建和培育中的主动性、能动性与创造性,实现知行统一,达到国家、民族和社会对青年的目标与期许。为此,本书将关注新时代背景下,青年在思想道德、学术能力、身心健康、人际关系等方面的需求,通过实证研究、案例分析等方法,探讨促进青年全面发展的有效途径。

第二,构建与完善青年人生价值观教育的理论框架。通过深入分析,探讨人生价值观教育方面的理论特质和传承,以及这些理论如何影响教育实践。这包括对教育理念、教育目标、教育内容的系统研究,以及它们背后的哲学基础和文化根源。本书将在现有研究成果的基础上,明确青年人生价值观的基础理论问题,并通过分析青年人生价值观的相关调查数据,丰富青年人生价值观教育研究的理论体系。在这一过程中,探寻当前青年群体共同人生价值观的构建要素,揭示青年人生价值观的生成规律和内在动因。在现有理论研究基础上,探寻当前青年群体共同价值观构建的机遇挑战、目标导向、基本原则、内在构成等理论问题,为青年人生价值观的构建提供对策思路。同时,当前对于青年人生价值观的理论研究,存在着宏观角度研究多,具体角度分析少;学理角度研究多,问题角度研究少;价值意义研究多,实证研究少的问题。这些问题的存在对于青年人生价值观的形成发展、构建培育造成了一定程度的制约。本书从青年人生价值观的现实样态出发,全面客观地认识青年人生价值观教育现状,并通过文献理论梳理和数据分析的有效结合,为相关理论的创新发展提供数据支持和重要的启示。为此,本书将梳理人生价值观教育领域的理论研究,结合中国特色社会主义教育理念,梳理总结出相对科学、完善的青年人生价值观教育理论体系。

第三,强化社会主义核心价值观在青年中的培育与践行。深化社会主义核心价值观建设,树立全党和全国各族人民的价值观自信,是提升社会主义文化先进性、增强国家软实力和社会凝聚力、实现中华民族伟大复兴中国梦的强大动力与有力保障。青年群体作为培育和践行社会主义核心价值观的重点对象,其人生价值观的构建不仅是新时代人生价值观念的集中体现与青年投身实践的基本遵循,更是深化推进社会主义核心价值观建设的现实要求与重要内容。习近平总书记曾在北京大学师生座谈会上强调:"青年的价值取向决定了未来整个社会的价值取向,而青年又处在价值观形成和确立的时期,抓好这一时期的价值观养成十分重要。这就像穿衣服扣扣子一样,如果第一个扣子扣错了,剩余的扣子都会扣错。人生的扣子从一开始就要扣好。"[①]而当代青年由于自身发展特点,以及深受多样复杂的社会和形形色色思潮的影响,在人生价值观方面面临一些问题与矛盾,这就为青年群体推进社会主义核心价值观建设带来了新的时代课题与挑战。为深入推动社会主义核心价值观建设,须从当代青年人生价值观的基本现状入手,通过科学数据与合理分析,全面客观掌握青年人生价值观的现实样态,为青年人生价值观培育提供有力的数据支撑与对策建议,从而解决青年在培育和践行社会主义核心价值

[①] 习近平《青年要自觉践行社会主义核心价值观:在北京大学师生座谈会上的讲话》,人民出版社,2014年,第9页。

观过程中面临的现实问题,以满足深入推进社会主义核心价值观建设的现实需求,同时推进社会主义核心价值观的培育和践行。为此,本书将探讨青年人生价值观教育中如何融入社会主义核心价值观,通过课程设置、实践活动等方式,引导青年树立正确的价值观,并付诸实践。

第四,充实人生价值观教育研究的实证数据与案例分析。一个国家和民族的文明进步与发展壮大,需要一代又一代人接力努力,广大青年作为推动国家进步发展的生力军和突击队,其人生价值观教育的发展趋势在一定程度上影响未来整个国家和社会的价值取向,特别是青年处于价值观形成和确立的关键时期,把握这一时期人生价值观与价值观教育的现实样态十分重要。并且随着当前国内外形势的深刻复杂变化,经济全球化、政治多极化、社会信息化与文明多样化的发展正在促使世界成为一个同呼吸共命运的共同体。整个世界的命运被联系起来,人类发展在新时代背景下也面临着更多的全球性问题,从而各国之间产生了更多的共同利益与需求,为人类共同价值的实现带来了新的机遇与挑战,因此也为青年人生价值观的构建创造了现实条件。本书通过研究探索青年人生价值观的趋同性与差异性,在分析青年人生价值观调查数据的基础上,尝试把握青年群体人生价值观的目标导向、基本原则、内在结构等构建要素,不仅能为当代青年人生价值观构建提供参考与数据支持,丰富人生价值观教育研究数据,还能为人生价值观构建提供具有针对性和实效性的对策建议,为提升广大青年的道德水平做出贡献。为此,本书将收集和整理人

生价值观教育方面的实证案例,通过深入分析,揭示人生价值观
教育的规律,为我国教育改革提供参考。

　　第五,扩展人生价值观教育研究的国际视野,探索多元方法。
当前我国处于重要战略机遇期,面临着国内外形势复杂变化的局
势,虽然发展前景十分光明,但面临的挑战也十分严峻。青年作
为意识形态工作的重点对象,面临着多元文化交汇、思想渗透等
问题的困扰。中共中央印发的《公民道德建设实施纲要》中指出:
"我国公民道德建设方面仍然存在着不少问题。社会的一些领域
和一些地方道德失范,是非、善恶、美丑界限混淆,拜金主义、享乐
主义、极端个人主义有所滋长,见利忘义、损公肥私行为时有发
生,不讲信用、欺骗欺诈成为社会公害,以权谋私、腐化堕落现象
严重存在。这些问题如果得不到及时有效解决,必然损害正常的
经济和社会秩序,损害改革发展稳定的大局,应当引起全党全社
会高度重视。"[1]可见,加强公民道德建设是一项长期而紧迫的任
务。而中共中央、国务院发出的《关于进一步加强和改进大学生
思想政治教育的意见》中明确指出,加强和改进大学生思想政治
教育的主要任务,要将理想信念教育、正确的世界观、人生观和价
值观、爱国主义教育、基本道德规范和学生全面发展作为主要任
务。[2] 可见,青年价值观建设不仅是提高全民族素质的一项基础
工程,同时也是历史和时代赋予青年群体的崇高责任和庄严使

---

[1]《公民道德建设实施纲要》,人民出版社,2001 年,第 2 页。
[2] 中共中央文献研究室《十六大以来重要文献选编》(中),中央文献出版社,2006 年,第
　　180—181 页。

命。因此,本书坚持世界眼光与中国立场、定量与定性、历史与逻辑相统一的立场与方法,科学理性地分析当前青年人生价值观的现状特点、发展趋势等内容,不仅为深化推进青年人生价值观教育建设拓展了研究思路与视角,还有利于拓宽人生价值观教育的研究视角与思路,提升其研究科学性,同时也能为我国青年人生价值观的培育提供有针对性的指导。为此,本书将关注全球范围内人生价值观教育的研究动态,为我国青年人生价值观教育提供更多元化的思路。通过以上五个方面的研究,本书期望能够为我国高等教育的改革和发展提供有益的思路和启示,同时也为丰富和深化我国青年人生价值观教育的理论研究做出贡献。

第一章

人生价值观塑造的多重意蕴

开展青年人生价值观教育研究有助于促进教育改革与发展，拓宽视野与思路，提供交流与合作平台，增进相互理解与文化交流，以及提升教育质量与效果，能够为我国的教育改革和发展提供重要的参考。需要注意的是，青年人生价值观教育的研究是一个复杂而多维的课题，受众多因素的交互影响。为此，青年人生价值观教育研究需要在科学理论的基础上进行探究与分析，以全面理解青年人生价值观教育的相关问题。基于这一认识，本部分通过梳理青年人生价值观教育研究的价值意蕴、独特进路等问题，探究青年人生价值观教育的内涵实质。

一、价值意蕴

　　一般来说，青年人生价值观教育研究有着深远而广泛的价值意蕴，不仅能够促进学术交流与合作，也能够推动个人成长和自我实现，同时还能够为教育改革和社会进步做出积极的贡献。本部分尝试从理论、实践、文化、技术、时代五种价值角度入手，探析青年人生价值观教育研究的价值定位。

（一）促进青年人生价值观教育理论科学化

青年一代的理想信念、精神状态、综合素质，不仅是一个国家发展活力的重要体现，也是一个国家核心竞争力的重要因素。随着我国经济发展、物质文明不断进步，青年群体的人生价值观总体上呈现出积极向上的发展趋势。但是其人生价值观教育方面也出现了一些问题，特别是思想道德领域出现了一些不可忽视的问题与现象，例如享乐主义、功利主义等，导致青年在人生价值选择方面面临社会取向与个人取向矛盾冲突、远大的人生理想与功利化的人生路径选择对立并存等现实问题。这些问题无疑影响到青年群体的发展和社会的和谐稳定。要解决这一问题，须从青年人生价值观的现状特点入手，推动我国青年人生价值观教育的构建与发展。这要求我们在青年人生价值观教育方面加强理论创新，推进青年人生价值观教育理论科学化。进而要求我们坚持以马克思主义为指导，这是我们党做好青年人生价值观教育的根本前提。在党的百年历程中，中国共产党一直坚持和发展的马克思主义在中国革命建设和改革的各项事业取得成功的过程中发挥了重要作用。今天，只有始终坚持以马克思主义为理论指导，才能确保我们党的青年人生价值观教育创新发展不迷失前进方向。从具体内容上看，党的十八大以来，以习近平同志为核心的党中央从战略高度提出了许多关于青年人生价值观的新论断和新思想,这些内容为当代青年成长成才指明了正确方向,明确了广大青年追逐人生理想的使命担当。通过对这些新观点、新论断和新要求进行认真解读,才能加强理论创新,促进青年人生价值观教育理论科学化。

(二)提升青年人生价值观教育实践实效性

青年作为时代的晴雨表,承载着国家和民族的未来与希望。认识、理解、培育青年人生价值观,充分发挥青年的作用,事关国家大局和民族未来。因此,我们党注重青年人生价值观教育不仅是一个时代命题,更是关系党和国家未来发展的重要课题。在当前时代背景下,青年人生价值观教育面临以下两方面的挑战。一方面是国内意识形态领域斗争复杂,国家安全面临新情况。当代青年成长在世界范围内各种思潮交汇又交锋的时代,国内各种矛盾和热点问题叠加出现,这些不仅为我党的青年人生价值观教育提供了新优势,也带来了新挑战。另一方面,青年处在人生价值观形成和确立的关键时期,并成长于经济社会转型期和个人价值取向多元的时代,对教育者来说,把握这一时期的人生价值观养成十分重要。因此,为推动当代青年立德成才、树立正确思想、坚定理想信念,必须了解青年人生价值观教育的问题所在与需求,进而引领青年人生价值观的形成与发展,引导青年将正确的人生价值观作为自己生活实践的基本遵循。一直以来,中国共产党始终把实现好、维护好、发展好青年群体的利益作为出发点和落脚点，坚持与青年群体心连心、同呼吸、共命运，最终也赢得了广大青年群体的信任和支持。因此，青年人生价值观教育要始终牢记初心，重视、关怀、信任青年。当然，我们不能只是空喊口号，而是要实实在在地解决现实问题。为此我们必须强化问题意识，要善于在实践中发现问题、认识问题和解决问题，提高青年人生价值观教育的针对性和实效性。

（三）构建与传承中国共产党人精神文化谱系

我们党在百年发展历程中，培养出大批英雄模范榜样，他们用自己的实际行动锤炼出了不畏强敌、不惧风险、敢于斗争、勇争胜利的风骨和品质。尤其是在革命、建设、改革发展各阶段，一代又一代中国共产党人顽强拼搏、不懈奋斗，一大批视死如归的革命烈士、一大批顽强奋斗的英雄人物、一大批忘我奉献的先进模范，构筑起了中国共产党人的精神文化谱系。这些伟大精神所构成的精神文化谱系，不仅是立党兴党强党的重要精神支撑，更是激励青年从中汲取力量和经验、确立人生价值观的丰厚滋养。为此，立足新的历史方位，我们要传承榜样文化建设这一历史经验，总结、构建榜样示范的精神文化谱系。构建榜样示范的精神文化谱系，能够帮助青年群体在中国共产党百年历史中感受信仰之光、奋斗之艰，从而以坚定的理想信念铸魂补钙，以更加昂扬的姿态创造更加辉煌的明天。

具体来讲,要坚持榜样示范,构建榜样示范的精神文化谱系,需要从传承与发展两个角度着手进行。第一,对百年党史中的榜样示范人物事迹归纳总结。榜样示范人物事迹在青年人生价值观教育中具有示范引导作用,在实践中能够以其高尚思想、模范行为、卓越成就等影响青年的思想、行为、感情等,便于青年将教育目标、任务要求、道德准则及行为规范等内容具体化、形象化、人格化,从而提高他们的思想认识,使他们能规范自身行为。通过梳理总结榜样示范人物事迹,便于青年在榜样示范的精神文化谱系中深入理解和学习中国共产党在不同历史时期的中心任务和价值理念,回应中国共产党在不同历史时期选取了什么样的榜样,以及这些榜样模范如何带领人民群众实现新民主主义革命、社会主义建设和改革开放发展历史性成就等问题,便于青年群体明确何为榜样,有利于青年群体明确人生意义、人生目标,从而树立正确的人生价值观。第二,充分发挥社会主义核心价值观在精神文化谱系中的引领作用。社会主义核心价值观是当代中国精神的集中体现,凝结着全体人民共同的价值追求。党的十九大报告指出,要发挥社会主义核心价值观对国民教育、精神文明创建、精神文化产品创作、生产、传播的引领作用,把社会主义核心价值观融入社会发展各方面,转化为人们的情感认同和行为习惯。尤其是在榜样示范的精神文化谱系构建中,要从社会主义核心价值观的整体性来把握百年党史中的榜样典范,这样不仅有利于青年在正确的价值观、历史观引领下学习、理解不同历史时期的榜样人物,避免陷入英雄过时论、污名化的错误,还有利于青年系统地把握精神文化谱系与社会主义核心价值观的内在逻辑一致性与精神文化传承性。所以要坚持榜样示范，构建与传承中国共产党人精神文化谱系，并充分发挥社会主义核心价值观的引领作用，倡导良好的社会风气，使青年树立正确的人生价值观，达到社会对于青年成长成才的发展要求，成为德才兼备的社会主义事业建设者和接班人。

（四）丰富与创新教育手段，拓展教育新空间

新媒体时代下，青年在日常的学习和生活中都离不开新媒体设备和技术的应用。新媒体使信息传播的速度加快、数量增多，如果能利用好新媒体技术，不仅能够丰富青年人生价值观教育手段，还能够打破传统教育手段的空间局限性，有效拓展教育空间，提升青年人生价值观教育的亲和力与针对性。但同时，借助新媒体也存在一定弊端，例如新媒体海量信息的准确性难以得到有力保障。青年的人生价值观还处在养成阶段，新媒体平台上传递的一些不健康内容容易对他们产生负面影响，这同样也要高度重视。

立足于中国特色社会主义进入新时代的历史方位，借助新媒体丰富教育手段和拓展教育空间，以便开展青年人生价值观教育。第一，要充分发挥新媒体优势。在教育目标上，运用新媒体技术和手段建设好具有强大生命力和凝聚力的青年人生价值观教育阵地，培养能担当民族复兴大任的时代新人。运用新媒体技术和手段正确把握舆论导向，提高教育信息的传播力、引导力、影响力、公

信力，壮大主流思想。同时，要加强教育手段和教育话语的创新，让党的创新理论兼具思想性、理论性、针对性、亲和力。第二，警惕新媒体双刃剑效应。由于全媒体时代互联网、大数据等现代科学技术发展的双刃剑效应，青年人生价值观教育也面临新机遇新挑战。例如面对新兴媒体发展态势，传统教育方式陷入空间被挤压、逐渐边缘化的困境，甚至出现人生价值观教育理念的深刻性与呈现方式的浅表化现象，青年面对教育内容快餐化、泛娱乐化的趋势，难以从其中获得教育实效。总之，在青年人生价值观教育过程中，我们不仅要充分发挥新媒体优势，还要警惕新媒体的双刃剑效应，将人生价值观教育理论内容切实融入青年群体的日常学习生活，让"高大上"的内容更"接地气"。此外，需要在精准把握青年个体发展需求的基础上，运用新媒体手段，进行有针对性的信息加工和投放，丰富与创新教育手段，拓展教育新空间，使青年人生价值观教育精准有效。

（五）着力培养能担当民族复兴大任的时代新人

世界的未来属于青年，人类社会的发展要依靠青年。习近平总书记在全国教育大会上强调："新时代新形势，改革开放和社会主义现代化建设、促进人的全面发展和社会全面进步对教育和学习提出了新的更高的要求。我们要抓住机遇、超前布局，以更高远的历史站位、更宽广的国际视野、更深邃的战略眼光，对加快推进教育现代化、建设教育强国作出总体部署和战略设计，坚持把优先发展教育事业作为推动党和国家各项事业发展的重要先手棋，不断使教育同党和国家事业发展要求相适应、同人民群众期待相契合、同我国综合国力和国际地位相匹配。"①

由此可见，党和国家对新时代青年提出了新的要求。要实现这一目标，需要从青年的人生价值观教育入手，在人生价值观教育中帮助青年在宽广的国际视野下，明确人生意义，树立人生理想。第一，引导青年全面、客观地认识当代中国和外部世界。我国正在从事的中国特色社会主义事业，充满复杂性与艰巨性。所以，要教育引导青年清醒、全面地认识中国的现状，在正确的人生价值观指引下认识中国与世界。不能因为取得的成就而忽视存在的问题，也不能因为产生的问题否定了取得的成果。需要全面、客观地对待中国特色社会主义事业，进而推动其发展。同时，当今时代下，受全球化与互联网的影响，青年可以接触到各方面的信息，特别是对外来文化充满好奇，一些青年认为只要是外来的就是好的，不明白这只是对外来文化产生的一种新鲜感，并非真正的了解。所以，引导青年全面、客观地认识当代中国，冷静、理性地看待外部世界，是培养青年具有宽广国际视野的重要前提基础。第二，教育引导青年群体在批判鉴别中明辨是非。因为在进行学术研究时，我们经常会遇到一个问题，就是如何准确地对本民族进行定位，进而处理好本民族与外来文化之间的关系。很明显，偏袒任何一方都是不对的，所以费孝通在《师承·补课·治学》中强调文化自觉，即

① 习近平《论教育》，中央文献出版社，2024 年，第 5 页。

"生活在一定文化中的人对其文化有'自知之明',明白它的来历、形成过程、所具有的特色和它发展的去向,不带任何'文化回归'的意思,不是要复归,同时也不主张'全盘西化'或'坚守传统'"。[①] 这一观点不仅解答了对中西方文化的态度问题,也体现了整合中西方文化的价值。所以,在对青年开展人生价值观教育时,需要引导青年客观、全面地认识当代中国和外部世界,不能戴着"有色眼镜"去认识中国特色和外部世界。当代青年只有在正确的人生价值观教育引导下不断扩展国际视野、尊重时代规律、厚植爱国情怀、认同本国话语体系,才能够在风云变幻的世界中与时代同行,成为能担当民族复兴大任的时代新人。

二、独特进路

本书以"青年人生价值观教育"为核心问题,通过厘定青年人生价值观与人生价值观教育的精神实质,把握青年人生价值观教育的要素构成、层次结构及其实现规律,探究青年人生价值观教育的理论依据及典型做法,梳理剖析青年人生价值观教育的历史逻辑及现代课题,系统探索青年人生价值观教育在教育体系、历史进程、实践模式等方面的情况,最终提出我国青年人生价值观教育的总体思路、基本要求和优化策略。

---

① 费孝通《费孝通论文化与文化自觉》,群言出版社,2005年,第344页。

（一）基本路径

本书从时代方位、世情国情和学校办学方向等维度，破解青年人生价值观教育问题；通过深入调研当前青年人生价值观教育的基本现状，总结青年人生价值观教育经验，研判青年人生价值观教育前沿问题及其发展趋势，完成青年人生价值观教育的"地基清理"任务；在理论指引和现实要求的基础上，以核心要素、组织架构和运行机制的研究为依托，完成青年人生价值观教育的"本体确立"；坚持以马克思主义世界观、方法论为指导，从思想政治教育学、政治学、社会学、教育学、心理学、系统哲学、历史学、教育生态学等多学科交叉的视角展开研究。具体而言，本书的基本架构设计为：

第一章会分析青年人生价值观教育研究的前提性问题，首先明确青年人生价值观教育研究的价值意蕴、明确研究的独特进路，其次廓清青年人生价值观教育的基本概念，最后通过考察青年人生价值观教育现状，为后续研究提供现实依据，为全篇的研究提供基础的理论框架。

第二章旨在掌握青年人生价值观教育体系的基本情况。主要通过研究青年人生价值观教育政策、教育内容、教育方法等，明确青年人生价值观教育体系的基本运行与主要特征。

第三章主要分析青年人生价值观教育的发展进程。通过系统梳理青年人生价值观教育的历史发展阶段，探索青年人生价值观教育的发展规律。

第四章则重在深入探索青年人生价值观教育的实践模式,主要聚焦青年人生价值观教育在实施路径、协同运行、制度保障等方面的规律。

第五章则提出我国青年人生价值观教育的思路策略,从总体思路、基本要求、重点策略等方面提出总体性探讨,联合基本思路的设计,对检视现实问题具有一定的启发意义。

(二)内容方法

本书拟采用多样化、整体性的研究方法、研究手段和技术路线。总体来说,整合哲学、社会学、教育学、心理学等多学科视域融合的研究方法,形成所涉学科间的交叉互补和研究方法整合。以实地研究为主,与各级教育主管部门、各级学校、社会机构等取得实质性联系,选派调研员进入调研现场,通过参与观察和非结构性访谈等方式进行调查。在青年人生价值观教育的各类情境中运用民族志研究的基本范式,对其进行客观性、描述性、开放性和深层性的分析挖掘,并加以系统分析,归纳演绎,从而为整个课题研究归纳出多元全面的实然资料。

第一,文献分析法。对国内外青年人生价值观教育的基本体系及模式的把握,将主要以文献的方式开展。拟运用文献计量法和内容分析法对青年人生价值观教育的相关政策文件、历史档案、影像资料及研究文献进行深度解读。同时,收集梳理与国内青年人生价值观教育研究相关的文献素材,如马克思主义经典著作、十八大以来党和国家出台的文件报告、习近平总书记系列重要讲话、其他权威性解读读物、专家学者的研读阐释文章、典型地区和学校在人生价值观教育发展过程中的相关理论成果,以及主流权威媒体《人民日报》《光明日报》《中国教育报》对人生价值观教育的报道等。准确把握国家对社会主义建设者和接班人的时代要求;总结青年人生价值观教育的思想演进、历史经验、基本理论,为青年人生价值观教育研究奠定坚实的文献基础。

第二,调查研究法。为更真实准确地把握目前青年人生价值观教育的实然现状,本书将采用问卷调查进行调查研究。在问卷设计方面,课题组将针对教育工作者、受教育主体和学校管理者这三类人群分别进行问卷设计,融合人口统计学问题、运用人口统计学专业知识、立足于青年人生价值观教育的核心问题,围绕青年人生价值观教育的构建情况、青年人生价值观教育运行的育人情况、青年人生价值观教育的影响因素等内容,综合制定本书拟采用的标准化调查问卷。

第三,比较研究法。本书将综合运用单向多向比较、求同求异比较、定性定量比较、宏观微观比较等具体方法,探究影响青年人生价值观教育的因素。此外,鉴于不同时期的人生价值观教育具有明显的差异化特质,还将运用横剖研究与纵贯研究相结合的方式,分析我国青年人生价值观教育建设常态表现及变动规律,梳理党在各个时期关于我国青年人生价值观教育建设的发展脉络和关键节点。本书将紧密围绕培养社会主义建设者和接班人的时代要求与思想政治工作理念创新,在对历史的纵向梳理和现实的横向把脉中,厘清人生价值观教育的基本内涵,明确人才培养规格的具体目标指向,综合把握思想政治教育的普遍模式与典型特质,揭示青年人生价值观教育的历史变迁规律。

(三)创新之处

本书所涉研究的创新之处主要体现在学术思想、学术观点与研究方法三个方面。

第一,学术思想创新。把人生价值观视为"实践问题",并将之学理化地嵌入社会发展和个人生命之中,突破了常识化理解、抽象性分析的认识逻辑,提升了相关研究的理论境界。将青年人生价值观教育既放置于历史文化语境之中,又整体性地放入人生意义、人生理想、人生道路的框架之内,透视其内在规律,拓展研究的问题视域和理论空间。

第二,学术观点创新。人生价值观的基本矛盾在于社会价值导向"生命化"与个人价值取向"社会化"的间距和冲突,核心意涵在于人生意义、人生理想和人生道路。合理的青年人生价值观教育,应自觉同知识教育、技能教育区别开来,以价值观教育的方式来实施。

第三,研究方法创新。以马克思主义理论为统领,综合文化哲学、教育心理学、政治社会学、历史学等跨学科研究,开展基于理论推演的大规模实证调查和跨文化研究,突破目前单一学科和抽象演绎的方法论限制,形成具有科学性和创新性的解释原则和研究结论。

三、内涵实质

本书以"青年人生价值观塑造"为核心主题,就是要探寻破解青年人生价值观教育内涵的思路方式。人生价值观指涉人生目的,关乎人生意义,引领人生发展,形塑人生样态,要对青年群体开展人生价值观教育,重点在于协调"国家与社会想要什么"的社会价值导向和"青年想要什么"的个人价值导向之间的矛盾和张力。要协调上述矛盾,破解青年人生价值观教育的内涵,就需要深入探索青年对于"为什么而活"的人生意义、"追求什么"的人生理想,以及"如何实现"的人生道路等人生基本问题的认识和理解。为此,本部分从塑造人生价值观教育的内涵实质入手,系统阐释价值观与人生价值观教育,人生意义、人生理想与人生道路,人生价值观教育的导向性、时代性、实践性与前瞻性等内涵实质,为后续研究奠定基础。

(一) 价值观与人生价值观塑造

要明确青年人生价值观教育的内涵实质,首先要明确价值观、人生价值观以及人生价值观教育的基本内涵。本部分从词源学的角度解释价值观、人生价值观以及人生价值观教育,并从以下几个关键词入手分析。

第一，价值观。价值观是指对于价值的认同和评价，包括个体对于道德、美、真理等方面的看法和取向，是人们行为准则和精神追求的指导。

第二，人生价值观。人生价值观是指个体从出生到死亡的整个生命过程中，在不同的世界观背景下产生的对于人生的基本观点与看法，是有关人生意义和价值的方法论，是个体成长、发展和追求幸福的一种表现。

第三，价值观教育。价值观教育是指通过教育的方式，培养和引导个体形成正确的价值观念和行为准则的过程。它旨在促使个体理解和认同道德、伦理、美学和社会价值等方面的原则，并将其运用到日常生活中。

综合以上词源，青年人生价值观教育可以解释为在青年时期，对年轻人的人生发展和个人价值观进行教育引导的过程。这种教育旨在帮助青年明确自身的人生目标和追求，培养正确的道德观念与行为准则，以及发展健全的审美观和批判思维能力。通过青年时期的教育，青年可以形成积极向上、具有社会责任感的人生态度和价值观念，为未来的发展和成就奠定基础。

青年人生价值观教育是通过教育的方式引导和培养青年对人生进行评价，重视人生，并形成合理、健康、积极的人生观。它强调通过教育，帮助个体认识自我、认识世界，并形成一套基于道德、伦理、美学和真理的价值取向和行为准则。人生价值观教育旨在培养个体的整体素质和人文精神，使其能够在人生的各个阶段做出明智的选择，追求个体幸福和社会进步。在明确价值观与人生价值观基本内涵的基础上，本书还将结合青年群体的价值取向特点，深入分析青年人生价值观教育的基本内涵。青年的价值取向表征时代深层的精神状态，决定社会发展的价值走向。"如何认识看待青年""如何教育引领青年"成为困扰这个时代最为突出的"青年之问"。具体体现为：伴随资本逻辑、消费文化、娱乐精神的"现代性合流"，理想主义失落与功利主义崛起相伴相生，工具理性肆虐与价值理性隐退同步显现，英雄主义消解与世俗主义泛滥如影随形，"佛系青年""人间不值得""躺平"日益成为青年无奈的人生慨叹与潜隐的生活态度，并伴随全球化、网络化的推进，成为一代青年共同的"精神之困"。这就是今天中国青年人生价值观教育的时空语境。

（二）人生意义、人生理想与人生道路

通常，人生价值观指涉人生目的，关乎人生意义，引领人生发展，形塑人生样态。人生意义、人生理想和人生道路是个体在人生中的核心问题，它们相互联系，共同构筑了一个人的人生价值观。

第一，人生意义。人生意义是指个体对于自己存在的目的和价值的认知和追求。每个人对于人生意义的理解可能各不相同，可以包括对家庭、事业、精神追求、社会责任等方面的重视和追求。人生意义有助于个体明确自己的价值取向，并为其人生的决策和行动提供指导和动力。第二，人生理想。人生理想是个体对于理

想状态或所期望达到的目标的描述和追求。它可以包括个人成长、事业发展、家庭幸福、社会贡献等方面的愿景。人生理想是个体内心深处最真实的渴望和追求，它能够激发个体积极向上的动力，塑造个人行为和选择。第三，人生道路。人生道路是指个体在实现人生理想和追求人生意义的过程中所选择的方向和行动路线。它涉及个体对于自身发展的规划和决策，包括教育选择、职业发展、人际关系、生活方式等方面的抉择。人生路径是个体在实现人生理想的过程中的具体行动策略和人生规划。

从古至今，众多思想家和学者就人生理想、人生追求和人生境界等人生价值观的相关问题进行思考和探索。例如孔子所言"吾十有五而志于学，三十而立，四十而不惑，五十而知天命，六十而耳顺，七十而从心所欲，不逾矩"，不仅明确了每个人在不同发展阶段应具备的状态，更是强调了立志、明确人生目标的重要性。再如王国维所说的"人生三境界"，即"古今之成大事业、大学问者，必经过三种之境界：'昨夜西风凋碧树。独上高楼，望尽天涯路。'此第一境也。'衣带渐宽终不悔，为伊消得人憔悴。'此第二境也。'众里寻他千百度，蓦然回首，那人却在，灯火阑珊处。'此第三境也"，[①]讲述了做学问的三重境界，特别强调了第一境界"立志"的重要性；冯友兰提出的"自然境界、功利境界、道德境界、天地境界"[②]；叔本华所说的"一个人生活在什么样的世界里，首先取决于他对这个世界

① 王国维《王国维文学论著三种》，商务印书馆，2010 年，第 29 页。
② 冯友兰《中国哲学简史》，赵复三译，中华书局，2015 年，第 409 页。

的理解"①。古今中外思想家与学者从不同视角阐述了有关人生境界与人生价值观的理论与观点。当前我国学者对于人生价值观概念的界定,在很大程度上传承了古今中外思想家和学者的思想与观点。塑造人生价值观的基础在于"我们想要什么"的社会价值导向与"我想要什么"的个人价值取向之间的矛盾和张力。人生价值观教育的要义体现为社会价值导向"生命化"与个人价值取向"社会化"的辩证统一,具体转化为个人"与家国同心、与社会同行、与共同之善同向"。因此,人生价值观是人们对于人生意义、人生理想、人生道路等人生基本问题的总的看法和根本观点。它在深层次上影响、制约和指导着人生意义的追寻、人生理想的确立、人生道路的选择,是评价人的活动对人的生存和发展是否具有价值意义的重要依据,也是人们从价值角度考虑人生问题的基本依据。总之,在人生旅程中,个体通过不断思考和实践,探索自己的人生意义,明确自己的人生理想,并在选择适合自己的人生道路的同时,不断调整和适应变化。这个过程是一个不断成长、发展和追求个体价值的过程,也是个体与社会、他人和环境互动的过程。每个人的人生意义、人生理想和人生道路都是独一无二的,需要个体根据自身情况和价值观做出选择和决策,实现自我价值的同时为社会做出贡献。

---

① 〔德〕亚瑟·叔本华《人生的智慧》,余荃译,民主与建设出版社,2019年,第2页。

（三）人生价值观教育的导向性、时代性、实践性与前瞻性

人生价值观教育是教育引导人们在实践中形成对未来社会和自身发展的向往与追求，重点教育引导一个人的一生对自我、他人和社会具有重要的价值和意义。具体来看，人生价值观教育具有导向性、时代性、实践性、前瞻性的特点。

第一，导向性。人生价值观教育要重点解决人生价值观作为社会价值导向"生命化"与个人价值取向"社会化"的辩证统一问题，因此人生价值观教育主要帮助人们正确处理个人和社会的关系，实现人生价值。具体来讲，人生价值观教育要重点在人生价值目标、人生价值态度、人生价值评价三个方面起导向性作用。一是人生价值目标的导向性。人生价值观教育导向性表现为通过引导和教育，帮助个体确立自己的人生目标，使其有明确的追求和实现方向。这些目标可以是个人成长、事业发展、家庭幸福、社会荣誉等。通过学习和认知，个体能够逐渐确定自己的人生目标，并采取相应的行动来实现它们。二是人生价值态度的导向性。人生价值态度是游戏人生？是有所作为？是听天由命？还是得过且过？这就是不同人生态度的反映。个体如果没有积极向上的人生价值态度，即便有了崇高的人生价值目标也难以实现。因此人生价值观教育的导向性还体现为人生价值态度的导向性，要教育引导受教育者正确认识、处理生活中的各种困难与问题，在实现人生价值目标的过程中，保持认真务实、乐观向上、积极进取的人生价值态度。

人生价值观教育注重培养个体正确的人生态度和价值观念,包括诚信正直、公平尊重、责任感和乐观主义等。这些态度和价值观念可以帮助个体更好地理解和适应社会环境,促进他们的成长和发展,同时也对整个社会具有积极的影响。三是人生价值评价的导向性。人生价值观教育导向性还包括对个体人生价值的评价。这种评价不仅关注个体的各种成就和贡献,还注重他们的道德品质、社会责任和乐观态度等。通过这种评价,个体可以更加客观地认识自己,发现自身的优点和不足,并对自己的人生做出更明晰的规划。人生价值观教育的明确的导向性特征对于帮助人们正确处理个人与社会的关系,实现人生价值具有重要意义。

第二,时代性。人生价值观教育作为一种意识形态,不是与生俱来的,而是人们在社会中以客观情况和实际条件为基础,通过不断认识和实践发展而来的产物。人是生活在特定社会环境中的人,而社会是不断发展变化的,因此个体的人生价值观教育具有鲜明的时代性,个体的人生价值观教育随着社会的发展而不断地发展变化,反映着个体所处的具体时代的社会基本特征。具体而言,人生价值观教育的时代性特征主要体现在以下两点。第一,时代是青年人生价值观教育最根本的土壤。青年人生价值观是在现实之中产生的。青年人生价值观教育不是简单描绘现实,而是要充分联系青年的奋斗目标。所以青年人生价值观教育是一种未来现实,它源于现实,高于现实,但不脱离现实,因此时代是青年人生价值观教育最根本的土壤。人生价值观教育不仅受时代条件的制约,而且随时代的发展而发展。第二,人生价值观教育是一个时代的反映,更是这个时代前进的方向。随着社会的不断进步,人们对社会发展和人的全面发展认识逐渐深化,人们会逐渐调整和丰富自己的人生意义、人生理想、人生道路,这就要求人生价值观教育不断创新发展。所以人生价值观教育是一个时代的反映,更是这个时代前进的方向。

第三,实践性。人生价值观教育的实践性具有三重指向。一是人生价值观教育的确立,是人们长期进行社会实践、积累知识的结果,人生价值观教育来源于实践。二是人生价值观教育一经确立,个体就需要探索人生价值观教育的实现途径。人生价值观教育不是空想,人生价值观教育的实现,主要依赖于人们改造客观世界的具体实践活动。同时,科学的人生价值观教育又可以进一步指导人们的社会实践活动,帮助人们最终实现其人生价值。三是人生价值观教育的社会实践可以具体帮助人们检验人生价值观教育的科学性。因此,实践贯穿着人生价值观教育确立、实现与检验的整个环节,是人生价值观教育的重要属性。此外,人生价值观作为一种精神现象,是人类社会实践的产物。人生价值观教育,是教育引导人们在改造客观世界和主观世界的实践活动中,既追求眼前的生产生活目标,渴望满足眼前的物质和精神需求,又憧憬未来的生产生活目标,期盼满足未来的物质和精神需求。对现状永不满足、对未来不懈追求,这是引导人生价值观持续发展的重要动力源泉。在一定意义上,人生价值观教育要引导人们在实践中形成对未来社会和自身发展的向往与追求,所以实践性是人生价值观教育的题中应有之义。青年人生价值观教育要注重实践,通过实际行动来培养青年的社会责任感和使命感。这种实践包括提高参与社会事务的能力和意愿,发挥个人优势为社会做出贡献等。

第四,前瞻性。人生价值观教育是人们根据现有的社会物质条件和精神文明基础,对未来世界的一种合理想象和追求。人生价值观教育立足现实世界,指向未来世界,是对人们未来将会经历的物质及非物质社会文明的科学期待。同时,人生价值观教育具有超越性的特点,人生价值观教育的内容和方向,虽然根植于个体对现实世界的实然性认识,但具体表现为超越当前认识水平,是对未来世界的一种应然性认识和科学展望。人生价值观教育的前瞻性注重对人生意义、人生理想和人生道路的牵连性、影响性、可发展性的把握,对人生价值观的本质的挖掘。在新时代背景下,人生价值观教育在一定程度上能够提前把握正确的人生意义、人生理想和人生道路,这是非常重要的。在人生价值观教育过程中,通过加强青年对人生意义、人生理想和人生道路的动态理解,有利于把握人生价值观的发展方向。同时,青年人生价值观教育要注重实现可持续发展,即为个人和社会的长期发展做出贡献。这种可持续发展包括经济、社会、环境等方面的发展,以及提高人类的幸福感和生活质量。

第二章

人生价值观塑造的体系之维

对于任何国家而言，青年人生价值观教育都是一项有目的、有计划的、系统性的教育活动。本章主要从国家顶层设计、内容设计和方法设计三个层面展现青年人生价值观教育的体系构成。教育政策对人生价值观教育的目标做出符合时代发展需要的总体要求，并进一步规定了人生价值观教育的基本精神。人生价值观教育的内容是对人生价值观基本精神的进一步解读，围绕着人生意义、人生理想、人生道路三方面内容具体展开。人生价值观教育的方法则是将人生价值观教育内容真正融入青年思想的教学手段。通过对青年人生价值观教育的政策规范、教育内容和实践方法的系统梳理和深入剖析，并在此基础上进行深入研究，能够帮助我们更为深刻地认识和把握开展青年人生价值观教育的普遍性规律和差异性特质，从而为我国更好地开展青年人生价值观教育积累经验。

一、政策的价值规定

人生价值观是人们对于人生意义、人生理想、人生道路等人生基本问题的总的看法和根本观点，我国学者关于人生价值观的讨论由来已久。在改革开放初期，在真理标准问题大讨论这一思想解放运动和思想教育运动之后，"潘晓之问"再次触动了中国青年思考"人生意义"的敏感神经，引发了强烈的社会反响。直至今日，青年的人生价值观和人生价值观教育仍然是社会各界人士关注的焦点。当下，随着市场经济和网络技术的高速发展，青年群体的物质生活和精神生活都得到了极大的丰富，他们的思维更加地活跃和开放、学习能力强，对待新鲜事物往往能够较快地接纳与吸收。然而，由于其身心发展尚未完全成熟，人生价值观尚未成型和稳定，容易受到多元社会思潮的影响，在人生理想、人生价值的问题上迷惘。因此务必要把握好青年人生价值观形成和发展的关键时期，加强青年人生价值观教育，帮助青年树立正确的人生价值观。这是实现其自身发展的必然要求，也是促进国家、民族和社会繁荣的现实需要。

（一）我国青年人生价值观教育政策研究

针对青年价值观教育，我国尚未出台专门的政策性文件，但是从具体实践的层面，已有文件从其所关涉的问题和领域出发，为学校和教育工作者开展青年人生价值观教育提供了一定的原则和遵循,如爱国主义教育领域的《新时代爱国主义教育实施纲要》、道德教育领域的《公民道德建设实施纲要》《新时代公民道德建设实施纲要》,以及思想政治理论课建设领域的《关于深化新时代学校思想政治理论课改革创新的若干意见》。这些文件的内容侧重虽然各不相同,但在一定程度上都回答了青年人生价值观教育的基本问题,鼓励当代青年在了解我国国情历史,把握革命文化、社会主义先进文艺和中华优秀传统文化的过程中,认真思考人生意义、坚定人生理想、走好人生道路,树立科学的人生价值观。研究我国青年人生价值观教育总体要求、内容体现和时代价值,能够为探析青年人生价值观教育的顶层设计提供思路,也为进行青年价值观教育的整体性研究奠定基础。

1. 青年人生价值观教育的总体要求

教育是国之大计,党之大计。"培养什么人"关乎国家和民族发展的前途和方向,是教育必须解决的首要问题。2018 年 9 月,习近平总书记在全国教育大会上指出:"我国是中国共产党领导的社会主义国家,这就决定了我们的教育必须把培养社会主义建设者和接班人作为根本任务,培养一代又一代拥护中国共产党领导和我国社会主义制度、立志为中国特色社会主义事业奋斗终身的有用人才。"[①]为了实现这一目标,习近平总书记强调要在六个方面下功夫,要求青年坚定理想信念、厚植爱国主义情怀、加强品

————————

① 习近平《论教育》,第 6 页。

德修养、增长知识见识、培养奋斗精神、增强综合素质。这"六个下功夫"为做好当代青年人才培养工作指明了方向,同时也为我国开展青年人生价值观教育提出了总体要求。

第一,青年人生价值观教育要坚定理想信念,培养具有远大理想的人。青年人的理想信念关乎国家未来发展,"理想信念"是精神之"钙",要坚持在坚定理想信念上下功夫,"教育引导学生树立共产主义远大理想和中国特色社会主义共同理想,增强学生中国特色社会主义道路自信、理论自信、制度自信、文化自信,立志肩负起民族复兴的时代重任"。① 引导青年坚定理想信念是新时代青年人生价值观教育的旨归所在,当代青年应该在"对科学理论的理性认同上""对历史规律的正确认识上"以及"对基本国情的准确把握上"②建立理想信念,能够自觉将理想信念与人生价值观相融合,成长为一个具有远大理想、信仰坚定的人。因此,在青年人生价值观教育过程中,学校及教育工作者要注意,在引导青年树立中国特色社会主义共同理想的同时,要促使其不断追求更高的理想目标,坚定共产主义远大理想;在学习马克思主义基本理论的同时,要注意引导青年以科学的立场、观点、方法认识和把握社会历史发展规律,增强开拓前进的勇气和力量,坚定不移听党话、跟党走。在坚定科学理想信念的基础上,培养具有远大理想的人,就是要不断指引当代青年"正确认识社会发展规律,正

---

① 习近平《论教育》,第 8 页。
② 中共中央文献研究室《十八大以来重要文献选编》(上),中央文献出版社,2014 年,第 278 页。

确认识国家的前途命运,正确认识自己的社会责任"①,坚持中国共产党的领导,树立为共产主义远大理想和中国特色社会主义共同理想而奋斗的信念和决心,不断坚定自身的理想信念,不断塑造自己的人生价值观,使个人始终在中国共产党的领导下沿着中国特色社会主义道路前进,矢志不渝、坚定不移为早日实现中华民族伟大复兴而不懈奋斗。

第二,青年人生价值观教育要弘扬爱国主义精神,培养具有爱国情怀的人。"爱国主义是中华民族的民族心、民族魂,是中华民族最重要的精神财富,是中国人民和中华民族维护民族独立和民族尊严的强大精神动力。"②通过弘扬爱国主义精神,将爱国情怀和爱国精神深深植根于中国人民心中,使之成为指引中华人民不懈奋斗的精神力量,成为激励全国各族人民自强不息的强大动力。爱国主义本身既是一种民族情结,又是一种价值观念,青年人生价值观教育就要在厚植爱国主义情怀上下功夫,始终高举爱国主义旗帜,着力培养"有灵魂、有本事、有担当、有纪律"、能够担当民族复兴重任的时代新人。培养堪当民族复兴大任的时代新人,要在夯实爱国主义思想根基的基础上引导青年树立"与祖国同呼吸、共命运,立志听党话、跟党走,扎根人民、奉献国家"的人生价值观。我国是中国共产党领导的社会主义国家,国家的前途命运与党和社会主义的命运是密不可分的。"当代中国,爱国主

---

① 中共中央文献研究室《十六大以来重要文献选编》(中),第 637 页。
② 《新时代爱国主义教育实施纲要》,人民出版社,2019 年,第 1 页。

义的本质就是坚持爱国和爱党、爱社会主义高度统一。"①因此，青年人生价值观教育也要擦亮爱党、爱国、爱社会主义的青春底色，使青年深刻认识到"中国共产党领导是中国特色社会主义最本质的特征"②和"最大制度优势"③，用革命文化、社会主义先进文化和中华优秀传统文化涵养青年的家国情怀，引发青年对个人的人生意义、人生理想、人生道路以及个人发展与国家前途命运二者联系的思考，将个人成长与社会发展相结合，自觉把爱国情、强国志、报国行融入坚持和发展中国特色社会主义事业、实现中华民族伟大复兴的奋斗之中，在矢志奋斗中实现深厚爱国情怀与理性爱国认识、个人价值与社会价值的高度统一。

第三，青年人生价值观教育要提升青年道德素质，培养具有高尚道德品质的人。立德树人作为教育的根本任务，关乎党的事业，关乎国家前途命运，将立德树人作为教育的根本任务，是党对教育本质的认识的进一步深化，能为我国教育工作提供基本遵循。党和国家始终高度重视立德树人在教育中的重要地位和作用，强调人才培养一定是育人和育才相统一的过程，在这个过程中，育人是根本。人无德不立，育人的根本在于立德。同时，各级各类教育要将立德树人的成效作为检验学校一切工作的根本标准，力争做到以文化人，以德育人，在不断加强青年道德修养的基

① 习近平《在纪念五四运动 100 周年大会上的讲话》，人民出版社，2019 年，第 7 页。
② 习近平《在庆祝中国共产党成立 100 周年大会上的讲话》，人民出版社，2021 年，第 11 页。
③ 习近平《论坚持党对一切工作的领导》，中央文献出版社，2019 年，第 11 页。

础上培育其人生价值观。因此,在开展青年人生价值观教育时,一方面应该不断地提高青年的思想水平、道德品质、政治觉悟、文化素养,引导青年培育和践行社会主义核心价值观,以此来促进青年对个体人生意义的理解和对自身人生理想的塑造,通过全社会的价值认同为青年人生道路的选择指明方向。另一方面,开展青年人生价值观教育还应积极转变德育理念,创新德育方法,鼓励青年在社会实践中践行道德准则,积极承担相应的道德责任,促使青年成长为有大爱、大德、大情怀之人。

第四,青年人生价值观教育要注重培养青年的学识见识,培养具备较高科学文化素质的人。当今世界,随着经济全球化、社会信息化、文化多样化的发展趋势,新知识、新问题、新情况层出不穷,加之互联网信息技术快速发展,使得信息的获取更为便捷,面对海量、多样的社会信息和文化知识,练就过硬的学习本领、积累广博的学识见识日益成为青年成长成才的关键所在。当今世界各国的竞争,归根到底是人才的竞争,教育的竞争,国民的科学文化素质和思想道德素质深刻影响这个国家和民族的发展和前途命运。习近平总书记在全国教育大会上指出:"要在增长知识见识上下功夫,教育引导学生珍惜学习时光,心无旁骛求知问学,增长见识,丰富学识,沿着求真理、悟道理、明事理的方向前进。"①因此,在开展青年人生价值观教育的过程中也应遵循这一原则和要求,引导青年珍惜学习时光,注重知识的积累,不仅要注

① 习近平《论教育》,第10页。

重"有字之书"的学习,更不能忽视"无字之书"带给我们的人生经验和人生启迪,不断在学习和实践过程中增长见识、丰富学识、提升智慧。此外,在开展青年人生价值观教育的过程中还要注重培养他们的思维能力,不断引导青年以更加客观、更加全面的眼光看待当今国内以及国际的形势变化,以更加科学、更加理性的思维审视个体的人生意义、人生理想与人生道路,鼓励青年把个人理想融入实现中华民族伟大复兴的中国梦的生动实践当中,引导当代青年树立正确的人生价值观,同时也为中国梦的早日实现凝聚青春力量。

第五,青年人生价值观教育要弘扬奋斗精神,培养自强不息的人。积极向上的幸福人生,本身就是不断奋斗的过程,也只有奋斗的人生才能称得上是幸福的人生。我国青年人生价值观教育的目的就是引导青年实现人生理想、走好人生道路,最后成就其幸福人生。奋斗之于幸福至关重要,这对于开展青年人生价值观教育具有重要启示作用。当代中国青年要想有所作为,就必须投身于人民的伟大奋斗之中。奋斗是青春最靓丽的底色,也是当代青年实现人生理想的必要条件。然而,奋斗不仅仅是为了个人的成长与发展,更是为了早日实现中华民族伟大复兴铺路建桥。奋斗是当代青年谱写精彩人生的唯一路径,是实现个人青春理想的基础和前提,更是激励全体中华儿女凝心聚力全面建设社会主义现代化国家、实现中华民族伟大复兴不竭的精神动力。因此,当代青年人生价值观教育一方面应该弘扬奋斗精神,鼓励青年在实现人生理想的道路上不畏艰难,勇于面对挫折与失败,自强不息、矢志奋斗,不断在失败与困难中磨炼心理素质,在奋斗中锤炼意志品格,以积极、勇敢的姿态去迎接人生道路上的机遇与挑战。另一方面还应积极引导青年深刻理解个人奋斗与国家发展的密切联系,激励青年为早日实现中华民族伟大复兴而不懈奋斗。

第六,青年人生价值观教育要增强青年综合素质,培养全面发展的人。当今时代,综合素质越来越成为评价当代青年人能力和成长成才水平的重要指标。随着素质教育的发展和现代化教育评价体系的搭建,学习成绩已经不再是衡量学生是否优秀的唯一标准,实际要求的是培养青年的综合素质,从德、智、体、美、劳各个方面提升其能力和技能,培养青年的创新思维和实用技能,将青年培养成全面发展的人。青年人生价值观教育也应该积极转变教学理念,在传授科学文化知识和专业技能的过程中,更加注重青年综合素质的培养。青年人生价值观教育要以培养德智体美劳全面发展的人为行动指南,具体而言,要以德育和美育来启发青年对人生价值的思考,做到以美育人,以文化人,提高当代青年审美水平和人文素养;以智育来传授文化知识与技能,为青年树立正确的人生价值观奠定基础;以体育来增强体质,为青年人生价值的实现提供健康体魄;以劳动教育来引导当代青年尊重劳动、崇尚劳动,树立劳动意识,追求在服务社会、奉献社会的劳动实践中实现自己的人生价值。在现代教育体系当中,"德智体美劳"五育并举、缺一不可,青年的综合素质和创新能力更是在"德智体美劳"五育并举的实践过程中得到了提升和塑造,我国青年的人生价值观也应在德智体美劳全面发展的过程中不断完善和发展。

2. 青年人生价值观教育的内容体现

针对青年人生价值观教育虽然暂未出台专门的政策性文件，但青年人生价值观教育的内容侧重已在不同领域的教育文件中有所体现，通过对这些文件深入挖掘和细致梳理，本书将青年人生价值观教育的内容大致归纳为三方面：人生意义教育、人生理想教育、人生道路教育。

第一，人生意义教育。有关人生意义教育的内容在诸多教育文件中都有所涉及，这些文件从其所关涉的教育实践的角度出发为青年人生意义教育提供指导。首先，以家国情怀为基础阐释人生意义。在爱国主义教育领域中，主要是通过培养当代青年的家国情怀，引导当代青年爱党、爱国、爱社会主义，从而使青年能够自觉围绕国家发展和社会进步来思考人生意义。《新时代爱国主义教育实施纲要》中指出："要深刻理解习近平新时代中国特色社会主义思想的核心要义、精神实质、丰富内涵、实践要求，不断增强干部群众的政治意识、大局意识、核心意识、看齐意识。""坚持用习近平新时代中国特色社会主义思想武装全党、教育人民。"[1]习近平新时代中国特色社会主义思想中蕴含着深厚的爱国主义情怀，同时它所倡导的大局意识、集体主义精神对于当代青年思考人生意义有着重要指导意义。爱国主义本身就是一种

---

[1]《新时代爱国主义教育实施纲要》，第4—5页。

价值观,在爱国主义教育背景下,青年所理解和思考的人生意义也应该围绕国家富强、民族振兴、人民幸福展开,这一思想在道德教育和思想政治理论课建设等领域的政策文件中也都有所体现。其次,将为人民服务作为出发点和落脚点思考人生意义所在。《公民道德建设实施纲要》中提到,要将"为人民服务作为公民道德建设的核心",青年人生意义教育作为公民道德教育中的一环,也应当坚持这一核心思想,教育引导青年站在为人民服务的立场上思考人生意义,从实现个体社会价值的角度出发去思考人生意义,使道德准则成为衡量个体人生意义的重要标准,同时也为青年人生理想的确立和人生道路的选择提供正确导向。

第二,人生理想教育。理想信念是精神之"钙",缺乏理想信念,人就会得"软骨病"。青年人生价值观教育要帮助青年树立正确的人生理想,走好人生之路。道德教育领域和爱国主义教育领域的政策文件中,都强调将中国梦与个人梦想联系在一起,倡导积极开展中国特色社会主义和中国梦教育,引导青年把共产主义远大理想与中国特色社会主义共同理想统一起来,把个人理想的实现融入实现国家富强、民族振兴、人民幸福的伟大梦想之中。首先,以共产主义远大理想和中国特色社会主义理想信念为主要内容开展人生理想教育。《新时代公民道德建设实施纲要》中提到,要"在全社会广泛开展理想信念教育,深化社会主义和共产主义宣传教育,深化中国特色社会主义和中国梦宣传教育"。[1] 旨

---

① 《新时代公民道德建设实施纲要》,人民出版社,2019 年,第6—7 页。

在用理想信念指引人生方向,引领道德追求,不断增强道路自信、理论自信、制度自信、文化自信。在培养青年爱国情怀的基础上,要教育青年将国家、民族的前途命运与个人的人生理想相结合,使青年深刻认识到,"中国梦是国家的梦、民族的梦,也是每个中国人的梦",[①]在把握中国梦与青春梦二者关系的基础上确立个人的人生理想,努力成长为党、国家和人民所期盼的有志青年。其次,以社会主义核心价值观为主要内容开展人生理想教育。《新时代公民道德建设实施纲要》中提到:"社会主义核心价值观是当代中国精神的集中体现,是凝聚中国力量的思想道德基础。"[②]在新时代公民道德建设和青年道德教育过程中,要发挥社会主义核心价值观的引领作用。社会主义核心价值观在潜移默化中影响着青年的思想观念和行为方式,有利于凝聚青年思想共识,帮助青年树立符合社会主流价值观念的人生理想。再次,以我国党史、国史和民族文化史为主要内容开展人生理想教育。《新时代公民道德建设实施纲要》中明确指出:"要深化改革开放史、新中国历史、中国共产党历史、中华民族近代史、中华文明史教育。"[③]通过对青年进行党史、国史和民族文化史教育,培养当代青年的民族自豪感和民族复兴的使命感,使之在历史文化知识的学习中逐步确立坚定的人生理想。最后,以中华优秀传统文化为主要内容开展人生理想教育。引导青年树立正确

① 习近平《习近平著作选读》第一卷,人民出版社,2023 年,第 543 页。
②《新时代公民道德建设实施纲要》,第 7 页。
③ 同上书,第 8 页。

的人生理想是思想政治理论课以及其他各类专业课程、通识课程和实践课程共同的责任与使命。《高等学校课程思政建设指导纲要》中提到，要加强中华优秀传统文化教育，以提高当代青年的民族自豪感，继续将中华民族的文化血脉延续下去，使中国心、中国魂成为当代青年树立人生理想的重要指导内容。

第三，人生道路教育。人生道路教育主要回答人生意义、人生理想何以实现的问题，已有的政策文件从不同的教育实践出发描绘了具体的人生道路选择，但都强调青年要在个人理想与国家梦想有机统一的实践中选择自身的人生发展道路。一是以爱国主义为基调的人生道路。《关于进一步加强和改进大学生思想政治教育的意见》中明确指出，要"引导大学生在中国特色社会主义事业的伟大实践中，在时代和社会的发展进步中汲取营养，培养爱国情怀、改革精神和创新能力，始终保持艰苦奋斗的作风和昂扬向上的精神状态"。[①]《新时代爱国主义教育实施纲要》中也指明，要"始终高扬爱国主义旗帜，着力培养爱国之情、砥砺强国之志、实践报国之行，使爱国主义成为全体中国人民的坚定信念、精神力量和自觉行动"。[②]可见，爱国主义教育旨在引导当代青年厚植爱国情怀、坚定强国志向、投身报国实践，同时这一旨归也可被视为一种以爱国主义为基调的人生道路选择。二是以公民道德规范为准则的人生道路。公民道德教育能够向青年传递公民基本道德规范和社会行为准则，有利于培养青年高尚的道德品质

---

① 中共中央文献研究室《十六大以来重要文献选编》(中)，第 180 页。
②《新时代爱国主义教育实施纲要》，第 2 页。

和良好的行为习惯,同时也为青年人生道路的选择提出了一定的标准和要求。青年在人生道路的选择上不能脱离道德标准的束缚,要始终在道德和法律所允许的范围之内实现自身的人生理想和人生价值。同时公民道德教育领域的政策文件也提出了青年人生道路教育的最高要求,即"把共产主义远大理想与中国特色社会主义共同理想统一起来,把实现个人理想融入实现国家富强、民族振兴、人民幸福的伟大梦想之中"。①《新时代公民道德建设实施纲要》则强调要将为人民服务作为公民道德建设的核心。从公民道德教育的角度出发,人生道路教育要教导青年自觉遵守公民道德规范,并将个体人生道路的选择与服务人民、奉献社会的实践相结合。

3. 青年人生价值观教育相关政策文件的现实意义

我国现有的关于爱国主义教育、公民道德建设以及思政课建设的政策文件中包含着开展青年人生价值观教育的思想意蕴,与青年人生价值观教育有着密切的联系。这些政策性文件所阐明的建设目标、教育内容和实施路径对于青年人生价值观教育具有一定的指导意义。

一方面,现有的教育政策文件能够为青年人生价值观教育指明方向,有利于培养德智体美劳全面发展的社会主义建设者和接班人。中国青年应该明确人生意义,树立远大理想,沿着中国特色社会主义道路走好自己的人生之路。我国是中国共产党领导

---

① 《新时代公民道德建设实施纲要》,第7页。

的社会主义国家,办的是社会主义教育,当前我国青年人生价值观教育虽然暂未有专门的政策文件予以针对性指导,但人生价值观教育的思想却广泛蕴含于诸多教育文件中,广泛体现在爱国主义教育、道德教育的具体实践中,这些教育文件都是在坚持社会主义办学方向,遵循爱党、爱国、爱社会主义相统一原则的基础上制定的,旨在通过各类教育实践活动引导青年将个人理想与中国特色社会主义共同理想和共产主义远大理想相结合,将个人的理想追求融入民族复兴的伟大征程,在为国家和社会创造价值的过程中实现个人价值,并在此基础上追问人生意义、坚定人生理想、走好人生道路,树立科学的人生价值观。这些教育政策文件启示我们,青年人生价值观教育同样要坚持社会主义方向,坚持走中国特色社会主义教育发展道路,不断为社会主义现代化建设和中华民族伟大复兴培养和输送有用人才。

另一方面,现有的教育领域文件能够为青年人生价值观教育提供参考,有利于拓宽青年人生价值观教育的实施路径。围绕不同的教育主题,教育目标的实现需要借助不同的实践路径,现有的教育政策文件启示我们,要充分发挥学校、社会和家庭三方面的作用,同时也要把握好网络空间这一思想政治教育的新阵地。首先,学校是青年接受人生价值观教育的主要场所,学校可以通过以课堂教学为主的显性教育模式对青年进行人生价值观教育,也可以通过以校园文化为主的隐性教育模式,还可以发挥校园文化活动、教育实践活动的作用,引导青年在实践过程中树立正确的人生价值观,因此我们要充分发挥学校在青年人生价值观教育中的重要作用。社会对青年人生价值观的影响是潜移默化的、多方面的。青年的人生价值观尚未完全形成和稳定,容易受到来自社会多元思潮和价值倾向的影响,因此要弘扬社会正能量,发挥榜样的正面引领作用,使当代青年深刻意识到自己所承担的社会责任。家庭是个体受教育的起点,它对于青年人生价值观的影响是根源性的、深远持久的,一个拥有着和谐的家庭氛围和积极人生态度的家庭,对于年轻一代人生价值观的教育和引导也必然是正向的,因此在诸多教育政策文件中也特别强调要发挥家庭教育的导向作用。随着互联网信息技术的日益发展,人们的日常生活已经离不开网络,青年更是网络世界的活跃人群的主力军,然而纷繁复杂的网络信息也对当代青年的人生价值观造成了一定的冲击。因此有必要加强网络生态建设,为青年提供一个健康、纯净、积极向上的网络环境,这对于引导当代青年树立正确的人生价值观具有极其重要的现实意义。

(二)美国青年人生价值观教育政策梳理

美国学校办学具有较大的自主性,联邦政府往往出于社会发展的需要,以出台法案、促进立法的方式,用政治组织手段对学校人生价值观教育进行支持,从而培养出认可美国价值理念的、能够适应社会并推动社会进步的美国人。对青年进行人生价值观教育的政策广泛蕴含于各式各样的法案中,如高等教育领域的《高等教育法案》(Higher Education Act),国家安全教育领域的

《国防教育法》(National Defense Education Act)，公民教育领域的《公民与政府全国课程标准》(National Standards for Civics and Government)、《民主教育法案》(Education for Democracy Act)，以及包括《残疾人教育法》(Individuals with Disabilities Education Act)、《学生援助权利法案》(Student Aid Bill of Rights)等在内的其他各种平权法案。法案一经通过，便会在很长一个时期内对美国青年人生价值观教育的开展具有指导意义。总体来看，这些教育法案集中体现了时代发展对美国国民精神的塑造，具有鲜明的实用主义色彩。

1. 青年人生价值观教育的总体要求

美国重视公民的国民性教育，通过其使受教育者成为接受美国价值观的美国人。主张非裔美国人教育和权利的先驱布克·华盛顿(Booker Washington)曾认为在所有强大的种族和民族中，没有哪个是没有教育的。美国的发展需要一个有凝聚力的社会，社会凝聚力需要教育来推动，汇聚每一个公民的力量共同发展。其中，人生价值观教育便是培养国家发展所需人才的至关重要的一部分。

第一，提供多元教育机会，促进青年全面发展。随着经济社会发展，劳动力市场格局发生了重大变化，快速变化的技术环境和工作性质要求员工具备多方面的知识和能力，以便适应不断演变的职业要求，科技的快速发展要求人们不断学习新知识和技术，适应新兴的工作方式和行业。劳动市场对具有多元技能的复合型人才的需求日益增长，一个人终身只从事一种职业的时代成为过去。培养知识面宽的复合型人才、促进青年全面发展成为社会发展的必然趋势。在美国相关教育法案中,促进青年全面发展的要求体现在联邦政府对青年享有平等受教育机会的承诺中。

美国多个时期的法案都体现了培养知识面广的复合型人才和促进青年全面发展的要求。《1944年退伍军人权利法案》(Servicemen's Readjustment Act of 1944)旨在帮助第二次世界大战后的退伍军人接受高等教育和职业培训,以"适应平民生活"①,开展正常生活。在接下来的7年中,大约有800万退伍军人获得了教育福利。根据该法案,大约有230万人就读于高等院校,350万人接受了学校培训,340万人接受了在职培训。从1940年到1950年,美国高校授予的学位数量增加了一倍多,拥有学士学位或更高学位的美国人比例从1945年的4.6%上升到半个世纪后的25%。这一法案推动了高等教育的大众化,它不仅提高了高等教育的可获得性,也鼓励了多样化的学术和职业追求。同样地,《1965年高等教育法案》(Higher Education Act of 1965)旨在扩大普及大学教育②,为低收入学生提供财政援助,促进了高等教育的多样性和包容性,为更广泛的青年群体提供了追求多元知识和技能的机会。这些法案不断促进教育公平,反映了美国教育系统逐渐转向更全面、多元化的教育目标,培养具备广泛知识和技能的复合型人才。通过提供多样化的学习机会和强

---

① Servicemen's Readjustment Act of 1944. https://www. archives. gov/milestone-documents/servicemens-readjustment-act.

② Higher Education Act of 1965. https://www. govinfo. gov/app/details/COMPS-765/.

调青年的个性化发展，美国的教育政策正努力促进青年全面发展。

　　第二，营造学术自由氛围，培养青年独立思考的能力。自由精神在美国青年人生价值观教育中体现为努力营造学术自由氛围，培养青年独立思考的能力。在自由竞争的社会中，独立和批判性思考的能力对于青年在快速变化、日趋复杂的全球社会中取得成功至关重要。美国政府在对学校教育发展进行干预的同时也尊重学校的自治权，营造学术自由的氛围，使青年能够在自由讨论中养成独立思考的能力，从而使青年做好准备迎接现实世界的挑战。

　　营造学术自由氛围是一个需要长期努力的事业。美国联邦政府通过财政拨款等方式对高校①教育进行干预，这会限制高校的学术自由；反之，美国各州政府则会颁布法案保护学术自由。美国有 8 000 多所公立学院和大学，有六分之一②的公立大学使用"言论自由区"将学生的言论限制在校园某一特定区域，从而限制了学生与社团就他们最热衷的问题进行讨论。许多学院和大学都知道这些限制性政策是违宪的，但他们仍然坚持这些限制性政策。为此，佛罗里达州 2018 年颁布《校园自由表达法》（Campus Free Expression Act，简称 CAFE），禁止佛罗里达州的公立学院和大学建立言论自由区。它允许个人在校园的户外区域

①　这里的高校主要指公立高校。
②　Frequently Asked Questions: The Campus Free Expression (CAFE) Act. https://www. thefire. org/research-learn/frequently-asked-questions-campus-free-expression-cafe-act.

自由表达自己的观点,从而营造一个公开讨论的环境。[①] 再如北卡罗来纳州 2017 年通过《恢复/保护言论自由法案》(Restore/Preserve Campus Free Speech Act),要求北卡罗来纳大学董事会制定一项言论自由政策,确保学生和教师的言论受到第一修正案的保护。田纳西州 2017 年颁布《校园言论自由保护法》(Campus Free Speech Protection Act),确保田纳西州的公立学院和大学采取政策,确认他们对言论自由的承诺是一项基本权利。这些法案和政策表明,一些州为确保高等教育机构的学术自由和言论自由采取了积极措施。除此之外,弗吉尼亚州政府、加利福尼亚州政府等[②]也出台相关政策来支持学术研究、教学和表达的自由,并保护学生在公开场合表达观点的权利。

第三,重视社会实践活动育人,培养有社会责任感的人。美国教育部门除了重视促进青年的个人成就,还非常重视青年社会责任感的培育。一方面,培养青年社会责任感能够促进个人的全面发展。培养社会责任感一是能够帮助青年超越个人利益的界限,关注更广阔的社会和环境问题。这种关注能够促进他们在心理上毕生发展,促进他们人生价值的自我实现,形成更亲社会的人生价值观。二是青年作为未来社会的领导者,培养社会责任感能够使其更加关注社会问题,促进其参与社会创

---

① Campus Free Expression Act. https://www. goldwaterinstitute. org/wp-content/uploads/2019/04/Campus-Free-Speech_Model-Legislation_Web. pdf.

② Campus Free-Speech Legislation: History, Progress, and Problems. https://www. aaup. org/report/campus-free-speech-legislation-history-progress-and-problems.

新和改革活动,以其所学知识、创新能力和对公共事务的热情推动社会向更加公正、可持续的方向发展,建立更加包容和谐的社会。

　　为此美国政府通过一系列的法律和政策来引导和鼓励学校培养青年的社会责任感。这些法律和政策最鲜明的特点便是鼓励青年积极参与社会实践活动,通过走进社会来了解社会,提高青年对社会问题的认识,从而唤醒其社会责任感。2008 年通过的《高等教育机会法案》(Higher Education Opportunity Act)作为《高等教育法案》修订版的一部分,鼓励高等教育机构开发服务学习项目①,这些项目使学术课程和社区服务相结合,促进青年的学习和人生价值观的形成。《国家和社区服务法案》(National and Community Service Act of 1990)旨在增强公民对社区服务的参与。② 依托该法案,美国国民和社区服务公司(Corporation for National and Community Service)得以成立,这个机构支持各种项目,包括鼓励青年参与的社区服务项目。再如美国联邦政府的资助项目"联邦勤工助学计划"(Federal Work-Study Program),通过鼓励学生参与社区服务工作、与其课程研究相关的工作和家庭服务等来帮助有经济需要的本科生和研究生,使他们能通过兼职工

---

① Higher Education Opportunity Act. https://www. congress. gov/110/plaws/publ315/PLAW-110publ315. pdf.

② National and Community Service Act of 1990. https://americorps. gov/sites/default/files/document/YYYY_MM_DD_National_Community_Service_Act_Of_1990_as_Amended_by_the_Serve_America_Act_ASN. pdf.

作来支付高等教育费用。① 这些活动的设置旨在提高青年的社会责任感和公民参与。"学院援助和机构服务计划"（Gaining Early Awareness and Readiness for Undergraduate Programs,简称"GEAR UP 计划"）②也是一个旨在增加进入并成功完成高等教育的低收入学生数量的自由裁量性拨款项目。

第四,鼓励对外交流,培养包容多元文化和开阔国际视野的人。培养包容多元文化和开阔国际视野的人是由美国国情所决定的。美国是一个移民国家,来自不同文化和背景的人共同组成了美国社会,使美国成为一个多元文化的国家。正是这种多元化特征要求公民拥有理解和尊重不同文化的胸襟,人们应该尊重彼此的差异,接纳不同的种族、民族和宗教信仰,共同促进社会的和谐发展。此外,在经济全球化的潮流中,具备国际视野的青年有较强的跨文化沟通能力,这对于解决国际问题和促进全球合作至关重要,从而使他们更能在全球经济竞争中取得成就。

为了培养青年的多元文化适应力和宽阔的国际视野,美国政府出台了一系列政策和项目进行支持。如《国际教育法案》（International Education Act）旨在促进国际教育项目和研究,提高美国人对全球问题的认识。该法案明确指出"了解其他国家对于促进国家间的相互了解与合作是极其重要的;美国的教育

---

① Federal Work Study. https://seo. harvard. edu/for-students/federal-work-study.
② GEAR UP. https://wsac. wa. gov/gear-up.

资源是加强我们与其他国家关系的必要基础；应该保证这一代和未来的美国人有充分的机会，在与其他国家、民族和文化有关的所有知识领域中，寻大限度地发展他们的智力；因此，联邦政府协助开发国际学习和研究的资源，协助开发学术和专业领域的资源，培养训练有素的人员，协调联邦政府在国际教育方面现有的和未来的计划，以满足世界领导地位的要求，既是必要的，也是适当的"。[①]《富布赖特－哈耶斯法案》（Fulbright-Hays Act of 1961），也被称为《互惠教育和文化交流法案》（Mutual Educational and Cultural Exchange Act of 1961）[②]，旨在通过教育和文化交流增进美国人民与其他国家人民之间的相互理解。其中有明确"资助美国与其他国家的青年、学员、教师、辅导员进行访问和交流"的条款，在规定条目的费用中提供必要的资金。除此之外，美国政府还发起了诸多计划来提高青年对多元文化的适应力，拓宽国际视野。如吉尔曼国际奖学金计划（Gilman International Scholarship Program）为有经济需要的青年提供资助，以参与海外学习和实习；国际教育交流项目（International Visitor Leadership Program）促进专业和文化交流；国家安全语言倡议（National Security Language Initiative）鼓励青年学习关键外语等。

---

① International Education Act of 1966. https://www.govinfo.gov/content/pkg/STATUTE-80/pdf/STATUTE-80-Pg1066.pdf.

② MUTUAL EDUCATIONAL AND CULTURAL EXCHANGE ACT OF 1961-（FULBRIGHT-HAYS ACT）. https://www.govinfo.gov/content/pkg/COMPS-1082/pdf/COMPS-1082.pdf.

2. 青年人生价值观教育政策的内容体现

美国青年人生价值观教育政策对人生价值观教育内容的规定具有鲜明的美国特色。正如有学者研究指出"美国高等教育能够在相对较短的时间内取得巨大发展并形成自己的特色,其主要原因是美国文化、自由市场竞争和国家干预这三个因素的交相作用",①美国传统的分权文化在政府与高校的关系中有深刻体现。美国高校拥有一定的办学自主权,可以自行规定本校的教育内容、教育方法、教师人选以及教学用书,美国政府政策对高校教育内容的指导意义有限,因此政策对人生价值观教育的影响更多体现在知识教育和实践教育之中。

在人生价值观的知识教育层面,美国致力于使青年在接受大学教育的过程中思考人生意义、树立人生理想。美国民权运动先驱之一 W. E. B. 杜波依斯曾阐述过接受大学教育的意义:"真正的大学将永远只有一个目标——不是去谋衣食无忧,而是去探寻丰衣足食后的人生意义与宗旨。"②大学具有赋予个人体验丰富生命经历的能力,让人们有充分的实践机会去体验自己希望过的人生。因此,为了使国民都能接受大学教育,感受这一段独特的人生意义之旅,便需要将尽可能多的国民纳入高等教育体系。为此,政府出台了众多教育平权法案,试图使生活条件不同、文化背景各异的人都能拥有平等接受大学教育的机会。在经济收入差异方面,美国联邦政府出台了一系列法案用于资助来自低收入家

① 王英杰《美国高等教育的发展与改革》,人民教育出版社,2002 年,第 200 页。
② 〔美〕安德鲁·德尔班科《大学:过去,现在与未来》,范伟译,中信出版社,2014 年。

庭的学生,并调整了贷款利率和还款条件等。如 1965 年《高等教育法案》包含了佩尔助学金和联邦勤工俭学等条款,旨在使低收入学生更容易接受高等教育。1978 年通过的《学生援助改革法案》(Student Aid Reform)主要涉及联邦政府对学生的财政援助政策。在特殊人群受教育权利保障方面,1990 年通过了《美国残疾人法案》(The Americans with Disabilities Act,简称 ADA)①,该法案内容包括禁止歧视残疾人士,确保包括教育在内的所有公共生活领域的平等机会和便利,强调了高等教育环境中无障碍和包容性的价值。高等教育的平权不仅维护少数族裔的权益,也维护白人群体的权益,是一种广泛意义上的平权。最高法院的各种案例,如加州大学理事会诉巴基案(1978 年)、Grutter 诉 Bollinger 案(2003 年)和 Fisher 诉德克萨斯大学案(2016 年)都是为了争取高等教育入学过程中的种族配额制度下白人申请者的权益,最高法院在维护少数族裔权益和维护白人权益问题上的考量说明争取让更多人接受高等教育还有很长的路要走。

　　另一方面,在人生价值观的实践教育层面,美国联邦政府出台了众多职业教育和职业发展政策,以帮助青年实现人生理想。"千里之行,始于足下",青年明确人生意义、树立远大的人生理想,关键在于其以职业为载体的实践。1984 年通过的《卡尔·D.帕金斯职业与技术教育法案》(Carl D. Perkins Career and Technical Education Act)是一部旨在提升职业和技术教育质量的

----

① The Americans with Disabilities Act (ADA) protects people with disabilities from discrimination. https://www.ada.gov/.

联邦法律。2018 年,该法案进行修订后改名为《21 世纪职业和技术教育改进法案》(Strengthening Career and Technical Education for the 21st Century Act)①,并最终明确了:(1)为高中和社区学院等二级和后二级教育机构提供联邦资金,用于发展和改进职业和技术教育课程;(2)支持青年获得能满足市场需求的技能,包括 STEM(科学、技术、工程和数学)领域的技能;(3)帮助青年准备进入高要求的职业领域,以及继续教育和终身学习;(4)提供资源和项目,支持弱势群体,包括残疾青年、低收入家庭青年等,确保他们也能获得职业和技术教育;(5)强调工作基于实践的学习,以及与当地行业和雇主的合作。1990 年,老布什总统签署的《技术准备法案》(Tech Prep)鼓励学校与企业合作,为青年提供实习和实践机会,以便更好地为就业做好准备。再如 2010 年由美国教育部制定的《有酬就业规则》(Gainful Employment),要求职业学院和职业项目为学生"在公认的职业中获得有酬就业机会"做好准备,即职业教育项目必须使毕业生能够获得有酬就业机会,收入水平需能够支撑他们偿还学生贷款,以保障青年实现人生理想的权益。此外,在校企合作方面联邦政府也出台了相关法案。2021 年,美国参议院通过的《无尽前沿法案》(Endless Frontier Act)增加了对科研人员的投资,并关注将科研成果转化为商业机会。

---

① Strengthening Career and Technical Education for the 21st Century Act. https://crsreports. congress. gov/product/pdf/R/R47071.

3. 青年人生价值观教育相关政策的现实意义

在美国传统分权思想的影响下，政府和高校各司其职，同时政府对高校教育拥有有限的管理权。"不管是联邦政府还是州政府，它们对大学的介入或控制的原因多数来自大学外部的社会需要而不是来自大学内部的需要。政府从国家或州的发展需要出发来干预大学，政府对大学的干预方式和程度跟社会经济、政治、科技、人口等因素的变化息息相关。"[①]美国联邦政府的人生价值观教育政策为国家整体发展负责，各州政府的人生价值观教育政策则致力于本州的发展。总体而言，美国政府关于青年人生价值观教育的政策为美国社会的发展夯实了人才基础。

首先，青年人生价值观教育政策培养了全面发展的个体，提升了国民素质。以《高等教育法案》为代表的一系列推动高等教育普及化的法案卓有成效，与此同时，美国青年人生价值观教育的核心之一是将青年培养成为全面发展的个体。这种教育不仅关注学术成就，更重视个人品德、社会责任感和批判性思维能力的培养。政策鼓励青年在发展个人兴趣的同时也理解和尊重他人的观点和文化。

其次，青年人生价值观教育政策提高了青年的公民意识和社会参与度。青年人生价值观教育政策引导学校培养青年的社会责任感。一是青年通过公民教育课程理解民主、法律和政治过程。二是青年通过参与社区服务和公共项目，走进社会实际体验

---

① 陈文干《美国大学与政府的权力关系变迁史研究》，浙江大学出版社，2015 年，第 148—149 页。

公民参与的过程,这不仅唤醒了他们的社会责任感,也提高了他们对公共政策和社会问题的理解。此外,青年通过自由参与政治讨论和辩论,培养批判性思维和表达能力,从而养成公民身份认同,为未来的社会参与奠定基础。

最后,增强社会包容性,促进社会良性发展。美国社会具有文化多元的特征,文化带来的差异往往会造成冲突和社会动荡。人生价值观教育政策的相关规定在一定程度上便是为了弥合因文化差异而产生的嫌隙。在青年自身职业发展方面,美国教育政策关注青年未来的职业发展,培养青年良好的职业道德、团队合作能力,帮助青年向职场过渡。在文化沟通与交流方面,多元文化教育让青年理解和尊重不同文化,以沟通超越文化差异,通过国际交流和跨文化交往来提高青年的文化敏感性和沟通技巧。

(三)青年人生价值观教育政策的整体性解析

青年人生价值观教育都是在一定的政策指导下开展的。整体分析青年人生价值观教育政策,有利于总结和把握青年人生价值观教育相关政策制定的普遍性规律和差异性特征。

1. 普遍性规律

政策的普遍适用性是开展青年人生价值观教育实践的基础,因此,我们有必要研究人生价值观教育政策的制定所遵循的普遍性规律。

一方面,人生价值观教育政策为国家层面牵头制定。社会发展的现实环境孕育了不同阶段的教育政策，人生价值观教育政策的制定是国家意志的体现。人生价值观教育的历史演进深刻揭示了人生价值观教育所遵循的共时性规律和历时性规律。人生价值观教育政策的制定与国家和社会发展对于公民素质的要求同频共振，因此，为了更好培养社会发展所需要的人才，国家就需要以制定教育政策的形式对本国的教育活动进行干预和规范。青年人生价值观教育以相关的政策文件作为指导，因此人生价值观教育是由国家主导并进行自上而下的设计。

另一方面，人生价值观教育政策的存在形式具有依附性。就人生价值观教育政策的总体特点而言，目前还没有颁布专门的政策文件指导青年人生价值观教育，开展青年人生价值观教育的相关要求蕴含于国家发展或国家教育事业发展的相关文件中。我国青年人生价值观教育的主要内容与思想政治教育的内容高度契合，中共中央、国务院印发的《新时代公民道德建设实施纲要》对公民道德的要求，《新时代爱国主义教育实施纲要》对公民爱国主义教育的要求等思想政治教育方面的政策文件，均是青年人生价值观教育的指导文件。美国青年人生价值观教育围绕其公民教育展开。如《民主教育法案》表达的民主价值观，《残疾人教育法》蕴含的平等价值观等，都是青年人生价值观教育的重要指导思想。总体上来看，青年人生价值观教育都是在各种教育政策的指导下有序开展的。

2. 差异性特点

各国青年人生价值观教育的开展都离不开国家的政策统领，

但是在具体教育实践过程中，国家政策发挥着不同的功能，其发挥作用的机制也存在差异。

教育政策的功能维度。我国青年人生价值观教育相关的政策具有强大的引领性和细致的规定。结合我国相关政策以及"六个下功夫"的科学论断，我们总结出了青年人生价值观教育的总体要求，即培养具有远大理想的人、具有爱国情怀的人、具有高尚道德品质的人、有较高文化素质的人、自强不息的人、全面发展的人。通过对人生价值观教育目标的剖析，结合相关政策文件的主要精神，我们能够进一步明确青年人生价值观教育的前进方向、教育内容、实践路径、教育主体、教育阵地等各个方面的内容，这对在全国范围内开展青年人生价值观教育具有指导意义。与此同时，美国政策对青年人生价值观教育提供了精神层面的指导与物质层面的支持，对公立学校的约束较强，对私立学校的约束较弱。私立学校拥有多元的资金来源，其在青年人生价值观教育层面拥有较大的自主权，实践形式较为灵活。

教育政策的作用机制维度。我国教育政策以政治体制层层传达与分工为保障。从中央到地方，再到各单位的政策传达已经形成了较为成熟的体系与运作模式。中央发布政策文件，地方各级单位会有序学习相关文件精神。有了党组织发挥力量的保障，相关教育政策能够有效传递到各一线教学单位，从而使人生价值观教育得到有效开展。美国的教育政策的落实依照资本逻辑，以中央拨款的方式对各州和学校的教育工作进行指导。美国政策保障有限，主要依靠资金支持推动。"美国拯救计划"（American

Rescue Plan)将 1 300 亿美金用于支持各州、学区和学校恢复教育教学,满足学生青年、社会、身心健康等方面的需求。拜登总统的 BBBA 计划(President Biden's Build Back Better Agenda)为了弘扬教育公平理念,提供 26 亿美元支持特殊教育的发展。然而,当资本在教育政策落实过程中发挥主要推动作用时,便会使政策的落实受到经济大环境的影响,亦会受到其他资本力量的影响。

二、内容的价值权重

"教什么"是人生价值观教育的基本问题。我们要贯彻落实相关政策文件对于青年人生价值观教育做出的总体规划和基本要求,在实践过程中,青年人生价值观教育主要围绕着人生意义、人生理想和人生道路三方面展开。

(一)以集体主义和国家利益为核心教育内容

青年是祖国的未来,青年的价值取向决定了未来整个社会的价值取向。青年人对于人生意义、人生理想、人生道路作何理解和选择,对我国社会未来发展有着重要的影响。社会主义是我们的政治道路,家国情怀是我们的文化底色,这决定着我国的人生价值观教育内容以集体主义和国家利益为核心。

1. 人生意义:个人价值统一于社会价值

人生意义关系着对"人为什么活着""人活着的价值何在"以

及"什么样的人生值得追求"等问题的根本性回答,是一个不断被追问、探讨和争论的问题,对于人生意义的认识和理解直接影响着个体人生理想的确立和人生道路的选择,指引着人生前进的方向。"在'人生意义'的概念中,所谓'人生'明显是指人的生命或生活在现实中的实际展开,所谓'意义'则主要是指这种实际展开对人具有的价值效应。"①只有明确了人生意义并为之努力奋斗,才能实现人生价值。从心理学角度分析,美国"意义治疗之父"弗兰克指出,"人生意义不在于现实生活需求的满足,而在于超现实生活精神需求的满足"。② 他将这种精神性的满足分为三种价值观,分别是创造性价值观,经验性价值观和态度性价值观。

从马克思主义人生观的角度来看,人具有自然属性和社会属性,人生价值是个人价值和社会价值的统一。我国青年人生意义教育要引导青年正确认识个人价值与社会价值之间的关系。人生意义教育不仅是当代青年树立人生理想的基石,更是帮助他们实现人生理想的不竭动力。我国是中国共产党领导的社会主义国家,我国的人生意义教育也是围绕实现中国特色社会主义共同理想和共产主义远大理想而展开的。我国青年人生价值观教育首先要使青年明白,只有坚定理想信念,努力奋斗,奉献社会,服务人民,把自己的人生意义与国家富强、民族振兴、人民幸福联系在一起,才能更好地实现自己的人生价值。

---

① 刘清平《"人生意义"的元价值学分析——兼答"我是谁"的哲理问题》,载《江苏行政学院学报》,第 1 期,2017 年,第 12—18 页。
② 张春兴《心理学思想的流变——心理学名人传》,上海教育出版社,2002 年,第 324 页。

　　引导青年正确认识个人价值与社会价值的关系需要培养集体主义精神。1993 年,《人民日报》理论部、《高校理论战线》杂志社、《教学与研究》杂志社、河南省委党校、河南省社会科学院联合主办了"改革开放与人生价值观"研讨会,在人生价值观教育的问题上,大多数与会者认为"目前我们仍应大力倡导集体主义价值导向"。[①] 要正确认识个人与集体之间的关系,做到先人后己,先公后私,将个人价值的实现建立在对国家和社会的贡献之上,因此要培养青年的社会责任感,使青年以民族复兴为己任,认识到人活着的意义在于其社会价值的实现,在于对社会的贡献。我国青年人生意义教育还要引导青年在实践中实现个人价值与社会价值的统一,在实现社会价值的过程中实现个人价值。人的本质属性在于其社会属性,作为社会当中的一员,青年应该认真思考自身在社会中所扮演的角色及承担的责任,青年应该结合自身的兴趣、爱好、专业以及成长经历思考和把握人生价值问题,将对于人生价值问题的思考与生活实际相联系,并努力找到个人价值和社会价值的契合点,从而深化对人生意义问题的认识。

　　意识形态安全是当今国家利益的重要表现。一个国家的意识形态若受到外部威胁或内部挑战,会直接影响到国家的政治稳定和社会和谐,从而威胁到国家的整体利益。我国青年人生意义教育要筑牢意识形态安全意识,要引导青年深刻理解社会主义核心价值观。党的十七大报告中明确提出:"社会主义核心价值体

[①] 乔法容《"改革开放与人生价值观"研讨会简介》,载《哲学动态》,第 8 期,1993 年,第 14—16 页。

系是社会主义意识形态的本质体现。要巩固马克思主义指导地位,坚持不懈地用马克思主义中国化最新成果武装全党、教育人民,用中国特色社会主义共同理想凝聚力量,用以爱国主义为核心的民族精神和以改革创新为核心的时代精神鼓舞斗志,用社会主义荣辱观引领风尚。"①这一提法为开展人生价值观教育指明了前进的方向,即通过对青年进行国家、社会和个人层面的价值引导,使其对人生意义有更加全面的认识与理解。从而使其正确认识个人与社会之间的关系,正确认识理想与现实之间的关系,正确认识人活着的意义和存在的价值。以社会主义核心价值观为核心内容的人生价值观教育,鼓励着青年主动将个人价值与社会价值相统一,将个人的发展寓于社会和国家的发展之中,自觉坚守意识形态阵地。

2. 人生理想:个人理想熔铸于社会理想

人生理想关系着对"人生的目标与追求"这一问题的根本性回答,人生理想教育关系着青年对其人生发展方向的把握,也关系着"培养什么人、怎样培养人、为谁培养人"这一教育根本问题。习近平总书记指出:"坚定的理想信念,必须建立在对马克思主义的深刻理解之上,建立在对历史规律的深刻把握之上。……不断提高马克思主义思想觉悟和理论水平,保持对远大理想和奋斗目标的清醒认知和执着追求。"②我国青年人生理想教育与国家所

---

① 中共中央文献研究室《十七大以来重要文献选编》(上),中央文献出版社,2009 年,第 26 页。

② 习近平《在庆祝中国共产党成立 95 周年大会上的讲话》,人民出版社,2016 年,第 15 页。

要求树立的理想信念具有内在一致性，要引导青年在学习马克思主义理论的基础之上，围绕实现中国特色社会主义共同理想与共产主义远大理想，确立科学的理想和追求。

我国青年人生理想教育要引导青年坚定马克思主义信仰。教育引导广大青年能够对马克思主义"真学、真懂、真信、真用"，坚定马克思主义信仰，志存高远，树立远大的人生理想。坚定马克思主义信仰，就要认真学习马克思主义基本理论，并且掌握马克思主义立场、观点和方法。马克思主义基本理论包括马克思主义哲学、马克思主义政治经济学以及科学社会主义，这些理论科学揭示了社会历史发展的客观规律，为人类社会的发展指明了方向。引导青年树立正确的人生理想需要引导他们坚持马克思主义立场。坚持马克思主义立场就是坚持无产阶级和广大人民群众的立场，将解放全人类作为最终追求。我国青年人生理想教育要引导他们坚持人民立场，将个人的理想融入对人民群众的贡献中，树立全心全意为无产阶级和广大人民群众谋利益的人生理想。引导青年树立正确的人生理想需要引导他们掌握马克思主义观点。马克思主义观点包括实践的观点、辩证的观点、矛盾的观点、历史的观点、发展的观点、阶级的观点、群众的观点，等等。这些观点为青年思考和树立正确的人生理想提供了认识、分析和解决问题的基本思路，是引导青年坚持马克思主义信仰、树立正确人生理想的重要基础。引导青年树立正确的人生理想需要引导他们运用马克思主义方法。如"一切从实际出发、理论联系实际、实事求是"的观点就是要引导当代青年树立具有可行性的人生理想。"在实践中检验真理和发展真理"是教育当代青年要在日常的学习和生活中体会、思考，一步步明确自身的理想追求并为之努力奋斗。马克思主义为我国青年坚定理想信念、树立正确的人生理想提供了重要的理论支持。因此，认真学习马克思主义，树立对马克思主义的崇高信仰，掌握马克思主义立场、观点、方法，是帮助我国青年树立人生理想的重要手段。

我国是中国共产党领导的社会主义国家，办的是社会主义教育。青年人生理想教育应该在坚定马克思主义信仰的基础上，教育当代青年树立中国特色社会主义共同理想和共产主义远大理想，并在实践中将二者相统一。习近平总书记在主持召开学校思想政治理论课教师座谈会时表示："办好思想政治理论课，最根本的是要全面贯彻党的教育方针，解决好培养什么人、怎样培养人、为谁培养人这个根本问题。"①思政课是思想政治教育的主渠道，也是开展青年人生价值观教育的主渠道，习近平总书记的这一论述不仅明确了思政课本身的任务，更是明确了教师应引导青年树立怎样的人生理想。习近平总书记还指出："我们党立志于中华民族千秋伟业，必须培养一代又一代拥护中国共产党领导和我国社会主义制度、立志为中国特色社会主义事业奋斗终身的有用人才。在这个根本问题上，必须旗帜鲜明、毫不含糊。"②青年人生

---

① 习近平《用新时代中国特色社会主义思想铸魂育人　贯彻党的教育方针落实立德树人根本任务》，载《旗帜》，第4期，2019年，第5—7页。

② 习近平《用新时代中国特色社会主义思想铸魂育人　贯彻党的教育方针落实立德树人根本任务》，第5—7页。

理想教育应教育青年坚持中国共产党的领导,认真学习马克思主义基本理论,树立中国特色社会主义共同理想和共产主义远大理想,不断提升个人追求,凝聚社会共识,培育和弘扬社会主义核心价值观,努力为国家、社会、他人做贡献,以自身的全面发展促进整个社会的全面进步,立志为共产主义事业奋斗终身。

3. 人生道路:落实于中华民族伟大复兴之路

人生道路关系着对"如何实现人生理想"这一问题的回答,人生理想不同,人生道路的选择也会不同。但无论确立怎样的人生理想,都必须通过实践才能实现。实践是认识的目的和归宿,是检验真理的唯一标准,青年人生价值观教育就要引导青年通过实践活动正确认识中国梦,塑造青春梦,将个人理想与社会理想相结合,将个人价值寓于社会价值之中,不断用中国梦激扬青春梦,用青春梦助力中国梦。第一,实践是塑造青春梦、实现中国梦的必要前提。实践是认识的基础,是检验真理的唯一标准。要实现中华民族伟大复兴的中国梦,不能仅靠理论学习,还应该进行社会实践。青年不仅要学习理论知识,还要通过实践增长见识,提高本领,在实践中为中华民族伟大复兴不懈奋斗。同样,青春梦的塑造与实现也需要通过实践来达成。青春梦即人生理想的确立也要以实践为基础,青年通过一定的社会实践活动来明确自己的人生理想,并在此过程中不断对其人生理想进行重新审视,不断完善其对人生的思考。基于实践活动确立的人生理想才是科学可行的人生理想,也是实现人生价值、走好人生道路的必要前提。第二,实践是连接青春梦与中国梦的桥梁和纽带。我国是社会主义国家,倡导的是社会主义核心价值观,每个人的青春梦想虽然是独立存在的,但它们又统一于中华民族伟大复兴这个中国梦之中,中国梦的实现需要一代又一代人的接续奋斗。因此,青年人生价值观教育要激励青年自觉将青春梦与中国梦相结合,自觉把个人的理想追求融入国家和民族的事业之中,在实践中不断书写自己的精彩人生,在实践中不断助力国家富强、民族振兴、人民幸福。实践是连接个人理想与国家理想的桥梁,是助力青春梦与中国梦实现的力量源泉。当代青年人生价值观教育只有不断引导青年进行实践活动,在实践中实现人生理想,努力奋斗,才能让青年走好人生之路,走好中华民族伟大复兴之路。

(二) 以个人主义和自由价值为核心教育内容

美国的人生价值观教育内容有着鲜明的个人主义色彩,并以自由价值为指导,引导青年探索自己的内心世界。美国道德哲学家苏珊·罗斯·沃尔夫(Susan Rose Wolf)在《生命的意义及其重要性》(*Meaning in Life and Why It Matters*)一书中说,"当一个人被他所热爱的事情(有意义的事情)吸引着、驱使着并时刻践行着的时候,他的生活才有意义"。[1] 如何让青年人有意义地生活,帮助他们确立远大的人生理想,并促使其朝着正确的人生道路前

---

[1] Susan Rose Wolf, *Meaning in Life and Why It Matters*, New Jersey: Princeton University Press, 2012, p.9.

行？横览美国学校的人生价值观教育实践，并没有一个统一的标准，各有自己的传统和特色。与此同时，美国多所学校都在帮助青年明确"人为什么而活"（人生意义）、"人生的目标和追求是什么"（人生理想）、"人生价值和追求如何实现"（人生道路）等问题。

1. 人生意义：寻找并实现自身价值

关于人生意义，在美国学界存在诸多争议，一类观点是认为"人生的意义就是找到你认为有价值并使你兴奋的事，然后去做，不要因为别人对你的期望，或者这件事是传统意义上的好事，或者没有更好的东西出现在你的脑海里，就被限制住以至于安于做某件事情"。[①] 另一类观点则认为"人生的意义在于参加比自身更重要的事情，即参与或贡献于价值独立于自身以外的东西"。可以说，这两种关于人生意义的观点都有其合理性，但也存在着不足，第一种观点（"找到你的激情"）是基于个人主观意愿的"人生意义"，而第二种观点（"成为比你自己更有价值的事情中的一部分"）则强调从客观视角来解释"人生意义"。苏珊·罗斯·沃尔夫在《生命的意义及其重要性》中将上述两种观点进行了整合，提出了人生意义的"契合实现观"，即一个人只要他发现自己热爱并且认为值得热爱的事物，还能够为此做一些积极的事情，那么他的人生便是有意义的，也可以理解为一个人只要是积极、充满爱心地从事有价值的事情，那么这人的生命就是有意义的。[②]

美国学校就是在给青年传授知识和技能的同时使其参与有

---

① Susan Rose Wolf, *Meaning in Life and Why It Matters*, pp. 8 - 10.
② 同上书，第 12 页。

意义的事情,青年通过亲身参与到社会分工中,在社会环境中寻找自身价值,并以此增强对人生意义的理解,进而帮助自己理解如何有意义地生活,如何让自己的生命有意义。美国斯坦福大学教育研究所教授威廉·戴蒙(William Damon)在其著作《通往理想之路》(*The Path to Purpose*)中提到,工作使人感受到价值,实践使人明确人生意义。为此,美国大学在其通识课程和专业课程外还加入了社会实践相关学分,旨在让青年通过社会实践来明确自己人生的意义和价值。

2. 人生理想:独立于社会的人生目标

理想是一种价值目标,是人们人生观、世界观、价值观在个体奋斗目标上的综合体现。人生理想是一种持久的、总体的人生目标,指引人们做对自己和社会均有重要意义的事情。[①] 理想作为核心的价值目标,在人生中起到激励人们不断前进、规范日常行为并为人们所做的事提供意义感的作用。理想对于人生方向的指引,就像指南针为航行者提供方向一样,同时,作为人生价值观中的核心部分,相较于其他对生活有影响的因素,如互助型的社会关系,积极的情感,乐观和希望以及自主的人生等,人生理想对人们生活的影响更具持久性和稳定性。

斯坦福青少年研究中心研究员海瑟·马林(Heather Malin)在其《目标教学》(*Teaching for Purpose*)一书中反驳了其他学者对人生理想做出的三个形象比喻:第一个是将人生理想比作箭,

---

① William Damon, *The Path to Purpose: How Young People Find Their Calling in Life*, New York: The Free Press, 2008, p.26.

直指人生的标靶(目标),这类观点认为人们应该通过瞄准一个遥远的目标,并通过设定短期目标规划人生道路,但是在马林看来,虽然把人生理想看成一个重要的、遥远的目标对于我们制定稳定的人生道路是有帮助的,但是把理想看成是一个单一的目标是有局限性的。第二个比喻是将理想比作标枪,要通过完美的抛物线将标枪掷得尽可能远。这一观点完善了理想的定义,明确指出了人生是需要一定动机来驱动的,并且人生理想的实现是有起有落、动态变化的,但是这和"箭"的比喻一样,是将人生理想看作单一的目标,存在局限性。第三个比喻是将理想比作一艘飘荡在水面的小船,需要通过个人的努力到达理想的彼岸。马林认为这一观点忽视了人生中的各种可能,作为一条行驶在生命之海上的小船,难免经历风浪,导致航向偏转,很难规划出一条清晰的人生道路。正因为以上三个关于理想的比喻不尽完美,海瑟·马林建构了人生理想发展的模型(见图2-1)。

图2-1所展示的模型不仅涵盖了理想的三个维度,还包括了使青年能够发展和整合各个维度理想的基本的、潜在的力量。这些潜在的力量有:自我调控(Self-Regulation)(使青年能够选择适当的目标并调节他们的行为以追求目标的技能),社会影响(Social Agency)(青年采取有效行动并确定他们的行动对世界产生预期影响的能力),以及价值观(the Values)(对其人生发展至关重要的正确的意识,以及为什么他们觉得这些意识重要)。自我调控提供了致力于实现有意义的目标并根据这些目标采取行动所需的技能。价值观反思提高了人们找到超越自我的动机的

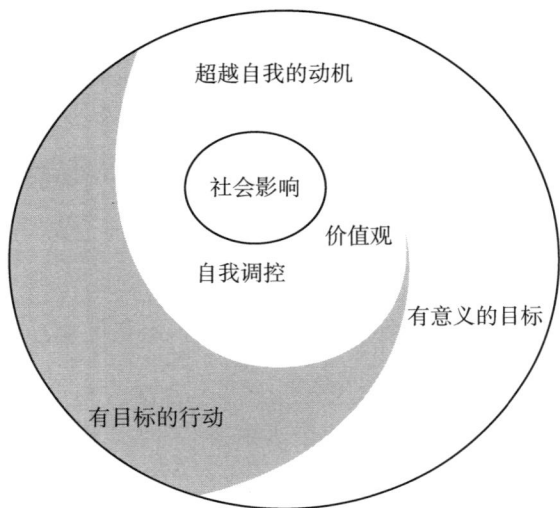

图 2-1 目标发展模型 (Purpose Development Model)

能力以及致力于实现有意义的目标的能力。影响,特别是社会影响,提供了针对有意义的目标展开行动和增强超越自我的动机所需要的态度和效能。

3. 人生道路:实现个人全面发展的理性选择

实现个人全面发展不仅是为了个人的幸福和满足感,也有助于社会的进步和繁荣。一个全面发展的人能在复杂多变的环境中保持内心的平衡和稳定,能够更好地适应社会变化,贡献自己的力量。在人生的道路上,每个人都会面临各种各样的选择和挑战。理性选择意味着我们需要在众多可能性中,找到最适合自己的发展路径。这需要我们对自己的兴趣、优势和价值观有清晰的认识,并结合外部环境和条件,制定出切实可行的计划和目标。

美国青年人生价值观教育中人生道路方面的教育主要集中在三个维度,即国家认同、道德选择和个人发展,这些都是在个人主义目标的指引下作为"理性人"的选择。

第一,国家认同。在素有"民主熔炉"之称的美国,如何才能使不同肤色、不同信仰、不同价值观的人凝聚在一起,其关键在于形成国家认同,包括对国家体制、国家政策和国家价值观的认同。学校是美国价值观塑造最重要的场所之一,美国青年的国家认同主要是通过通识教育活动来实现的。

美国建国至今只二百余年,但美国人尤为重视铭记国家历史,将历史作为维系整个国家的纽带。在"9·11"恐怖袭击后,美国人民的爱国主义情绪高涨,美国学校开始通过课外活动、文学影视作品、开国元勋英雄事迹帮助青年了解美国的历史发展,通过国家历史成就、西方文明史等课程体系使青年认可美国所崇尚的价值观,从国家历史中感受民族精神和国家价值观。但是事物发展的规律表明"量变积累到一定程度就会引发质变",2016 年唐纳德·特朗普成为美国第 45 任总统以来,其"让美国再次变得伟大"的政治口号广泛传播,进而将爱国主义推向民粹主义的边缘,特朗普的拥护者们也进行了多次大规模的游行示威,还发生了冲击国会山的暴力事件,这表明美国的爱国主义教育尚有诸多可完善的地方。

第二,道德选择。道德一直是一个充满争议的话题。有史以来,人们就一直在争论什么是对的,什么是错的,应该用什么来评判对错。从哲学和科学的诞生开始,学者们就一直在争论人类的本性是道德的还是不道德的,争论人们如何通过学习成为道德意义上的好人,争论在不同的文化中能否就什么是正确的达成一致,争论是什么决定了道德行为和不当行为。这种长期的质疑表明,道德问题根本上是人类经验问题,认识和处理这些问题代表了对文明生活的适应。

1992年,科尔比和戴蒙与20位教育研究、宗教研究领域的杰出学者合作,共同制定了评价道德的标准,包括:使用道德手段追求道德目的(拒绝为所谓的正义事业服务而做出错误的行为);对自己所做之事的正确认识(谦逊的美德);以及对公共利益的奉献(不加歧视地致力于体面和人道的行为)。美国大学的教育目标是将青年培养为合格的公民,合格的定义不仅包括身体和心理的健康,拥有知识和技能,还应包括遵守美国的法律、忠于美国政治制度。因此,法制教育是美国教育的一项重要内容,美国的法制教育贯穿了从少年到青年的全过程,在小学和初中阶段,法制教育的重点是使青年掌握法律的内容,而在大学,主要是通过法律来引导青年对美国制度、美国宪法内涵的理解与掌握,通过法制教育,使青年认识到美国政治制度以及法律的合理性和权威性。

第三,个人发展。古希腊著名哲学家苏格拉底以德尔菲神庙的铭言作为自己的座右铭——"认识你自己"。他认为,未经理性审视的生活是没有价值的,一个人只有在真正认识他自己后,才能实现自己的本性,完成自己的使命,成为一个有德性的人。美国心理学家史蒂文·赖斯(Steven Reiss)依据与人类动机相关的科学研究,在其著作《我是谁,成就人生的 16 种基本欲望》(*Who Am I? The 16 Basic Desires That Motivate Our Actions and Define Our Personalities*)中构建了人类 16 种基本欲望体系,即权力、独立、好奇、接受、秩序、储蓄、荣誉、理想、社交、家庭、地位、复仇、浪漫、饮食、运动和宁静[①],根据人们心目中这 16 种欲望的权重,形成欲望图谱,从而帮助人们自主获得有意义的生活的动机或价值观。

探求个人发展的动机,规划个人成长的路径并以此促进个人的全面发展是美国人生价值观教育的重要内容,也是美国式个人主义的体现。大学阶段是形成人生价值观的关键阶段,这个阶段是将从小学到高中的行为习惯整合为一种理性认识的阶段,并使这种理性认识成为人未来生存发展遵循的基本观念,美国不仅通过课程来帮助青年明确自己的人生方向,还关注个体独特性,并对青年进行指导。

(三)青年人生价值观教育内容的整体性探析

青年人生价值观教育的内容设置和安排有其普遍性规律,也有体现其不同群体的差异性特征。

1. 普遍性规律

青年人生价值观教育的内容所涵盖的问题具有普遍性。从

---

① Steven Reiss, *Who Am I? The 16 Basic Desires That Motivate Our Actions and Define Our Personalities*, New York: Penguin Putnam Inc., 2002, pp.17 - 18.

人生价值观教育要解决的基本问题上看,人生价值观教育系统回答了"人为什么活着"的人生意义问题,"人生的目标与追求"的人生理想问题以及"如何实现人生的目标与追求"的人生道路问题。从人生价值观教育要解决的根本性问题上看,正确认识个人与社会的关系是青年人生价值观教育的重点。人不仅具有自然属性,还具有社会属性,"人是一切社会关系的总和"。生活在群体中的人不可避免要处理个体与个体、个体与集体的关系。因此,如何引导青年正确处理个人与集体的关系始终是人生价值观教育的重要命题。

2. 差异性特征

青年人生价值观教育内容有着丰富的理论基础。青年人生价值观教育中的人生价值、人生理想、人生道路教育均是围绕个人与社会的关系展开的。引导青年正确处理个人与社会的关系,不同的国情文化和主流价值观在对"个人与社会辩证关系何为第一性"这一问题的回答上有所不同。我国青年人生价值观教育以马克思主义理论为指导,坚持人民立场,引导青年在集体主义理想的基础上找寻个人价值的实现途径,实现个人价值与社会价值的统一。美国青年人生价值观教育则以资本为逻辑起点,遵循"主观为自己,客观为别人"的理论,引导青年在实现个人价值的基础上做出有利于实现社会总体价值的价值判断和价值选择。

具体地说,在人生意义的问题上,我国的青年人生价值观教育立足于中国特色社会主义建设伟大事业,教育青年实现个人价值与社会价值的统一。在人生理想的问题上,我国的青年人生价值观教育引导青年要树立远大的社会主义理想、共产主义理想，这是个人人生理想的根本遵循。在人生道路的问题上，我国的青年人生价值观教育鼓励青年在广泛的社会实践中，在深度融入人民群众的实际生活中，通过为人民群众服务，在实践中找寻实现人生理想的道路，其本身是实践的教育。

三、方法的价值导向

实践孕育和彰显理论的价值和生命力。通过何种方式将正确的人生价值观内化于青年之心，外化于青年之行，是青年人生价值观教育的又一重要问题。本部分将在分析青年人生价值观教育主要方法的基础上，不断加深对这一问题的整体性认识。

（一）注重知行合一、学以致用的教育方法

青年是祖国的未来，是民族的希望，是实现民族复兴的先锋力量，同时青年也是社会中最富有朝气和生命力的群体。青年对于人生意义的理解、人生理想的确立以及人生道路的选择都直接影响着中华民族未来的发展方向。如何对青年进行人生价值观教育，以怎样的方式引导青年确立正确的世界观、人生观、价值观是教育过程中需要注意与思考的问题。教育的实施方法是多种多样的，在人生价值观教育的过程中根据不同的教育模式、教育对象等实际情况选择不同的教育方法，可以有效地提高青年人生

价值观教育的实际效果,实现教育目标,达成青年主流意识形态教育的任务。用知行合一、学以致用的教育方法对青年进行人生价值观教育,不断引导青年思考人生价值观基本问题,才能使他们坚定马克思主义信仰,坚持中国特色社会主义共同理想和共产主义远大理想,将个人价值和社会价值相结合,并在实践中不断完成自己的青春梦想。

1. 理论教育:知在行止处

理论教育是前人知行合一经验的精华,在一定程度上是前人智慧的结晶。对青年进行人生价值观的理论教育就是间接传授前人的人生经验,蕴含着前人的实践智慧。要传承好前人知行合一的智慧,第一,需要在坚持实事求是原则的基础上发挥人的主观能动性。理论教育法是通过对基本原理、思想观念的传授、学习、宣传进行教育的方法,旨在用马克思主义理论指导青年正确认识世界、改造世界。马克思主义唯物史观认为,物质决定意识,意识具有相对独立性,意识的相对独立性对社会存在具有能动的反作用。人只有从客观实际出发,把握事物发展的规律,并在分析思考问题时遵循思维规律,才能形成正确的认识。人对客观物质世界的认识并不是简单的被动反应,而是在认识客观事物的基础之上结合自身的知识和经验而进行的活动,也就是说人的意识对物质世界具有能动的反作用。社会存在决定社会意识,社会意识反作用于社会存在,在认识世界和改造世界的过程中人们发挥了主观能动性,达到了改造世界的目的。人们的实践也需要一定的理论、思想、信念等精神层面上的支撑与指导,但这种精神不是人们自发形成的，也不是凭空产生的，而是在学习、认同和实践中形成的。青年在认识世界和改造世界的活动中需要精神的引领，理论教育就是帮助青年树立正确的世界观、人生观、价值观的主要方式。人生价值观不是生硬的物品，它同思想观念、道德原则等精神文化一样都是无形的，属于形而上的精神层面，因此人生价值观教育有其独特的发展规律和作用。人生价值观也不是凭空产生的，而是人们在学习、教育中所形成的思想成果。人只有掌握了思想和理论，才能更好地指导实践，理论教育法能够帮助青年在认识世界的基础之上以正确的人生价值观为理论依据，朝着自己的人生目标而努力奋斗。

第二，理论教育法在"灌输"的基础上进行双向互动。服务于人的发展需要，现在我们强调的理论教育法虽然也讲究"灌输"，但是这种"灌输"并非单向的理论灌输，而是教育主体与教育客体之间双向的、多途径的灌输，通过各种方式和途径，使青年确立正确的人生价值观。传统意义上的理论教育方法也称作"灌输法"，教育者在这一过程中占据中心和主导地位，负责将知识、理论通过"灌输"的形式传输给受教育者，使其形成世界观、人生观和价值观。马克思在《〈黑格尔法哲学批判〉导言》中阐述了这种教育方法，马克思指出先进理论不会自发产生，共产党必须加强对工人阶级的思想理论灌输。科学的、正确的人生价值观不会通过自发的方式产生，需要通过各种方式和途径进行教育引导，才能在青年的头脑中确立起来。人生价值观不同于依靠自发力量就能够形成的认识，仅仅依靠教育者的传授和受教育者的接受并不能形成科学的理论观点。必须经过科学且系统的理论教育以及双向互动,将人生价值观教育融入课堂的理论教学中,通过理论教育法引导青年进行自主学习,充分发挥青年的主观能动性,将被动学习转化为自主学习,将理论教育的引导内化于心、外显于行,才能使青年真正掌握科学理论,树立正确的人生价值观。

2. 实践锻炼法:行在知成时

人生价值观教育仅仅依靠理论传授和知识灌输是不够的,还需要积极地引导、组织青年将理论与实践相结合,在实践活动中提高青年思想觉悟,提升青年认识世界和改造世界的能力。理论教育通过教育者灌输式的教育使青年对自己、他人、社会等关系有明确的认知,实践锻炼法则是在已有认识的基础上通过行为等方式将价值认知和价值行为高度统一起来,帮助青年在生活实践中树立科学的人生价值观。

第一,实践锻炼法以马克思主义的认识论和实践观为理论依据,认识与实践的统一是马克思主义认识论的本质规定。马克思主义认识论和实践论第一次将科学的实践观引入认识论,认为实践是认识的基础、来源、发展动力和目的,是检验认识真理的唯一标准。认识来源于实践,在认识世界的过程中由感性认识能动地发展到理性的认识,形成对事物的正确反映,并通过对知识进行实践反作用于客观世界,由此形成更深层次的认识,再实践再认识,并循环往复,这一过程是实践将感性认识和理性认识达成统一的过程,将人同客观世界紧密联系在一起,帮助人们提高认识客观世界的能力,培养人们认识世界和改造世界的思维方式和思想观念,使人们在改造世界的过程中不断适应客观世界的发展。

　　第二,实践活动是青年形成科学的世界观、人生观、价值观的必由之路,对培养青年树立正确的人生价值观具有极其重要的作用。实践锻炼的过程就是青年将人生价值观理念付诸实践的过程,通过实践活动对学习的理论进行检验,正确地认识世界、明辨是非,从而提高思想觉悟、形成良好的思想品德,增强其认识世界和改造世界的能力。理论的学习使青年树立了正确的人生价值观,习得科学知识,对客观世界具有清晰的认识,而这一认识通过社会实践作用于客观世界,并在实践的过程中转化为意识力量,更好地指导人们认识世界和改造世界。实践锻炼法是对理论教育法的补充与发展,引导青年在实践活动中发挥主体自觉性践行人生价值观,并养成更高水平的行为习惯,形成更高层次的人生价值观。实践锻炼法的形式多种多样,各学校在应用实践锻炼法时往往结合学校以及学生的实际情况,采取更具有针对性的实践方式,以更好地提升教育效果,使学生在实践互动中将已经形成的人生价值观逐步转化为自己的认识,并通过社会实践将其外化为自己的实际行动,做到知行合一。明确的课外实践活动是人生价值观教育实践锻炼法的重要载体,在确保学生安全的前提下,学校采取了多种实践锻炼形式,积极组织和引导青年参加各种校外实践活动,如社区访问等,增强青年的公民意识,让青年在实践经历中提升社会责任感和参与能力,在实践锻炼中实现人生理想,助力社会进步、国家发展,以实际行动报效国家、奉献社会,实现人生价值。

3. 持续渗透法：知为行本

人生价值观的形成是一个认识与实践循环往复、不断构建的过程。我国青年人生价值观教育遵循这一价值观生成规律，对青年进行持续渗透。持续渗透法属于一种隐性教育方法，它以一种潜移默化的方式，将教育内容在环境等外部因素的作用下渗透到受教育者所能接触到的事物或者活动中，并对其产生正面的影响，使受教育者逐步形成科学的世界观、人生观和价值观。因此在青年价值观教育活动中要积极发挥环境等外部因素的作用，如校园文化、制度管理、隐性课程等。持续渗透法是一种课堂理论教学、实践活动之外的隐性教育模式，是提升青年思想道德品质的重要教育方法。渗透式教育能够使青年在学习理论知识的过程中感受思想的升华，达到潜移默化、自然而然的效果。

第一，持续渗透法是一种隐性的教育方式。青年的人生价值观教育不仅有以课堂教学为主、有组织、有计划的显性教育方式，也有含蓄、隐蔽、多样的隐性教育方式。隐性教育法是真理、事理、情理相融合的方法。[①] 隐性教育作为一种独特的教育类型，在教学实践过程中具有一定的规律与特点。显性教育为了达到教育目标，往往制定明确的、直接的教学计划和教学步骤，隐性教育的方式则较为含蓄和隐蔽，使青年在不知不觉间形成世界观、人生观和价值观。"隐"描述的是一种过程，教育者在教育内容上是较为含蓄的，在结合具体知识和学生学习经验的基础上，将人

---

① 郑永廷《思想政治教育方法论》，高等教育出版社，2010 年，第 170 页。

生价值观教育融入青年的学习过程当中,以空间、时间等多重纬度呈现,即使青年没有直接感受到自己接受了人生价值观教育,但是依然可以从外部环境、间接学习中获得思想方面的提升。持续渗透法是各个领域内容之间的相互渗透,能够弥补理论教育法的不足,从不同角度促进青年在知识、情感、技能等方面的发展,实现各领域内容的有机统一和相互渗透。

第二,持续渗透法需要依托不同的载体进行教育。综合运用各类教育教学资源,在课堂教学、实践互动的基础上,以理想信念为核心内容的渗透教育模式,能够为青年的健康发展创造良好条件。持续渗透法可以通过活动、文化、传媒等多种载体进行渗透。首先,将人生价值观教育同课外实践活动结合起来。隐性教育是对课堂教学主渠道的有效补充,青年的人生价值观教育应以此为突破口,充分发挥实践活动对青年的隐性教育作用,让青年在实践活动中形成正确的人生价值观。在课外实践活动中发挥青年的主动性,让青年在实践中增强道德认知,培养其道德情感和社会责任意识。其次,将人生价值观教育与校园文化相结合。校园文化熏陶作为一种隐性教育方式,在对广大师生进行"价值引领、文化熏陶、理论指导和精神滋养"①等方面发挥着不可替代的作用。当代青年人生价值观教育也应充分发挥校园文化的育人功能,做到"以文化人,以文育人",不断挖掘校园文化中的与人生价值观教育相关的因素,在潜移默化中影响和塑造青年的人生价值

---

① 周萍《社会主义核心价值观融入高校校园文化建设的新思考》,载《思想教育研究》,第8期,2018年,第128—132页。

观。最后,还要善于依托科技发明活动、文化节、运动会等校园文体活动开展人生价值观教育。学校鼓励和支持当代青年参与科技发明活动,在科技发明的过程中,青年的创新思维和动手能力能得到提升,团结协作、克服困难、永不言弃的精神能得到培养,从而使青年敢于面对、积极应对未来人生道路上的挫折和考验。科技发明活动虽然不能直接对青年人生价值观教育进行指导,但是青年在思考、创新的过程中,其思辨能力与对事物的认知水平在不断提升,应对挫折与困难的能力在不断提高,这对于青年正确思考人生意义、树立人生理想、走好人生之路具有重要意义。在实践活动、校园文化、科技发明活动等过程中融入人生价值观教育,通过各种载体使人生价值观教育与青年的实际发展结合起来,通过持续渗透的教育方法将人生价值观内化为青年的价值信念,在课堂理论教学的基础之上提升青年的社会认同和凝聚力。

4. 典型教育法:行之楷与知之范

经过社会公认评价体系遴选出来的典型,不论是在认知水平方面还是实践方面都堪称模范,是崇高人生价值观的鲜活体现。典型教育法是以典型事件或榜样人物示范为切入点,将抽象的理念、观念转化为具体形象生动的事例来进行教育的一种方式。这种树立典型的教学方法通过联系实际生活激发青年的思考,引起青年思想上的共鸣,并自觉以此为参考和对照。理论教育法、实践锻炼法是思想政治教育的基本方法,主要通过理念灌输、实践锻炼的方式将知识传授给青年,引导青年树立正确的世界观、人生观和价值观。典型教育法则是思想政治教育的一般性方法,具有较强的感染性和可接受性，不仅可以在潜移默化中培养青年树立正确的人生价值观，还可以为青年提供榜样示范和行为规范。

第一，典型教育法以马克思主义的唯物辩证法为理论依据。首先，事物之间的发展是不平衡的。在现实生活中，事物的个性是事物发展不平衡的起因，唯物辩证法认为事物的个性和彼此之间存在的差距是普遍存在的，发展是有差别且不平衡的。客观事物的"个性"使事物以不同的程度和速度发展，也就造成了事物发展的不平衡性。从人的思维发展来看，人是独立存在的个体，人们的思维方式、思想觉悟等往往存在差异，因此在现实生活中个体之间也存在着差异，也就造成了部分落后或者部分先进的情况，也就有各种不同的典型出现。其次，共性与个性的原理是分析和解决矛盾问题的基本原理。共性与个性可以被看作整体与部分的关系，社会发展是一个复杂的系统工程，人们认识世界的过程是由个别到一般，又由一般到个别的过程。典型教育中的典型案例突出体现了共性与个性的对立统一，典型是较为突出的一般事物，具有独特的个性，同时也代表并包含着普遍的共性。典型教育就是运用一个整体中的典型部分，将突出的人物、案例引入教学过程，以具有代表性的个性人物或事例引导青年进行思考，以先进榜样的说服力量和后进案例的警示作用引导青年形成正确的人生价值观，激励青年在日常学习和生活中发挥积极性和创造性。

第二，典型教育通常分为正面典型教育和负面典型教育。首先,正面典型教育以先进事迹感染激励青年,起到榜样示范引领的作用。这些先进事迹、典型榜样所体现的人生理想和价值追求对于当代青年思考人生意义、树立人生理想、走好人生道路有着导向作用。教育者要善于运用身边人、身边事对受教育者进行教育引导,使青年在学习借鉴先进经验的同时,将榜样力量转化为自身实践,将个人价值与社会价值相结合,在实践中形成正确的人生价值观。其次,负面典型教育能够以反面案例警示青年。负面典型教育是一种底线教育,将错误、落后的思想以及阻碍社会发展的行为当作典型事例,引导青年判断其负面影响和危害,进而自觉防范和抵制错误思想,提高自我约束能力,形成积极向上的人生价值观。典型教育是开展青年人生价值观教育的重要途径之一,对青年人生价值观的形成具有积极作用。

5. 自我教育法:知行合一

人生是一场自我修行。人本身即是树立人生价值观、践行人生价值观的动力之源。自我教育法作为以上教育方法的补充,主要是通过青年自身的思想矛盾运动进行的,使青年在知识和能力内化的矛盾运动过程中自觉接受先进思想和正确行为规范,自觉克服落后思想和错误行为,使自己的思想品德向更高水平、更先进的方向转化。自我教育法伴随着自我意识的发展而发展,是青年自己教育自己的过程,教师只是起到辅助作用,在人生价值观教育过程中具有决定性作用的不是教师的"教",而是学生的"学"。

第一,自我教育法建立在自我意识的基础之上。教育的对象是青年,教育的目的在于培养青年的创新精神和实践能力,培养适应社会发展的人,培养社会主义事业建设者和接班人。自我教育是青年发挥主观能动性自觉提升自身思想认识和道德水平的方法。清晰明确的自我认知是进行自我教育的基础,人只有认识自己才能战胜自己,自我教育法是建立在自我认识基础上的教育方法,是以自我意识为前提的教育。首先,在自我意识发展的初级阶段,人们对自己的认识是不清晰的;其次,随着时间与年龄的增长,人们开始独立活动,并且在这一过程中受到外界的影响,形成独特的个人风格;最后,随着对客观世界的认识越来越深刻,主观世界逐渐成熟。这三个阶段也是自我教育发展的三个时期,自我教育伴随着人自我意识的发展而发展。

第二,自我监督是自我教育实现的必要手段。自我监督是外在制约和内在转化的统一过程,需要通过个人自身的意志来约束和规范自己的行为,自觉调整自己的动机、思想、行为等,使自己在社会活动中逐渐形成坚定的信念和良好的行为习惯等。在认识世界和改造世界的过程中自觉地进行反省,在回顾自己的行为与动机的过程中重新认识自我,通过再认识提高自觉修养,在社会道德规范中严格要求自己。青年在自我意志力的支配下进行自我批评,抵制不良行为,逐渐养成谦虚诚实的良好品德,在批评中自觉进行自我剖析、自我改造。通过自我监督加强自我意识,使自己在改造主观世界的同时成为自我思想、行为和动机的观察者,及时发现思想行为与正确方向之间的差距,并进行反省与改造,通过自我监督将自我意识转变的过程转化为自我教育。

第三,自我评价是自我教育的重要条件。自我教育法与其他教育方法相辅相成,青年对于自己思想、行为等方面的衡量与评价影响着自我教育的效果。如果可以客观且如实地对自身进行评价,对以往的认识进行反思与再认识,便有助于个体认识自身的价值,重新审视自身的不足,进行自我检查、反省,进而发挥自己的价值,提高自己的政治水平和道德水平。自我评价是自我教育能力形成的标志,是自我教育的高级阶段,青年在自我评价的过程中正确认识自己、接受自己,促进自我发展、自我实现,发挥主观能动性,以积极向上的心态来面对客观世界。在教育过程中将落脚点放在青年可以正确认识自我之上,以自我认知、自我监督、自我评价的教育方式克服缺点和错误,以正确的思想指导青年进行自我教育。人生价值观教育通过青年发自内心地认同与接受并通过实践的方式来促进个体的自由全面发展,引导个体树立正确的人生价值观。

(二)注重实践养成、渗透同化的教育方法

选择切实有效的教育方法是实现人生价值观教育目标的关键。美国的青年人生价值观教育融入课堂教学和社会实践活动的方方面面,以隐性渗透为突出特点,在潜移默化中影响青年的人生价值选择。

1. 知识教育法:后来者的皈依仪式

来自欧洲的美国先驱们在北美大陆创建了一套完全不同于

欧洲大陆的政治文化体系、思想价值体系和社会组织体系,这些先辈的遗产是美国人的精神支柱。围绕充满美国特色的知识文化而开展的人生价值观教育,目的是给美国青年涂上国家底色,为使他们更好走向社会做准备。知识教育法是美国青年价值观教育最基本的教学方法。在教育教学方面,美国具有重视理论知识和书本知识的传统。20世纪上半叶,当杜威教育思想在美国教育体系中引起"哥白尼式的革命"时,美国大学教育的实用主义色彩更为浓厚了。他指出,美国学校教育的根本目的是把青年逐步培养成为一名真正的美国人,即具有美国精神的、合格的社会成员。为了达到这一教育目的,一方面要使青年熟悉并适应美国的教育环境,掌握科学实用的思维方法和社会生活所需的必备知识和实用技能,另一方面需要青年具备美国的公民道德。为了使青年成为真正意义上的美国人,需要在使他们掌握知识的基础上帮助他们树立"美国梦"式的人生价值观。

美国学校普遍依托通识类课程,用知识教育法对青年进行人生价值观教育。以哈佛大学为例,该校开设的通识教育课程大致可分为8类,即"美学和解释学""文化和信仰""实证和数学推理""道德推理""生命系统科学""物理宇宙学""世界的社会形态""世界中的美国"。其中,"道德推理""文化和信仰""世界的社会形态""世界中的美国"这4类课程最为典型,"道德推理"类课程主要传授美国当代主流德育理论,引导青年思考道德两难问题,提升青年的道德推理能力和价值判断能力。"文化和信仰"类课程能够帮助青年认识和理解美国社会多元文化现象,认识到文化信仰对于个人以及社会发展的重要作用。"世界的社会形态"类课程能够帮助青年了解不同国家和地区的社会结构、风俗习惯和价值观念,形成国际视野和全球观念,能够客观、理性地看待其他国家的文化传统和社会事件。"世界中的美国"类课程能够帮助青年认识美国的国际定位,在国际视野中理解美国社会制度和文化观念,增强青年的国家认同感。

2. 实践教育法:实践出真知

实践是认识的来源,人生价值观教育回归生活,以更加生活化的语言叙事不断修正和构建青年的人生价值观,从而达到教育目的。知识教育法本质上是依靠前人的实践经验引导青年形成特定的价值认识,然而由于客观条件和现实情境的变化,仅凭书本上的知识是远远不够的。杜威的经验主义教育思想深刻影响了美国价值观教育领域的教育方法变革。杜威认为,教育的过程实际上是对个人经验加以改造、不断积累经验的过程,受教育者主要是通过自身经验的不断重组而非书本进行学习的,"持续地塑造他的能力,浸润他的意识,形成他的习惯,锻炼他的思想,唤醒他的感情和情感"[1],在实践过程中"增长他的知识和智能"。在杜威看来,"人们通常认为,美国年轻人是在 18 岁时才开始接受教育的,他们的早期生活是一片精神上的空白,他们进入大学时如同一张白板,对深层自我和自己肤浅的经验以外的世界一无

---

[1] [美]约翰·杜威《民主主义与教育》,陶志琼译,中国轻工业出版社,2014 年,第 2—3 页。

所知"。① 社会经验的缺乏和对行业发展的有限认识制约着青年个人价值观的形成。戴蒙教授分析了当代美国青少年群体,认为可以将他们大致分为"目标明确行动派"(purposeful),"白日梦想家"(dreamers),"目标缺位行动派"(dabblers)和"安于现状游离者"(disengaged)。其中"白日梦想家"约占 25%,他们拥有梦想,但是并不了解自己所梦想从事的行业需要具备哪些职业技能、能力和素养;"目标缺位行动派"约占 31%,他们有了实践准备,但是对职业发展缺少客观清晰的认识。"白日梦想家"和"目标缺位行动派"总人数超过美国青少年总数的一半,要使这些人成长为"目标明确行动派",需要使他们深入社会实践,在社会实践中学习,从而树立起成熟的人生价值观。为此,美国政府和学校采取了一系列措施,为青年深入社会实践提供更多平台和机会。

美国政府推出"核心责任"教育实践项目推进青年价值观教育。"核心责任"项目是"美国大学和学院联盟"(The American Association of Colleges and Universities, 简称 AAC&U)于 2007 年发起的为期两年的价值观教育项目,旨在通过大学教育培养青年的核心责任感和价值观念,促进他们的成长和发展。这一项目包括以下几方面内容:一是核心责任。鼓励青年在学习、工作和社区服务中始终保持一种核心责任感,认真履行自己的职责和义务。这种责任感包括对自己、他人和社会的责任,旨在促进个人

---

① ［美］艾伦·布卢姆《美国精神的封闭》,战旭英译,冯克利校,译林出版社,2011 年,第 3页。

和社会的共同发展。二是社区服务。强调青年参与社区服务的重要性,培养他们的公民意识和社会责任感。通过社区服务,青年可以更好地了解社会问题和需求,同时也可以帮助他们发现自己的潜力和价值。三是跨文化交流。鼓励青年培养开放和包容的跨文化意识,并参与跨文化交流和合作。通过这种交流,青年可以更好地了解不同文化和价值观,增强自身的综合素质和国际竞争力。四是反思能力。注重培养青年的反思和批判思维能力,使他们能够从不同的角度审视自己和周围的世界。通过反思,青年可以更好地认识自己、发现问题和解决问题。五是个人成长。强调青年的个人成长和发展,鼓励他们追求自己的梦想和目标,并为实现这些目标付出努力。通过学习和实践,青年可以逐渐发现自己的特点和潜力,成为有价值的社会成员。

美国学校通过服务学习的形式对本校学生进行价值观教育。服务学习是一种将社区服务与课堂学习结合起来的教育方法,它要求学生在课程中参与社区服务项目,并在此过程中反思和学习。通过这种方式,青年可以更好地理解社区问题和需求,同时也可以发现自己的潜力和价值,培养自身的领导能力、承担责任的精神和公民意识。一方面,青年可以通过服务学习参与志愿服务、社区建设等活动,增加社会实践经验,提高社会责任感和公民意识,可以与来自不同背景、不同文化的人们接触和交流,增强自己的人际交往能力。另一方面,服务学习要求青年组织并参与社区服务项目,这可以帮助他们培养领导能力和组织能力。同时,要求青年反思自己参与的社区服务项目,这可以帮助他们深入思考社会问题和自己的体验,提高反思能力。总之,服务学习可以帮助青年更好地了解社区需求和问题,增强社会责任感和公民意识,同时也可以帮助他们发现自身的潜力和价值,促进个人成长和发展。

3. 环境熏陶法:急性渗透与同化

个人的成长离不开特定的社会环境,并深受环境的影响。环境熏陶法依托美国政府、社会组织、家庭共同营造青年人生价值观教育氛围,从而实现对青年人生价值观的持续引领。

政府和媒体共同营造"美国梦"的社会舆论环境。1931 年 5 月,美国历史学家詹姆斯·特拉斯洛·亚当斯(James Truslow Adams)在其历史著作《美国史诗》(*The Epic of America*)中首次提出了"美国梦"这一概念。亚当斯在文中是这样定义的:"美国梦是一个国家梦,在那国家里的每个人的生活会更好、更富有、更丰富,每个人都能获得与其才能和成就相称的机会……美国梦不是汽车,也不是高工资,而是一种社会秩序,在这种秩序下,所有男人和女人都能实现所能够获得的最充分发展,并得到社会的承认,而与他(她)的出身、社会地位等社会背景无关。"[1]自此,美国人开始以"美国梦"塑造美国形象。"美国梦"在提出之始表达了人们对良好社会秩序的向往,以及对个人成功的追求。随着资本主义发展到金融资本主义阶段,"美国梦"内涵中对个人成功追求的部分逐渐成为"美国梦"的全部内涵。然而,"美国梦"所表现出

---

[1] James Truslow Adams, *The Epic of America*, Boston: Little, Brown and Company, 1931, p. 405.

的对于个人理想的追求始终没有褪色,依然展现着美国民众追求人生理想道路的乐观与自信。"美国梦"具有很强的影响力,美国第 45 任总统特朗普在选举成功后的演讲中高声呐喊"我们要再次燃起'美国梦'!"的口号,"美国梦"总是能够唤起美国人内心的激情和动力。政治家的口号、媒体的宣传在全社会营造着"造梦""逐梦"的公共环境,身处其中的青年将成为"美国梦"的新一代传承人。

家庭对于一个人的影响是深远持久的,家庭教育对于青年人生价值观的形成至关重要。亚利桑那大学的麦克弗森教授曾做过一项关于互联网时代青少年与家庭成员之间关系样态的科学研究。通过研究发现,美国的青少年与家庭成员正在形成一个封闭的纽带,这种纽带同质性很强,相较于其他关系,这种联系也更为紧密,并且这种纽带联系往往只在核心家庭成员中存在。正因如此,家庭教育在青少年的人生价值观教育中显得十分重要。父母是孩子最好的老师,在小的时候,孩子会观察父母的言行举止并自然地去模仿,孩子成年后也更愿意从父母处得到建议,那么作为父母,在孩子成长过程中应该给予哪些帮助呢?威廉·戴蒙在《通往理想之路》一书中建议,父母有更多机会对孩子进行人生价值观方面的指引,但是这种指引是基于孩子的高远志向而展开的,父母告诉孩子在实现远大抱负的过程中会经历哪些阶段,会面临哪些现实困难,并帮助他们设计方案,这才是具有意义的家庭教育。家庭能够帮助孩子树立正确的人生方向,而且在孩子未来的成长中,家庭成员也能够给予长久的鼓励、帮助和指引。

（三）青年人生价值观教育方法的整体性辨析

青年人生价值观教育的方法多种多样，在教育载体的选择上往往具有稳定性，但是在具体的教育实践中对于教育载体的运用受到历史文化、教育理念等因素的影响，呈现出不同的特征。

1. 普遍性规律

青年人生价值观教育在教育载体的选择上具有稳定性。人生价值观教育不是空洞的说教，而是依托了一定载体进行人生价值观念的传递与培养，其中包括利用知识进行教育，利用社会实践进行教育，利用青年心理意识进行教育等。利用知识进行人生价值观教育是有目的地在知识传授的过程中传递价值观念，从而使青年形成特定的认识。依托科学文化知识进行的人生价值观教育既可以是一种显性教育方式，也可以是一种隐性教育方式，这主要取决于所传授知识的具体内容是否直接包含价值观内容。利用社会实践进行人生价值观教育主要通过有目的地引导青年参与社会实践活动，在活动中引发青年有意识或无意识的思考，从而产生特定的人生价值观。利用青年心理意识进行人生价值观教育是在把握青年心理发展规律的基础上，用积极或者消极的刺激使青年形成特定的人生价值观。然而在青年人生价值观教育的实践过程中，对于上述教育方法的运用并非独立的，而是往往综合运用多种教育方法、调配多种资源进行的。

2. 差异性特征

青年人生价值观教育的方法所遵循的教育理念具有多样性。青年人生价值观教育尽管在教育载体的应用上有稳定性特征,但是在不同教育理念的指导下,在具体的实际应用过程中又有不同的运用方式。教育理念是教育者在实践活动中形成的、关于教育方法的观念,体现了对应然教育状态的理性认识。教育理念深刻根植于一个国家的历史与文化当中。我国遵循的是新时代中国特色社会主义的教育理念,这一理念融合了传统的儒家教育思想和马克思主义教育思想,并且能够体现时代特征和我国的国情特色,是一种以推动集体发展为旨归的教育。美国的教育理念受到了英国传统文化的影响,一定程度上可以理解为英国教育理念在北美大陆本土化发展的结果,自由、独立等个人主义价值理念深刻熔铸到其国家主流价值理念中。

具体而言,在以知识为载体的教育活动中,我国主要开展马克思主义理论教育,传授的是马克思主义理论,系统化地向青年传递一种思维方式,从而使青年"掌握思想武器",有能力解决实际问题。在实践教育活动中,注重彰显社会价值,比如,在探寻"我能够做什么"的过程中进行宏观主题的引导,能赋予其实现人生意义的行为以更远大的社会价值,从而使青年深刻认识到个人价值与社会价值是统一的。在以受教育者心理意识为载体的教育中,我国的青年人生价值观教育主要通过树立优秀典型,对广大青年进行榜样教育。

第三章

人生价值观塑造的历史之维

随着时代的发展和社会的变迁，青年人生价值观教育所面临的社会环境和现实条件也不断发生着变化。 总体来看，在历史发展的各个阶段，青年人生价值观教育都呈现出曲折式前进的发展态势。 本章以重要历史事件为节点，细致梳理了青年人生价值观教育的发展历程，认为自 1921 年中国共产党成立至今，我国青年人生价值观教育大致可划分为初步探索、确立发展、日趋成熟和创新发展四个时期；从殖民地时期至今，美国青年人生价值观教育经历了启蒙发展、低谷阶段、复兴阶段和融合阶段四个阶段。 本章还分析和总结了各个阶段青年人生价值观教育的主要社会背景和基本特点。 最后，在梳理和总结的基础上分析青年人生价值观教育的历史演进，主要从发展趋势、功能作用、立场宗旨和理论遵循四个方面进行探讨。 对青年人生价值观教育发展历程进行深入研究，有利于人们对青年人生价值观教育的发展情况形成一个较为清晰的认识，并从中把握青年人生价值观教育的普遍规律，以便更好地指导我国新时代青年人生价值观教育的实践。

一、有序式推进的历史进程

党和国家高度重视青年的人生价值观教育,通常认为,1949年新中国成立后我国青年开始系统接受正规的人生价值观教育。然而早在中国共产党成立之初,我党针对青年学生和工人群体就已经开始进行人生价值观教育的初步探索了。从新民主主义革命时期到社会主义革命和建设时期,再到改革开放和社会主义现代化建设新时期,我国青年人生价值观教育经历了初步探索、确立发展和日趋成熟三个阶段,进入中国特色社会主义新时代,我国青年人生价值观教育也迎来了创新发展阶段。

(一)新民主主义革命时期的初步探索

新民主主义革命时期中国共产党面向青年群体开展的人生价值观教育以爱国救亡为主题。在建党之初的十几年里,随着对革命形势和革命力量的认识不断深化,中国共产党在反对帝国主义、封建主义和官僚资本主义的斗争中逐渐认识到思想上的团结对于民族和国家解放的重要性,开始对先进的青年知识分子和工人阶级进行人生价值观培育和引导。到了抗日战争时期,我国开展青年人生价值观教育已经积累了一定的有益经验,随着国内局势的变化,日本帝国主义在我国迅速侵略扩张,中国共产主义青年团的改组、工人运动形式的转变以及党团面向青年群体开展思想教育和价值引领的内容和方法都适应了抗日宣传的需要,党团的教育主题在继承反帝反封传统的基础上,更加突出了反帝的内容,把中日矛盾作为首要矛盾,将青年人生价值的实现与抗日斗争联系起来,推动我国的人生价值观教育发展至新阶段。新民主主义革命时期,党的青年人生价值观教育是革命斗争和反抗外来侵略背景下的产物,带有鲜明的抗日色彩,对于这一段时间内党组织的发展、青年革命斗士的培养和抗日民族统一战线的巩固来说,具有深远意义。

1. 社会背景

在中国共产党成立初期,我国深受帝国主义、封建主义和官僚资本主义三座大山的残酷剥削和无情压迫。帝国主义的侵略是近代中国积贫积弱的罪魁祸首,也是中国人民饱受灾难祸患的总根源。封建地主和军阀投靠帝国主义势力,甘愿沦为帝国主义统治中国的工具,买办性质的官僚资本家也与帝国主义和封建势力勾结,挤压我国民族工商业的发展空间,阻滞了我国经济社会发展和近代化进程。这一时期,中国共产党一方面受到国外帝国主义的围困,另一方面又不断受到封建主义和官僚资本主义的阻挠和打击,推翻三座大山成了近代中国革命的主要任务。1921年3月,早期的中国共产党人在各地召开了共产主义小组代表会议,制定了党的临时纲领,确定了党的工作机构和工作计划。同年7月,中国共产党成立,这是中国历史上开天辟地的大事变,中国革命的面貌从此焕然一新。中国共产党的成立和马克思主义的传播使得中国革命有了坚强的领导核心和坚定的指导思想,这一系列事件对中国青年人生价值观的形成与发展也产生了重要的影响。

1935 年 8 月 1 日,长征尚未结束,中华苏维埃共和国中央政府和中共中央发表了《为抗日救国告全体同胞书》,号召停止内战、携手抗日,[①]这是中国共产党尝试谋求第二次国共合作、建立抗日民族统一战线的开始。1936 年 10 月,红二、红四方面军与红一方面军于会宁、将台堡会师,标志着红军长征的伟大胜利,粉碎了国民党反动派消灭共产党和红军的图谋,确立了党的统一领导核心,提高了党的政治威望,还壮大了工农红军的军事力量,中国革命转危为安,并为进入抗日战争阶段、打败日本帝国主义侵略者奠定了坚实基础。随着西安事变的和平解决以及《中共中央为公布国共合作宣言》发表,抗日民族统一战线正式形成。国共两党由激烈的对抗走向合作抗日,中国共产党及其领导下的共青团对广大青年群体的思想教育和价值引领也做出了相应的调整,坚持以抗日救国为核心,以促进国共合作、巩固统一战线为基本点,培育青年的爱国救亡意识和团结抗日意识。

2. 基本特点

19 世纪 20 年代,虽然马克思列宁主义已经传入中国,十月革命也为中国提供了新的革命经验和道路选择,但是真正理解社会主义思想、坚定社会主义信仰的人只是少数,仍有许多青年人

---

① 本书编写组《中华民族抗战精神永存》,人民出版社,2005 年,第 26 页。

信奉资本主义,追求建立资本主义制度。因此,这一时期共产党和共青团的主要任务是向中国广大青年和青少年群体传播先进思想,开展学生运动和工人运动,培养无产阶级的生力军,调动广大青年抗日救国的积极性和主动性,提高广大青年的思想觉悟和抗战能力。中日民族矛盾是抗日战争时期中国社会的主要矛盾,而在 1937 年以前,中国青年的思想认识还没有从阶级矛盾转移到民族矛盾上来,仍把阶级斗争作为无产阶级取得革命胜利的首要任务,中国青年发起的运动也停留在反对资本主义和资产阶级的层面上。因此,这一时期扭转青年的一般认识和行动,使青年认识到个体人生价值约实现与反抗日本侵略者斗争之间的密切联系尤为重要。该阶段开展人生价值观教育的特点主要表现为以下几点。

(1)淡化阶级斗争思想,强调抗日救国重要性

共青团作为无产阶级的组织,肩负着面向青年学生、工人和农民进行马克思主义宣传和教育的重要任务,然而无产阶级性质的共青团及其思想教育难以打动出身于资产阶级家庭的城市青年和出身于封建地主阶级家庭的农村青年。针对思想宣传效果不佳、部分青年难以接受无产阶级价值观的问题,1926 年中共中央发布《学生运动决议案》指出:学生运动统一,绝不是所有的学生都接受无产阶级主张,站在共产党的领导之下,而是学生能够共同发起学生运动,形成反帝爱国统一战线。[①] 因此,学生运动

---

① 中共中央党史和文献研究院·中央档案馆《中国共产党重要文献汇编》第八卷(一九二六年五月——一九二六年七月),人民出版社,2022 年,第 586 页。

统一是行动上的统一,而不是思想上的统一。国共十年对峙期间,党的工作重心转移到农村,但是并没有因此放松对城市小资产阶级青年的教育和引导。针对城市小资产阶级出身的青年的思想工作强调维护青年自身利益,并在此基础上对其进行开展思想斗争运动、反抗帝国主义侵略的宣传。这样一方面能够减少城市小资产阶级青年对无产阶级和马克思主义的抵触情绪,更好地传播中国共产党和共青团的革命理论和思想主张,另一方面能够达到团结和吸纳城市小资产阶级,壮大革命力量的目的。

在抗日战争期间,共青团改组为青救会,淡化对广大青年群体的阶级斗争教育,号召各阶级、阶层的青年团结起来,共同抗日。中国共产党和共青团的教育方针由反对帝国主义、封建主义和官僚资本主义转变为联合地主阶级、资产阶级和中间势力共同抗日,这一转变是适应革命现实需要而不得不做出的妥协,较之以往的教育方针具有浓厚的抗日色彩。"使团变为广大群众的非党的青年组织,把吸收广大青年参加抗日救国的民族统一战线中来,把建立为发扬文化与争取民主自由的广大的青年运动,当做自己为民主共和国而斗争的最中心任务。"①与此同时,这一时期党的宣传教育政策在以下几方面也做出了改变:吸收青工贫农参加青救会的活动,但不排斥地主商人的子弟;积极团结小学教员,组织小学教员联合会,吸收进步的小学教员参加青救会的领导;吸收乡间游离知识分子参加各种工作,并协助政府建立相当规模

---

① 中共中央文献研究室、中央档案馆《建党以来重要文献选编(一九二一——一九四九)》第十三册,中央文献出版社,2011 年,第 373 页。

的中等学校。这一政策改变有利于传播联合抗日的思想,广泛集中有生的抗日力量。

（2）以爱国救亡、民族独立为教育主题

中国共产党成立初期,共青团青年思想教育工作的重心集中在救亡图存意识和共产主义理想的培育上。共青团对青年的宣传教育一开始以先进科学文化教育为主,鼓励青年学习近代自然科学知识和科学理念,引导青年树立科学的世界观和人生观。中共三大以后,共青团面向青年的宣传从普通的文化宣传上升为主义的宣传,强调社会主义和共产主义对于解救中国的重要性,这给当时的青年带来了三大的思想和精神冲击,同时也吸引了一大批青年社会主义信仰者。

“在日常政治思想宣传中,与国民党右派、基督教派要进行事实和理论辩驳,不可轻易以反革命反动派等恶言相加;对教会教育的态度是攻击教会教育而不攻击教会学校。”[1]这一论述表明,不论是中国共产党还是共青团都注意到了青年教育工作中的两个重要问题,一是新思想或价值观念能否为广大青年所接受,二是不同人生价值观之间的冲突。青年的人生价值观教育是一个漫长且曲折的过程,不可能一蹴而就,共产党和共青团初步认识到当前青年教育的中心任务不是要完全扭转青年的资产阶级思想或封建思想,而是团结一切可以团结的力量实现民族独立和国家解放。特别是《学生运动决议案》的出台说明这一时期党和共

---

[1] 中央档案馆《中共中央文件选集》第二册,中共中央党校出版社,1989 年,第 221—223 页。

青团主张淡化阶级矛盾,团结一切可以团结的力量,这就扭转了以往的教育方针,增强了无产阶级政党的号召力和影响力,进一步壮大了中国的革命力量。

(3)以开展青年工人运动和学生运动为目的

工人运动、学生运动是共产党成立初期的一项重要工作,发挥着反抗军阀统治、打击帝国主义嚣张气焰的作用。中共四大《对于青年运动之议决案》明确指出:青年运动是共产主义运动中一部分重要的工作。……青年运动必须在共产党指导之下……然而青年运动的发展应由青年自己担负……这是为青年运动发展起见,青年运动的发展当然是发展共产党指导下的一般共产主义运动。① 理论教育只有落实到行动上、实践中才有意义。中国共产党和共青团对青年学生进行教育是为了培养无产阶级的生力军,而无产阶级生力军存在的意义则是开展青年工人运动和学生运动,以此反抗帝国主义的侵略和压迫,反抗封建主义的剥削和压迫,从而争取民族独立和人民解放。同时,《关于共产青年运动的决议案》也提出了关于如何建立科学的党团关系的主张,要求共青团在党的正确领导下进行工作,同时具有完全的组织独立性,只有具有完全的组织独立性的共青团才能有效地领导工人运动、学生运动。② 这些决议的出台,一方面稳固了党的领导,确保党的主张和无产阶级思想在广大青年群众中占据思想主导地位,

① 《对于青年运动之议决案》,载共产党员网,https://fuwu. 12371. cn/2012/09/18/ARTI1347957207881127. shtml(访问于2024年9月11日)。

② 张华《中国共产主义青年团职能研究》,人民出版社,2013年,第176页。

另一方面，也提高了共青团引导青年开展学生运动、工人运动，打击帝国主义侵略者和反动势力的能力和水平，促进了共青团的发展和成熟。

党领导青年开展学生运动、工人运动的形式和方法也发生了转变，逐渐从号召青年通过罢工、罢学抗议转变为号召青年加入革命队伍直接参与抗日战争。随着侵华形势严峻发展，在华日军数量迅速增加，敌占区不断扩大，国共两党领导的抗日武装军队亟需更多有志青年的加入。《中央关于加强战区青年工作的指示》明确指出了以往青年工人运动和学生运动的局限性，并对之后的青年教育培养工作做出了新的指示。① 党和青救会的青年工作重心转变为建立青年武装组织和半武装组织，加大青年参军的动员力度，号召青年直接参与到抗击日寇的第一线。抗日战争阶段与前一阶段相比，最突出的特点在于日本帝国主义与中华民族的矛盾上升为主要矛盾，其次才是国内的阶级斗争，无论是无产阶级的对立阶级还是其他中间势力都是可以联合的抗日力量。在抗日战争时期，青年直接参与抗日战争比开展工人运动和学生运动能够更为有力地打击日本侵略者。因此，党的青年教育以抗日救国为第一要义，鼓励青年将人生意义和人生价值的实现与抗击日本侵略者、实现民族独立和人民解放相结合，为了团结各个阶层、各方势力做出了一定让步和妥协，以促进抗日民族统一战线的形成，争取抗日战争的最终胜利。

---

① 中共中央党校党史教研室《中共党史参考资料》（四），人民出版社，1979 年，第 158—160 页。

（二）社会主义革命和建设时期的确立发展

新中国的成立标志着帝国主义、封建主义和官僚资本主义在中国的反动统治彻底结束，然而敌对势力并没有放弃分裂中国、破坏社会主义革命和建设的阴险图谋，在外部环境，我国面临着美帝国主义在台湾问题、朝鲜问题上的武力威胁；在内部环境，民主革命的遗留任务还有待完成，需要进一步解放全中国、肃清国内敌对反动势力。此外，在不少地方特别是农村地区还存在大量封建残余，群众当中的封建思想意识还很浓厚，社会主义、共产主义还没有深入人心，制约了中国社会主义革命和建设的前进步伐，提高人民群众特别是青年群众的思想觉悟、培养集体主义观念是当时思想教育和文化宣传工作的主题。新中国成立以后，我国青年人生价值观教育正式起步，党和政府着手系统、规范地对青年进行以集体主义思想为核心的人生价值观教育。在确立发展阶段，我国青年人生价值观教育受内外交困现实环境的影响屡次受挫，但是总体上呈现向好的态势。

1. 社会背景

社会主义革命和建设时期的青年人生价值观教育是在动荡的国际、国内背景下进行的。新中国成立之初，新生的人民民主政权尚且不够稳固，一方面面临着境外反动势力的巨大威胁，以蒋介石为首的国民党反动派在台湾试图伺机反攻大陆，抢夺领土和政权，美帝国主义支持国民党的各种间谍、破坏活动，并派美国海军第七舰队开赴台湾海峡阻挠人民解放军解放台湾。新中国处于帝国主义和国民党反动派的围困之中,国家统一问题短期内难以解决。另一方面,境内也存在着威胁新生政权和国家统一的因素。国家尚未完全实现统一,亟待扫清盘踞在我国西南、华南和沿海岛屿的国民党残余部队,并在全国范围内肃清潜伏的敌对分子。新中国刚刚从几千年的封建社会中脱胎出来,仍然保留着大量封建残余,土地改革还没有进行,作为封建社会经济基础的地主土地所有制还没有完全废除,存在着大量没有土地或少地的农民。经历了国共十年对峙、抗日战争、解放战争,中国经济遭到巨大的破坏,人民生活水平不断下降。社会主义革命和建设时期的人生价值观教育就是在这种艰难困苦的国内外环境中曲折发展的。

2. **基本特点**

在国民党执政期间,中国共产党的教育方针、政策和法律法规只能在根据地范围内实行。新中国成立后,中国共产党加强了对青年的教育和管理,建国初期的一系列改革也在不同程度上影响着当时的青年人生价值观教育。

（1）将大学生群体正式纳入党的教育体系

相较于以往不加区分地对广大青年和青少年群体进行人生价值观教育,新中国成立后,党开始对大、中、小不同学段的学生分别进行教育,大学生群体被正式纳入中国共产党的教育体系之中。这一时期,大学就采取了理论教育与实践劳动相结合的方式,对大学生进行价值观引领。在理论教育方面,大学课程中加强了马克思列宁主义理论的教育,目的是使得大学生能够真正地理解和掌握马克思主义的基本原理和方法。同时,大学开设政治理论课程,如"社会主义教育""中共党史"等,对广大青年大学生进行思想政治教育,大力培养他们的社会主义觉悟。在实践劳动方面,大学的课程中设置了劳动课,目的是使大学生将知识学习和实践劳动相结合,理解劳动的价值。同时,学校鼓励大学生深入工农群众、深入生产劳动,努力参与劳动实践,通过劳动锻炼他们的意志品质,切实增进他们与工农群众的联系。

(2) 改革运动驱动人生价值观教育

1956 年底,我国基本上完成了对农业、手工业、资本主义工商业的社会主义改造,建立了社会主义基本制度,进入到社会主义建设的全新历史阶段。党和国家号召青年积极投身于各项社会政治活动,这使得青年备受鼓舞,形成了较高的阶级觉悟和强烈的爱国情感。工业化建设中涌现的大批劳动模范,在客观上成为了青年人生价值观教育的先进榜样。1963 年,共青团中央发布《关于在全国青少年中广泛开展"学习雷锋"的教育活动的通知》,号召全国青少年学习雷锋,发扬雷锋精神。这一时期,广大青年和青少年群体形成了对集体主义的高度肯定、对社会主义的高度认可和对共产主义的高度信心。

在社会主义革命和建设的社会背景之下,青年人生价值观的形成受到了社会主义改造和工业化建设中先进模范的影响,往往将个体对他人和社会的贡献的大小作为衡量其人生价值大小的依据,舍小家为大家、舍己为人、集体利益高于一切等集体主义思想成为当时青年人生价值观教育的主要价值取向。社会主义革命和建设时期的青年人生价值观教育是在曲折中前进的，也走过一些弯路。这些错误主要是对客观情况的把握出现失误和对现实困难的认识不足等原因造成的。但是，总的来说，这一阶段的青年人生价值观教育取得了较为明显的效果，广大青年和青少年群体特别是大学生群体，普遍树立起集体主义价值观和为建设社会主义、实现共产主义而奋斗的理想信念。

（三）改革开放和社会主义现代化建设新时期的日趋成熟

在改革开放和社会主义现代化建设新时期，我国取得了巨大的经济成就，同时互联网的普及进一步促进了中外文化的传播、交流和交融，青年有机会接触到更多影响和促进其人生价值观形成的思想资源和文化资源，如何使青年在信息爆炸和价值多元化的时代始终坚持社会主义的价值取向，免受不良外来文化和价值观的侵蚀，是互联网时代青年人生价值观教育的重要课题和发展方向。改革开放和社会主义现代化建设新时期的青年人生价值观教育更加注重青年的个性发展，鼓励青年在实现个人发展的基础上创造更多的社会价值和社会效益，实现个人价值与社会价值的内在统一。

1. 社会背景

1992 年邓小平视察南方谈话的发表，开启了建设社会主义市场经济体制的历史新阶段。随着改革开放和社会主义现代化建设的深入发展,我国的社会变革与发展呈现出全方位推进的态势,与此同时各种社会问题和矛盾也日益突出,出现了一系列社会现实问题。由于这些问题可能会对青年的思想认识产生消极影响,党和政府更加重视青年人生价值选择的教育和引领。2001年颁布的《公民道德建设实施纲要》是我国21世纪以来第一个关于加强公民道德建设、指导广大青少年群体特别是大学生群体形成正确世界观、人生观、价值观的纲领性文件。

与此同时,中国三大门户网站新浪、网易和搜狐在美国纳斯达克上市,2003年"中国下一代互联网示范工程(CNGI项目)"开始实施,这些事实说明中国已经紧随发达国家的脚步进入了互联网时代。互联网时代,我国青年人生价值观教育面临着新的机遇与挑战。发达资本主义国家借助互联网信息技术和新型传媒,加大了对外的文化输出和价值观传递,以韩国流行文化的传播为例,早在21世纪初,韩剧就已经走上了对外出口和海外传播的道路,仅2002年,中国大陆引进的韩剧就有67部之多,韩国的偶像文化也俨然成了亚洲流行文化的代表。面对外来思想文化的侵蚀,传统的人生价值观教育理念和方法遇到了巨大的挑战。只有基于现实教育需要,在内容、方法、途径和范式等方面不断创新发展,才能突破青年人生价值观教育所面临的困境。

2. 基本特点

改革开放和社会主义现代化建设新时期青年人生价值观教育的侧重点与其面临的困境息息相关。改革开放在推动社会经济迅速发展的同时也带来了一系列的社会问题和个人思想问题。我国的传统文化、社会主义文化与外来文化相互激荡引发了青年对中外文化的比较，出现了一大批"哈日""哈韩"青年，同时因为受到日韩文化中所裹挟的价值观的影响，个人利益成为某些青年的首要追求目标。针对这一现实问题，学校在党和国家的领导下，以破除青年头脑中的极端个人主义和精致利己主义思想倾向为目标开展了人生价值观教育活动。

（1）倡导经济效益和社会效益相统一的人生价值观教育

1992年，党的十四大明确提出"我国经济体制改革的目标是建立社会主义市场经济体制"①，自此我国正式开始了建设社会主义市场经济的进程。在从计划经济体制向社会主义市场经济体制转变的过程中，市场经济作用于人的思想，可能会引发本位主义、偏激的物质利益取向。随着市场经济的不断发展，青年对于社会主义市场经济体制下的各种经济成分的认识显著提高，市场经济观念逐渐增强，讲究实惠和经济效益，具体表现为一些青年在学习中追求实用价值，择业时将金钱置于最重点考量。实际上，自改革开放以来，青年热衷于学习财经类专业，毕业后下海经商的现象屡见不鲜。这种现象使得社会上一些人逐渐将个人财富作为衡量人生价值的标准，折射出价值主体自我化、价值取向功利化，以及价值目标短期化的不良倾向。因此，这一阶段的人生价值观教育侧重于针对社会上出现的不良现象和不良思想，引

---

① 中共中央党史和文献研究院《中华人民共和国大事记：1949年10月—2019年9月》，人民出版社，2019年，第79页。

导青年树立科学正确的金钱观、义利观和消费观,努力营造健康向上的社会风气。

1994 年《中共中央关于进一步加强和改进学校德育工作的若干意见》指出,"在新旧体制转换过程中还存在各种矛盾,社会生活中还有需要克服的消极现象的情况下,如何引导学生逐步树立正确的世界观、人生观和价值观,培养良好的道德品质",[①]这是学校德育工作迫切需要研究和解决的问题。与之相适应,这一阶段的人生价值观教育侧重于引导青年实现个人价值与社会价值的统一。当时,"市场经济容易导致人们特别是当代青年沉溺于眼前利益而没有长远目标和计划,市场经济的等价交换原则和谋利取向,容易诱发人们的拜金主义、实用主义和投机主义"。[②]而一旦形成了拜金思想、实用观念和投机心理,其他错误思想观念就更容易伺机而入腐蚀青年的思想意志,远大志向就无从谈起。为了应对市场经济给青年人生理想造成的冲击和负面影响,引导青年为国家经济发展和社会主义现代化建设做贡献,这一时期的青年人生价值观教育在强调教育的实用价值和经济效益的同时,更加突出了社会效益的重要性,强调实现经济效益与社会效益的协调统一。学校和教师要帮助青年正确认识市场经济,正确认识经济效益与社会效益相互促进、相互依存的关系,

---

① 教育部思想政治工作司《加强和改进大学生思想政治教育重要文献选编(1978—2008)》,中国人民大学出版社,2008 年,第 201—202 页。

② 宋书其,张世贵《市场经济与大学生的人生价值观塑造》,载《广西大学学报(哲学社会科学版)》,第 S3 期,1999 年,第 80—81 页。

鼓励青年发展自我、服务他人、奉献社会,在社会主义市场经济建设和发展的实践中实现经济效益和社会效益的统一,在追求社会效益的基础上谋求个人合法权益。

(2) 寓于素质教育之中的人生价值观教育

党的十六大以来,党中央坚持以科学发展观为指导,围绕“培养什么人、如何培养人”这一根本的教育问题,坚持以人为本,坚持贴近实际、贴近生活、贴近群众的三贴近原则,不断推进青少年人生价值观教育的理论创新和实践创新。围绕如何加强和改进未成年人的思想道德建设,培养有理想、有道德、有文化、有纪律的社会主义公民,引导我国青少年树立正确的世界观、人生观、价值观,全国教育系统普遍进行了“教育思想大讨论”,“进一步树立了教书育人、育人为本的观点,树立了素质教育、德育为首的观点”[①]。素质教育成为这一时期青少年人生价值观教育的重要依托。素质教育是以全面提高青年的各方面素质为目标的教育模式,素质教育注重青年思想道德素养、身体素质和心理健康、个性化发展与实践创新能力的培养。秉持素质教育理念,这一时期的学校德育在充分考虑到青年个性特征、心理活动和行为特点的基础上,在德育理论的指导下,探索多样化、个性化的教育方式和方法以开展德育实践。

进入 21 世纪以来,国际竞争日益激烈,归根到底是科技和人才的竞争,以往重视考试成绩、忽视青年创造力和综合素质培养

---

① 黄建顺,宋雪霞《培养什么人　如何培养人——十六大以来青少年教育的重大进展及政策分析》,载《福州大学学报(哲学社会科学版)》,第 5 期,2007 年,第 97—101 页。

的模式,不能适应新时期国家的人才培养需要。素质教育更加重视青年的道德培养和人格塑造,力图在课本外、课堂外,乃至校园外培养青年的基本素质。从时间维度上看,素质教育贯穿了从幼儿园、小学、初中、高中到大学阶段全过程,从空间维度上看,素质教育不仅仅是在各级学校进行,同时也在家庭和社会各个层面展开,极大地延伸了教育的空间。在教育成效上,素质教育努力克服"填鸭式""唯分数"的教育模式,有利于调动青年的积极性、主动性和创造性。国家和学校将青年人生价值观培育寓于素质教育活动之中,一方面尊重青年的个性特征和兴趣爱好,鼓励青年参与到感兴趣的社会生产和实践活动中去,并在这一过程中探寻个人发展与社会发展的结合点,提高青年的社会化程度,用社会主流价值观潜移默化地影响青年的价值取向。另一方面则在道德教育的基础上加强法律教育,使青年知法、懂法、守法,自觉用法律约束和规范自身的行为,在法律允许的范围内实现个人价值,争取个人利益。

（3）日益完善和发展的人生价值观教育

改革开放和社会主义现代化建设新时期的青年人生价值观教育旨在应对外来思想文化冲击,破解青年当中个人本位的价值取向。然而2000年以前和2000年以后的青年人生价值观教育呈现出不同的特征。2000年以前主要是为了应对市场经济改革带来的思想认识问题和社会现实问题,在教育方针政策和形式方法上,对以往人生价值观教育的方针政策、形式方法进行了调整和完善;进入新世纪,青年人生价值观教育实现了改革创新,在理论与实践、方法与内容、主体与客体等不同维度上都有不同程度的突破与发展，整体上创新了我国青年人生价值观教育，使得我国的青年人生价值观教育逐步走向成熟。总体来看，改革开放和社会主义现代化建设新时期，是我国的青年人生价值观教育日益完善和创新发展的时期。

进入 21 世纪，我国青年人生价值观教育日趋成熟，主要体现在两个方面。在人生价值观教育的内容方面，《关于进一步加强和改进大学生思想政治教育的意见》明确提出加强和改进大学生思想政治教育的战略任务在于"以理想信念教育为核心，深入进行树立正确的世界观、人生观和价值观教育；以爱国主义教育为重点，深入进行弘扬和培育民族精神教育；以基本道德规范为基础，深入进行公民道德教育"[1]，明确规定了理想信念和爱国主义是青年人生价值观教育的主要内容。在青年人生价值观教育的实践方面，在党和政府要求各级各类学校乃至全社会大力发展素质教育，全面提高青年的综合素质的同时，还提出了不断提升思政课教师队伍的素质和水平的明确要求。《中共中央宣传部教育部关于进一步加强和改进高等学校思想政治理论课的意见》指出"不断完善高等学校思想政治理论课的课程体系"，"努力造就一支高素质的高等学校思想政治理论课

---

[1] 教育部社会科学司《普通高校思想政治理论课文献选编(1949—2006)》，中国人民大学出版社，2007 年，第 203—204 页。

教师队伍"。[①] 加强思想政治课教师队伍建设,优化思想政治理论课课程体系建设,有利于提高青年人生价值观教育的师资水平,更好地发挥课程主阵地作用,推动我国青年人生价值观教育长足发展。

（四）中国特色社会主义新时代的创新发展

党的十八大报告明确提出了"三个倡导",形成了对社会主义核心价值观的高度概括,从国家、社会、个人三个层面展现了社会主义核心价值体系的精神内核,也为人们提供了正确价值判断和价值选择的标准,引领了新时代青年人生价值观教育的方向。党的十八大以来,党中央高度重视引导广大青年和青少年群体培育和践行社会主义核心价值观,从"扣好人生的第一粒扣子"开始树立正确的人生价值观。进入中国特色社会主义新时代后,我国青年人生价值观教育旨在引导青年自觉培育和践行社会主义核心价值观,培养能够担当民族复兴大任的有理想、敢担当、能吃苦、肯奋斗的时代新人。

1. 社会背景

中国特色社会主义进入新时代,我国社会主要矛盾已经转化为人民日益增长的美好生活需要和不平衡不充分的发展之间的

---

① 《中共中央宣传部　教育部关于进一步加强和改进高等学校思想政治理论课的意见》,载《中华人民共和国教育部公报》,第 4 期,2005 年,第 31—35 页。

矛盾,这就要求我们更加注重解决发展不平衡不充分的问题。国际力量对比发生巨大变化,多极化趋势更加明显,经济全球化发展也更加深入,全球治理体系正在面临加速变革。国际安全形势日趋复杂多变,我们所面临的维护国家主权、安全、发展利益的挑战更加严峻。同时,以信息技术为代表的新一轮科技革命和产业变革不断迅猛发展,对经济和社会发展均产生了深刻而长远的影响。这个时期既是全面建成小康社会的关键时期,又是深化改革开放、加快转变经济发展方式的攻坚时期。国内改革已经进入了攻坚克难的关键时期,国外敌对势力竭力打击和遏制我国发展,西方文化和资本主义价值观不断冲击着我国的传统文化和人们的思想观念,中华民族伟大复兴面临着重重困难和严峻挑战。

2. **基本特点**

党的十八大以来,以习近平同志为核心的党中央领导集体十分重视青少年德育工作,关心青年发展进步和成长成才。习近平总书记围绕德育、青少年教育等核心问题发表了一系列重要讲话和重要论述,这些讲话和论述对指明当代青年身上肩负的光荣而又艰巨的历史使命与责任担当,引导青年树立远大理想,培育和践行社会主义核心价值观,努力实现"两个一百年"奋斗目标具有重要的指导意义。

(1) 以培育和践行社会主义核心价值观为教育主题

着眼于全面建成小康社会和建设践行社会主义核心价值体系的现实要求,党的十八大以来,我国青年人生价值观教育与社会主义核心价值观教育紧密结合在一起，从社会主义核心价值观的三个层面出发引导青年树立正确的人生价值观。爱国、敬业、诚信、友善是社会主义核心价值观对于个人层面的精神要求，也是当代青年应当具备的基本素养，更是社会层面、国家层面的核心价值观得以培育和践行的基础。具体来看，就是用爱国价值观和敬业价值观引导青年在爱国爱党、爱岗敬业的实践中认识到个人价值与社会价值的紧密联系，在服务国家、奉献社会、创造社会价值的过程中理解人生意义、实现个人价值，坚定人生理想。此外，在个人品德培养方面，则强调青年在日常学习和工作中要诚实守信、与人为善，努力提升个人品行。

引导青年自觉培育和践行社会主义核心价值观，是中国特色社会主义新时代青年人生价值观教育的核心主题。社会主义核心价值观的培育主要有两种途径：一是理论教育，包括通过思想政治理论课、课程思政和网络平台对青年进行社会主义核心价值观宣传教育；二是实践引领，主要以实践的方式，通过日常思想政治教育对青年进行人生价值观引领，如谈心谈话、党团组织活动、志愿服务活动、团建活动等。党的十八大以来，通过加强思想政治理论课建设和打造高质量教师队伍来培育社会主义核心价值观受到重视。在 2019 年的全国思政教师座谈会上，习近平总书记明确提出"推动思想政治理论课改革创新，要不断增强思政课的思想性、理论性和亲和力、针对性"，[①]并强调"办好思想政治理

---

① 习近平《用新时代中国特色社会主义思想铸魂育人　贯彻党的教育方针落实立德树人根本任务》，第 5—7 页。

论课关键在教师","关键在发挥教师的积极性、主动性、创造性"。[①] 在加强思政课建设的同时也要注重思政课教师队伍建设,为青年的思想道德教育和人生价值观引导提供强有力的师资力量支撑,以提升思政课的育人实效。在党中央的指导与号召下,各级各类学校还积极开展精神文明创建活动和青年思想道德教育实践活动。另外,近几年全国高校普遍重视马克思主义理论一级学科的建设,扩大了马克思主义理论特别是下设二级学科思想政治教育专业的招生规模,这也体现了国家对青年人生价值观教育的重视不断加强。

（2）实现了优秀传统文化与社会主义核心价值观的紧密结合

中国特色社会主义新时代,在青年人生价值观教育的过程中实现了优秀传统文化与社会主义核心价值观的紧密结合。党的十八大以来,党中央高度重视中华优秀传统文化与传统美德在思想政治教育中的重要作用。家风作为传承和弘扬中华传统美德的载体,对于推进社会主义核心价值观教育、夯实青年人生价值观教育的道德根基具有重要意义。习近平总书记提出"要认真汲取中华优秀传统文化的思想精华和道德精髓,大力弘扬以爱国主义为核心的民族精神和以改革创新为核心的时代精神,使中华优秀传统文化成为涵养社会主义核心价值观的重要源泉"。[②]强调"紧

---

① 习近平《用新时代中国特色社会主义思想铸魂育人 贯彻党的教育方针落实立德树人根本任务》,第5—7页。

② 习近平《论党的宣传思想工作》,中央文献出版社,2020年,第56页。

密结合培育和弘扬社会主义核心价值观，发扬光大中华民族传统家庭美德"①的重要任务。以家庭美德为代表的传统文化在核心价值观培育进程中的作用不断得到发挥，继承和发扬中华传统美德，并推动其创造性转化和创新性发展，使传统美德成为开展青年人生价值观教育的有益资源，同时也促进学校、家庭、社会之间的协同联动，增强青年人生价值观教育的社会育人合力。

纵观党和国家近百年来人生价值观教育的发展进程，总体上呈现出不断加强、日趋成熟的发展趋势。1921 年中国共产党成立后，经历了新民主主义革命时期、社会主义革命和建设时期、改革开放和社会主义现代化建设新时期多个历史阶段，并进入中国特色社会主义新时代，在这期间，党和政府面向广大青年和青少年群体开展人生价值观教育的方式和策略日渐完善。总体而言，我国青年人生价值观教育主要有以下几个特点。一是人生价值观教育围绕青年的思想实际展开，与社会主要矛盾相契合。教育是培养人的活动，而人生价值观教育是帮助人们探寻人生意义、树立崇高人生理想、选择正确人生道路的教育活动。从因果关系上来看，正是因为受到不同历史发展时期不同社会背景和主要矛盾的影响，青年的思想状况和价值观念存在一定错误风险，人生价值观教育才应运而生，并着力解决各个时期青年思想上的问题和困惑。二是前一阶段人生价值观教育中出现的问题往往成为下一阶段人生价值观教育的重点关注。以改革开放初期和改革

① 习近平《在 2015 年春节团拜会上的讲话》，载《人民日报》，第 2 版，2015 年。

开放新时期为例,改革开放新时期的青年人生价值观教育吸取了初期过于强调个性发展和个体人生价值的教训,平衡个人价值与社会价值,促进个人价值与社会价值的协调统一。三是作为无产阶级先锋队的中国共产党在人生价值观教育历程中始终占据主导地位。中国共产党指导下的青年人生价值观教育是充满社会主义、爱国主义色彩的教育,是真正为了培养具有崇高人生理想、自由全面发展的人而进行的教育。四是爱国价值观的培育贯穿青年人生价值观教育的始终。爱国主义是我国民族精神的核心,在青年人生价值观教育的各个阶段都处于十分重要的地位。中国共产党就是为了挽救国家危亡而成立的,中国共产党领导下的人生价值观教育已将爱国主义作为青年人生价值观教育的重要内容。

二、起伏式发展的历史进程

随着当今时代经济全球化的深入发展,世界范围内思想文化的交流、交锋、交融日益激烈,一个国家的主流价值观不仅影响着本国民众,也会对其他国家和他国公民的价值观念产生一定的影响。美国高度重视青年一代的思想状况和价值观培育,以国家主流价值观为指导对青年一代进行价值观教育,一方面能够为青年的人生发展提供指引,另一方面也有利于维护国家和社会稳定。美国的国家历史并不悠久,但是美国开展青年人生价值观教育的历史可追溯到北美殖民地时期,美国青年人生价值观教育大致经

历了 4 个发展阶段:从殖民地时期至 19 世纪末的启蒙发展阶段,
19 世纪末至 20 世纪初的低谷阶段,20 世纪初至 20 世纪 80 年代
的复兴阶段,最后是 20 世纪 80 年代至今的融合阶段。对于美国
人生价值观教育不同发展阶段的考察和分析要充分结合当时的
社会背景、教育状况、社会思潮等因素。

(一) 殖民地时期至 19 世纪末的启蒙阶段

从 17 世纪中期哈佛学院建立到 1862 年《莫里尔法案》
(Morrill Land-Grant Act)颁布的两百多年间,美国高等教育逐步
完成了奠基,殖民地时期建立起来的北美大陆最早的高等教育机
构——9 所殖民地学院,被视为美国高等教育历史发展的开端,
这一时期的实践与探索对美国高等教育制度的确立、教育传统和
教育特色的形成产生了深远的影响。这一时期,欧洲的大学制度
传入英属北美殖民地,人们通常所说的美国高等教育的特质、美
国式高等教育等,无非是在与欧洲比较后得到的判断。① 可以
说,美国的高等教育制度是在移植欧洲大学制度的基础上建立
起来的,并且欧洲的大学制度始终是美国高等教育制度的参照
系。在美国青年人生价值观教育发展的启蒙时期,9 所殖民地
学院相继建立,但该时期美国的学院规模小、教育水平低,因此

---

① Howard Miller, "J. David Hoeveler. Creating the American Mind: Intellect and Politics in the
Colonial Colleges", *The American Historical Review*, Vol. 109, No. 5(2004), pp. 1553 -
1554.

国内学界的一般认识是这个时期的美国高等教育主要处于模仿、借鉴欧洲（特别是英国）大学制度的阶段，缺少真正属于美国特色的元素。在美国实现国家独立之后，"美国的教育事业并没有立即发生翻天覆地的变化，殖民地传统的宗教教育观念仍然支配着大多数人的思想"①。独立战争的胜利一方面给人们带来了政治和经济上的解放，另一方面也带来了文化教育事业的振兴。美国建国以后，无论是城市还是农村的教育事业都有了新的进展。首先，由于宪法修正案承认宗教信仰自由，并且支持城市中各派教会的办学热情，教会学校的数量又进一步增加。与此同时，慈善教育团体也纷纷开始组织活动，参加活动的黑人团体持续为寻求种族解放而积极斗争，更多的慈善学校建立起来了。另外，星期日学校（sunday school）也从欧洲传入美国并且逐渐流行起来。

1. 社会背景

欧洲中世纪的教育，尤其是高等教育，带有浓厚的宗教色彩。建国前的美国一直处于殖民地时期，严格来讲没有正式的教育体系，但是欧洲中世纪时期遗留下来的以基督教为核心的宗教教育一直在殖民地当中盛行，成为后期美国理性主义教育的发展源头。②尤其是从欧洲宗教改革分离出来的清教徒特别

---

① T. Jefferson, J. Madison, *The Declaration of Independence and the Constitution of the United States of America*, New York: Bantam Classics, 1979.

② Paul A. Kienel, *A History of Christian School Education*, Purposeful Design Publications, 2005, pp. 23 - 29.

重视教育,他们来到北美洲大陆后在生存问题尚未完全解决的情况下便开始建立学校,哈佛大学的前身哈佛神学院便是由清教徒建立的。其中,文法学校是当时美国中等教育的主要机构,由于这类学校接受各种来源的资助,其办学经费和教学条件都有一定的保障。美国建国以后高等教育迅速发展,以州立大学为例,州立大学的出现证明了私立大学和教会已不再是实施高等教育的唯一途径。在大学和中学中还增加了新科目,有的大学还取消了新生录取时的教派限制。南北战争爆发后,相当多的黑奴自愿为了人权自由而协助联邦政府作战,但是对如何处理占领地区的黑奴这一问题仍存在争议和分歧。1862 年 9 月 22 日,时任美国总统林肯宣读了《解放黑人奴隶宣言》(The Emancipation Proclamation),1863 年初正式颁布文件命令解放奴隶。① 然而,黑人没有真正获得政治权利,也没有得到土地,但《宣言》表明政府已从限制奴隶制度转变为完全废除奴隶制度。资本主义的政治价值观在支持奴隶制和废除奴隶制的争议当中得到了进一步的传播,北方资产阶级广泛宣传奴隶制的落后性和资本主义制度的优越性,一定程度上为推翻奴隶制度和建立资本主义制度奠定了思想基础和舆论基础。北方资产阶级始终把废除奴隶制度的宣传教育作为思想武器,号召美国人民向万恶的奴隶制度开战。1863 年,林肯总统在葛底斯堡战地建立的国家公墓落成典礼上发表了著名的葛底斯堡演说,其中提出的"民有、民治、

① 周耀东《仅废除"叛乱诸州"的奴隶制是林肯的思想局限吗》,载《历史学习》,第 10 期,2004 年,第 24—25 页。

民享的政府永世长存"的观点传达了民主、平等、自由等价值观。

2. 基本特点

美国建国以前并没有明确意义上的人生价值观教育,但是教育一旦开始,就会被赋予某种精神和意义,美国建国之前以及建国之初的某些价值观便蕴含在宗教教育之中。最初的人生价值观教育旨在让北美民众获得智慧争取民族独立,其次是让人们的思想更加符合宗教精神,人生价值观教育依赖于宗教教育展开。[①] 随着 19 世纪移民浪潮的出现,品格教育(character education)慢慢取代宗教教育成为公民人生价值观教育的主导形式,而这种品格教育渗透了神学的价值导向,个人主义、民主主义、保守主义等社会思潮的涌现构成了该时期价值观教育的主要特征。[②] 培养美国精神和共和国公民价值观成为学校人生价值观教育的首要任务。为了培养符合统治阶级意识形态的公民,历届总统都非常强调人生价值观教育在民主社会中的地位和作用。[③]

(1)受到多种社会思潮交替影响

19 世纪前后,个人主义思潮经过改造与发展最终成为美国精神的象征,也成为美国教育的标志性特点之一。[④] 在人生价值

---

① 吴倩《美国价值观教育的历史演进及其启示》,载《社会主义核心价值观研究》,第 2 卷,第 2 期,2016 年,第 90—95 页。

② Mabary T. G., *Values, Moral, and Character Education in Colonial America through the Nineteenth Century: A Qualitative Historical Study*, (PhD), Southwest Baptist University, 2017, p.99.

③ 王阳,李晋《美国传统道德教育模式的复兴》,载《求实》,第 2 期,2005 年,第 305—306 页。

④ 方补课,高原《浪漫主义的延续:美国个人主义教育思想的诞生》,载《基础教育》,第 13 卷,第 3 期,2016 年,第 13—18 页。

观教育方面,个人主义思想对当时沉闷压抑的教育环境造成了很大冲击,并成为美国教育思想的理念遵循和典型特征,对美国的青年人生价值观教育产生了深远的影响。"西方的教育思想继承了哲学思想中对人的关注,并从这一切入点展开对于人的价值与信念的承认和肯定。个人主义就是人们在承认个体价值和个人能力的基础之上,提高自我认识的产物。"①个人主义作为一种对于政治、经济、社会、宗教行为的总的态度,主张以个人为中心来看待世界、看待社会和人际关系的世界观。② 在个人主义的传播发展过程中,美国人民主张一切价值以个人自由、个人利益为中心。

资产阶级民主主义与保守主义之间的矛盾和争斗对美国思想和政治的发展演变产生了深远的影响,在思想碰撞当中,资产阶级自由、平等、人权等观念在人们的头脑中深深扎根。③ 建国之初,以杰弗逊为代表的民主派坚持民主主义,他们主张维护州权,反对中央政府的集权统治,保守派则主张建立一个高度集权的中央政府。④ 两派争论从来没有涉及根本性的原则问题,只是在细枝末节上进行激烈的对话。然而,争论本身就是对资产阶级思想和政治的阐释和传播,建国初期的美国人不但确立了美国革命的意义和政府的本质,还将美国公民意识的演进引入理性的方向,

---

① Fathali M. Moghaddam, *The Specialized Society: The Plight of the Individual in an Age of Individualism*, Westport, Conn.: Praeger Publishers, 1997, p. 111.

② Ralph Ketcham, *Individualism and Public Life: A Modern Dilemma*, New York: Wiley-Blackwell Inc., 1991, p. 4.

③ Michael P. Federici, *The Challenge of Populism: The Rise of Right-Wing Democratism in Postwar America*, New York: Praeger Publishers, 1991, pp. xiv, 157.

④ [法]托克维尔《论美国的民主》,董果良译,商务印书馆,2017 年,第 122 页。

此后的美国人生价值观教育就是沿着这一方向逐步发展起来的。

（2）构建于品格教育之上

品格教育思想源于以苏格拉底、柏拉图、亚里士多德为代表的古希腊美德论。这种品格教育方式具有鲜明的传统性和强制性的特点，蔑视人类理性，强制刻画人们的思想。受品格教育思想的影响，这一时期的美国青年人生价值观教育也同样缺乏理性客观的引导，不重视激发青年的创造性思维，而是要求青年必须无条件地服从规范。

美国实行的传统品格教育是与当时的社会政治结构、经济状况和价值观念相适应的。[①] 单一的价值体系和封闭的社会政治结构造就了单一、封闭的道德教育模式。在内容上品格教育传授自律、仁慈、诚实、容忍等服务于资产阶级的价值观念，在形式上一般体现为教师组织的小组活动、课外活动、升旗仪式等隐性的人生价值观教育活动。[②] 除此之外，学校还开设了独立的道德课程和价值观培育课程，通过课堂灌输、课后考察等方式对学生进行直接的、显性的人生价值观教育。可以说，建国后的美国人生价值观教育依托于品格教育，一定程度上可以将对青年个人品格的塑造视为引导青年形成正确的人生价值观。19 世纪末，品格教育受到了严肃批判，主要是由于当时社会政治、经济和文化发

---

① 杨韶刚《美国品格教育的最新发展研究》，载《江西师范大学学报》，第 2 期，2002 年，第 63—66 页。

② Arthur J. Bryson and David Carr, "Character in Learning for Life: A Virtue-Ethical Rationale for Recent Research on Moral and Values Education", *Journal of Beliefs & Values* 34(2013), pp. 26 - 35.

生骤变以及由此引起的人们价值观念和生活方式的多元化对传统的教育模式提出了挑战。如果品格教育不能随着时代发展和现实需求的变化进行有效的改革和重塑,到了一定时期就会受到批判,甚至被摒弃。达尔文在《物种起源》中提出的进化论思想也同样适用于人生价值观教育,他告诉人们所有的事物都是不断变化和发展的,当然包括每个人的人生价值观。[①] 人们逐渐意识到传统品格教育向青年传授固定死板的价值观念是不合理的。

(3)以争取民族独立为教育主题

于美国独立战争中诞生的《独立宣言》(The Declaration of Independence)阐述了资产阶级的民主思想,将思想转化为人生价值观教育的形式和力量,其新颖之处在于能马上成为政治行动的根据。[②] 美国《独立宣言》的问世刺激了北美殖民地区人民的觉醒,使他们深刻地感受到民族主义精神的重要性。1783 年,美国取得了民族独立战争的胜利,同时将美国人对国家的热爱灌输到数百万美国青年的心中。作为美国开国元勋之一,本杰明·富兰克林(Benjamin Franklin)凭借着自己勤奋刻苦的优秀品质,以及极高的道德修养和社会名望,成为美国著名的启蒙主义思想家。[③] 富兰克林在《格言历书》(*Poor Richard's Almanac*)和《自

[①] 韩宇《达尔文思想与生物进化论的辩正》,载《生物学教学》,第 43 卷,第 5 期,2018 年,第 79—80 页。

[②] David Armitage, *The Declaration of Independence: A Global History*, Cambridge, MA: Harvard University Press, 2008, pp. 483 - 484.

[③] 仲惟嘉《美国思想政治教育的历史发展和现实状况》,载《才智》,第 8 期,2015 年,第 55 页。

传》(*The Autobiography of Benjamin Franklin*)中倡导增强美国人的公民意识和加强民众的思想启蒙。托马斯·潘恩(Thomas Paine)在美国独立战争期间通过一本 50 页的小册子影响和教育了北美一代人,同时也鼓舞了北美殖民地民众的独立情绪,让他们迸发出革命斗志。[①] 托马斯·杰弗逊(Thomas Jefferson)通过大量关于教会和宗教问题的言论来表达他的宗教自由思想,并主张所有人应享有发表宗教见解的自由,任何人只能凭借个人意志参加或维护某个宗教组织。[②] 杰弗逊的宗教自由思想,是美国社会政治和意识形态领域里的一次大变革,也是欧洲启蒙思想在北美的发展。[③]

(二)19 世纪末至 20 世纪初的低谷阶段

教育与经济发展总是相互促进、相互依赖的。[④] 19 世纪下半叶,美国资本主义经济得到迅速发展,由一个落后的农业国家转变为发达的工业国家。19 世纪末,美国经济迅速发展,各项经济

---

① Boccard M. , "Thomas Paine's Common Sense", *Literary Contexts in Essays Thomas Paine's Common Sense*, 2012, p.76

② 钱家先,张学伟《论托马斯·杰斐逊的宗教自由思想》,载《云南师范大学学报(哲学社会科学版)》,第 3 期,2000 年,第 41—43 页。

③ Sarah Brown and Karl Taylor, "Religion and Education: Evidence from the National Child Development Study", *Journal of Economic Behavior and Organization* 63 (2007), pp.439 - 460.

④ Kirst M. W. , "National Standards in American Education: A Citizen's Guide", *American Journal of Education* 2(1995), p.223.

指标居于世界前列。到了 20 世纪初,美国的工业总产值已跃居世界首位。这为美国教育事业发展奠定了坚实的物质基础,美国教育体系伴随着工业化、现代化和城市化建设逐渐恢复和发展起来。为了适应经济社会发展的现实需要,美国在吸收欧洲等国教育经验的基础上,形成了具有美国特色的教育制度,各州纷纷实行改革,[①]创立了独具一格的地方管理教育制度和公立学校教育制度。第一次世界大战以后,美国进步主义的教育理论成为美国教育事业发展的重要指导思想,促进美国教育向多元化、实用化和注重个人需求的方向发展,这是 20 世纪初期美国教育的主要特点。[②]

1. 社会背景

19 世纪末至 20 世纪初兴起的初级学院运动是美国高等教育发展进程中一次具有重大意义的革新运动。学生就近入学,可以走读,没有年龄限制,也不需要参加入学考试。学生在初级学院毕业后可以转入大学学习,也可以直接就业,这一体制不仅致力于满足计划进入大学学习的青年的需要,也试图为那些无法去大学学习的青年提供接受职业教育的机会。可以说,20 世纪前半期是美国人生价值观教育进行多方面改革和实验的新时期,尽管改革和实验不总是成功,但都为美国人生价值观教育的进一步

---

① Craig Calhoun, "The Specificity of American Higher Education", *Comparative Social Research* 19(2001), pp. 47 - 81.

② John T. E. Richardson, "Cultural Specificity of Approaches to Studying in Higher Education: A Comparative Investigation Using the Approaches to Studying Inventory", *Educational and Psychological Measurement* 55(1995), pp. 300 - 308.

发展提供了有益的经验和教训。

2. 基本特点

19 世纪末至 20 世纪初,工业化、城市化的发展和移民数量的增加推动着美国朝着一个更加自由、更加多元化的社会发展。为了巩固社会主流思想观念,公民的人生价值观教育问题上升为更加重要的议程。人们对教育发展寄予厚望,希望能够通过教育手段解决社会问题、化解社会矛盾。19 世纪末,实用主义的诞生使美国民众的人生价值观发生了变化,而这些转变伴随着进步主义运动的影响得到了进一步传播。20 世纪 20 年代到 30 年代,美国人生价值观教育逐步过渡到公民教育(citizenship education)普及阶段。[1]

(1)实用主义分化出的人生价值观教育

19 世纪 70 年代,实用主义在美国崭露头角,第一个实用主义组织是哈佛大学的"形而上学俱乐部"。[2] 俱乐部成员从自身所从事的研究领域出发,阐述了实用主义的一些基本思想,并成为了美国最具影响力的哲学流派。作为传统教育的改造者,美国实用主义教育家约翰·杜威(John Dewey)打破以往的教育制度,将道德摆在人生价值观教育的首要地位。[3] 杜威的理论是现代

---

[1] Gitte Sommer Harrits , "More than Method: A Discussion of Paradigm Differences within Mixed Methods Research', *Journal of Mixed Methods Research* 5 (2011), pp. 150 - 166.

[2] Johnson R. Burke and Anthony John Onwuegbuzie, "Mixed Methods Research: A Research Paradigm Whose Time Has Come", *Educational Researcher* 33(2004), pp. 14 - 26.

[3] Teun W. Hardjono, and Everard van Kemenade, "The Emergence Paradigm", *The Emergence Paradigm in Quality Management*, (2021), https://doi.org/10.1007/978-3-030-58096-4_7.

教育理论的代表,他认为道德过程和教育过程是统一的,并且道德是教育的最高和最终目的。在杜威看来,德育在人生价值观教育中占有重要地位,他强调道德是推动社会前进的力量。[①] 因此,对青年群体进行人生价值观教育是非常有必要的。在具体实施方面,杜威首先主张在教育活动中培养道德品质,这是引导学生树立正确人生价值观的主要途径。其次是要结合智育达到德育的目的,德育主要包括人生价值观的塑造,只有清晰地认识到青年精神层面建设的重要性,才能顺利高效地实行价值观教育。最后,杜威很注重教育方法的道德教育作用,他认为教育方法的使用总是附带教育者的主观思想,而教育者有意通过各种渠道传达一种人生价值观,往往比他们所传达的知识更有意义。

(2)进步主义运动掀起公民教育高潮

与实用主义思想并行发展的是进步主义思潮,此次思潮包括政治经济政策、社会公正和促进道德水平普遍提高等多方面的改革。[②] 美国进步主义教育(the progressive education)产生于进步主义运动在教育方面的反响,这种教育革新思潮一直持续到 20 世纪 50 年代,亦称"进步主义教育运动"。[③] 其性质虽然与欧洲新

---

① 李成保《实用主义的理论评价及其合理性——以威廉·詹姆士思想为例》,载《理论文萃》,第 6 期,2011 年,第 5 页。

② 张小青《论美国进步主义运动的思想背景》,载《中国社会科学院研究生院学报》,第 5 期,1987 年,第 71—79 页。

③ Donald G. Zytowski, "Frank Parsons and the Progressive Movement", *Career Development Quarterly* 50(2001), pp. 57 - 65.

教育思潮相似,但由于发生在不同的国家,其产生的社会背景及发展的过程存在诸多差异。进步主义者们揭露了公立学校中存在的各种严重问题,试图通过改革使学校教育适应美国社会的新发展需要。杜威是进步主义教育运动的精神领袖,他的理论在很大程度上影响了进步主义教育思潮,对现代教育思想做出了巨大贡献。[①] 此外,进步主义教育坚持了强调合作精神和进步意识的学校观、以解决问题为方法的教学观、以生活为内容的课程观、淡化权威意识的教师观以及以儿童为中心的学生观等基本观点。进步主义教育理论主要在美国的公立学校试行,相较于欧洲的"新学校"而言,实行进步主义教育的学校更关心普通公民的教育,更强调教育与生活的联系,更重视中学,更注意学校的民主化和实用性问题。[②]

为了在全国范围内持续、稳定地推行公民教育,美国开展了"好公民"教育活动,对公民特别是青少年的政治素养和道德品格提出了相当高的要求。[③] 为保证新政的顺利实施,美国政府动用了一切力量制造有利的舆论,尽可能地掌控美国人民的价值观。[④]

---

① [美]史蒂文·迪纳《非常时代:进步主义时期的美国人》,萧易译,上海人民出版社,2008年,第77—79页。
② 王春来《转型、困惑与出路——美国"进步主义运动"略论》,载《华东师范大学学报(哲学社会科学版)》,第5期,2003年,第71—78页。
③ 陈荟芳《浅谈美国公民教育对我国思想政治教育的启示》,载《前沿》,第4期,2007年,第84—86页。
④ Alex R. Lin, "Citizenship Education in American Schools and Its Role in Developing Civic Engagement: A Review of the Research," *Educational Review* 67(2015), pp.35-63.

（三）20 世纪初至 20 世纪 80 年代的复兴阶段

第二次世界大战结束以后，世界开始进入相对和平时期，涉及诸多领域的新一轮的国际竞争已然开始。为了在竞争中争取更大的人才优势，美国开始酝酿战后的教育改革，以应对战后阶段美国社会存在的教育问题。此前，许多青年由于应征入伍参加了第二次世界大战，他们学到的文化知识较为零散，上战场后又长期不学习，许多青年变成了新文盲，这是战后美国教育面临的新问题。[①] 另外，战后的美国依然存在种族歧视问题，这也是美国战后阶段迫切需要解决的问题之一。

1. 社会背景

20 世纪 50 年代以后，社会各界对美国教育的质疑此起彼伏，其根本原因主要是教育质量不理想，美国青年在国际各项评估中的成绩普遍不高，与美国世界大国的地位形成了强烈的反差。[②] 20 世纪 50 年代末《国防教育法》（National Defense Education Act）的颁布，拉开了战后阶段美国教育领域重大改革的序幕。

20 世纪 60 年代，美国的教育改革主要集中在中小学的课程

---

① Donald G. Tewksbury, "The Founding of American Colleges and Universities before the Civil War", *Teachers College Record: The Voice of Scholarship in Education* 34(1932), pp. 1-2.

② Alan W. Garrett, "Planning for Peace: Visions of Postwar American Education during World War II", *Journal of Curriculum and Supervision* 11 (1995), pp. 6-38.

改革、改善教育机会不平等问题、提高高等教育质量方面。[1] 战后经过 20 余年的发展，美国的高等教育水平已跃居世界领先地位，但同时又暴露出一些新的弊端，例如，受教育者离校后，由于经济不景气找不到工作，引起了社会和家庭的普遍担忧；普通教育中缺乏基础知识和技能训练，学生表现出明显的基础薄弱倾向。[2] 针对这些问题，美国教育改革掀起了"职业前途教育"（career education，亦称"生计教育"）运动和"回归基础教育"（back to basics）运动。[3] "职业前途教育"运动的实质是通过教育让青年适应瞬息万变的社会。20 世纪 80 年代以后，除了出现一些新的教育课程外，美国传统的课程科目也发生了更新。

2. 基本特点

在二战期间和战后的十余年间，美国保守主义和自由主义的对立和争辩给美国公民教育带来了一系列政治问题和社会问题，美国政府认识到必须重视并革除这些问题。20 世纪 40 年代以后，为了结束战争带来的社会萧条并推动国家和社会繁荣发展，这一时期的人生价值观教育更加强调爱国奉献的价值观。20 世纪 60 年代以后，人生价值观教育更加重视受教育者的主体性，价

---

[1] Robert L. Crowson, Wong Kenneth K. Y. and Aypay Ahmet, "The Quiet Reform in American Education: Policy Issues and Conceptual Challenges in the School-to-Work Transition", *Educational Policy* 14(2000), pp. 241 – 258.

[2] Kateryna Kolchenko and Nadiia Kozlikovska, "Development of Students' Vocational Competence in the Frame of Extracurricular Activities", *Social Welfare: Interdisciplinary Approach*, (2012), pp. 23 – 25.

[3] Ogletree M., "Methods of Curriculum Implementation", *Curriculum Development*, (1979), p. 20.

值澄清理论指导下的教育实践是这一时期开展青年人生价值观教育的主要方法。

（1）受到保守主义与自由主义交替影响

保守主义与自由主义是美国20世纪40年代两大主要社会思潮，保守主义与自由主义的主张是既对立又统一的两极。20世纪70年代后，保守主义思潮与自由主义思潮分庭抗礼。[1] 美国保守主义运动是二战以后出现的，是相对于美国自由主义运动而存在的一种涉及美国社会、政治、文化、思想的运动，它的基本指导原则是自由优先于平等，秩序无比宝贵，宗教信仰十分重要。[2] 保守主义与自由主义都属于资本主义意识形态，都持有自由、平等的价值观，崇尚民主和法治，尊重美国的宪制架构和政治传统。[3]

（2）构建于道德发展规律之上

二战后高等教育的发展推动了青少年人生价值观的理论研究，同时还促进了价值观教育方法和手段的完善。有些研究从青少年群体身上抽离，致力于研究影响个体心理发展的其他成长阶段。儿童心理发展研究最著名的理论包括让·皮亚杰（Jean Piaget）提出的认知发展理论（cognitive-developmental theory）和劳

---

[1] Martin Durham, "The Christian Right, the Far Right and the Boundaries of American Conservatism", *Political Studies* 37(2000), pp. 497 - 499.

[2] David Austin Walsh, "The Right-Wing Popular Front: The Far Right and American Conservatism in the 1950s", *The Journal of American History* 107(2020), pp. 411 - 432.

[3] Alan B. Brinkley, "The Problem of American Conservatism", *The American Historical Review* 99(1994), pp. 409 - 429.

伦斯·科尔伯格（Lawrence Kohlberg）提出的道德发展阶段理论（theory of moral development）等。

认知发展理论是 20 世纪发展心理学领域最权威的理论，是指个体自出生后在适应环境的活动中，对事物的认知及面对问题场景时的能力表现与思维方式随年龄增长而改变的历程。[①] 认知发展理论认为，通过对儿童个体认知发展的了解可以揭示整个人类认识发生的规律，从而构建起青少年人生价值观发展的整个模型。认知发展理论产生了积极影响，但是该理论坚持道德相对主义，反对道德的绝对性和永恒性。同时，认知发展理论还突出了青年在道德发展中的自由意志和自觉意识，忽略道德行为的指导和德育内容的教育，很容易造成青年思想的混乱，导致一些青年在面临重大道德问题时缺乏人生价值观的指导。这就证明青年本身并未形成有助于成长的人生价值观，面对人生重大问题时不具备自主思考、判断，以及根据一定的人生价值观处理事情的能力。[②]

科尔伯格充分肯定并高度赞扬了皮亚杰的道德认知发展理论，他继承并发扬了皮亚杰的认知发展理论，围绕儿童道德认知发展进行了深入研究。他提出了道德发展阶段理论，这一理论在国际教育界、心理学界引起了巨大反响。科尔伯格的道德发展研

---

① Graeme Sydney Halford, "Cognitive Developmental Theories", *Encyclopedia of Infant and Early Childhood Development*, (2008), pp. 298－308.

② 吴鹏，刘华山《道德推理与道德行为关系的元分析》，载《心理学报》，第 46 卷，第 8 期，2014 年，第 1192—1207 页。

究,虽然同样使用了皮亚杰认知发展理论的研究方法,但其研究目的变为不再只是了解儿童对行为是非的道德判断,而是借助道德两难的问题情境,观察儿童做出行为后,是如何说明是非道德判断的理由的。[1] 也就是说,科尔伯格的研究目的不在于分析儿童对行为是非的认知行为表现,而在于探讨儿童对道德判断的内在认知心理过程。道德发展阶段理论是道德认知发展理论的核心,科尔伯格对儿童道德认知心理历程的研究立足于儿童心理发展,这为美国青少年人生价值观教育提供了启示:要想成功为青少年塑造优秀的人生价值观,就要从研究其成长的每一阶段入手。[2]

(3) 重视渗透性和价值澄清

20 世纪 50 年代末 60 年代初,美国公民教育研究进入了鼎盛时期,而公民教育中对人生价值观的培育同样渗透到了课程建设之中。价值澄清理论是由路易斯·拉斯(Louise Raths)等人最早于 20 世纪 20 年代提出的一种教学方法,被进步主义教育采用,在 60 年代时逐渐形成一个德育学派。20 世纪 50 年代后,为了解决由于进步主义教育失败而带来的困难,西方开始寻找并创立新的德育方式,价值澄清理论在融合认知理论和人本主义思想之后发生了质的转变。[3] 该模式力图找到一种不受具体道德内

---

[1] 杨国顺《科尔伯格的道德认知发展理论及启示》,载《教育与职业》,第 14 期,2004 年,第 60—61 页。

[2] 陈芸,廖黎芳《当代西方道德认知发展理论对我国学校道德教育的启示》,载《青年科学》,第 2 期,2010 年,第 71 页。

[3] 姜雪凤,关锋《当代国外青少年价值观教育及启示》,载《山东省团校学报(青少年研究)》,第 1 期,2007 年,第 23—25 页。

容、道德准则和道德规范制约的普遍适用的价值观。从某种意义上讲,价值澄清理论为人们提供了一个切实可行的实践模式,对人生价值观教育实践的指导意义尤为重大。价值澄清理论的重新出现,既体现了现代德育理论在不断实现科学化,又反映出德育研究达到新的水平。[1] 如果说早期的价值分析法只是对工业化社会的简单反映,那么价值澄清理论的出现就是在对多元社会的深刻认识和理性把握中实现了对德育的科学认识。

(四) 20 世纪 80 年代至 21 世纪的融合阶段

20 世纪 80 年代,美国社会开始由工业社会向信息社会转变,工业生产从劳动密集型向知识密集型转变,提高教育质量和公民的科学文化水平迫在眉睫。1983 年 4 月,美国国家高质量教育委员会发表了名为《国家处于危险之中:教育改革势在必行》(A Nation at Risk: The Imperative of Educational Reform)的报告,美国社会再次掀起了与"恢复基础"性质相近的学校重建运动。重建"意味着规则、角色、关系体系的改变,以至于学校更有效地服务于现存的目的,或者一起服务于新的目的"[2]。此时,美国传统公立学校体制面临着严峻的挑战,其中主要的原因在于国

---

[1] 张晓娜《价值澄清理论与价值观教育》,载《前沿》,第 11 期,2006 年,第 146—148 页。

[2] National Commission on Excellence in Education, A Nation at Risk: An Imperative for Educational Reform, A Report to the Nation and the Secretary of Education United States Department of Education, 1983, http://www.ed.gov/pubs/NatAtRisk/risk.html.

内外政治、经济形势的变化。所有的这些新形势强烈刺激着美国公共基础教育改革,使其在教育目标、教育规模、教育管理等方面做出全面的调整。

1. 社会背景

1985 年,美国促进科学协会聘请数百名全国知名专家学者和教育工作者,组成了全美科学技术教育理事会及 5 个学科专家小组,分专题研究了美国 20 世纪 80 年代以来教育改革的经验教训,经过一段时间的共同努力,他们完成了一份总报告和 5 个专题报告。[1] 总报告指出,美国青少年科学技术知识贫乏,在国际竞赛中长期处于劣势,教育改革应该以学科课程改革为重点,培养青年扎实的基础知识和综合性的思维能力,从而适应信息社会发展需要。1991 年 4 月 18 日,美国颁布了《美国 2000 年教育战略》(Goals 2000: Educate America Act),详细分析了美国教育存在的问题,以及可采取的相应策略与措施,最终克服这些问题,顺利实现 2000 年国家教育目标。[2] 可以说这个文件是美国政府在新世纪到来之际对教育领域进行改革的重要步骤。1997 年 2 月 4 日,克林顿在《国情咨文》(The State of the Union Address)中指出,21 世纪要保持美国在国际竞争中的优势地位,就必须建立世界一流的教育制度,培养一流的人才。为实现此目标,克林顿提

---

[1] Peach S., "Understanding the Higher Education Curriculum in the 21st Century", *American Journal of Veterinary Research* 35 (2012), pp.1135 - 1136.

[2] G. Jie, "From Contemporary Character Education to Developmental Character Education — The Transformation and Practice of American Values Education in the 21st Century", *International and Comparative Education*, 2017, pp.66 - 69.

出了未来美国教育发展的三大目标及行动纲领。①

2001 年,乔治·沃克·布什总统上任之后,进行以提升美国基础教育质量为核心的教育改革,改革总目标是确保美国公立学校里的每个孩子都能在安全的学习环境中学习以科学研究为基础的课程,能够接受高素质教师的教学和指导服务。美国从建国以来就比较重视科学教育,为进一步推动美国科学教育的发展,美国教育部于 2002 年颁布法案,强调在学校教育中营造科学教育的氛围,提高青年的科学意识。为适应 21 世纪美国科学教育发展的需要,2011 年 7 月,美国国家研究理事会发布了《K－12 科学教育框架:实践、跨学科概念和核心概念》(A Framework for K－12 Science Education：Practices，Crosscutting Concepts and Core Ideas),该法案进一步强调了结合科学教育与工程教育,注重引导青年在参与工程实践活动的过程中深化对科学与工程关系的理解,提高自己运用科学知识解决实际工程问题的能力,培养青年自觉学习工程与科学知识的兴趣和意识。

2. 基本特点

自 20 世纪 80 年代以来,美国社会一直处于道德衰退与道德危机之中,危机主要表现在青少年恶劣的道德状况和人生价值观建设上。青少年间的矛盾和冲突不断加深,青年对于道德的理解存在较大差异。道德共识崩溃的后果就是滋生了道德相对主义

---

① 张会兰《美国 90 年代以来的教育标准化运动述评》,载《外国中小学教育》,第 2 期,2005年,第 6—10 页。

和道德虚无主义。此外，有不少学者认为美国社会道德危机的根源在于极端个人主义的盛行，个人主义推动了美国社会的进步，但也存在过分强调个人自由等问题。基于这些认识，美国出现了不少与青少年人生价值观教育相关的社会思潮，这些社会思潮共同影响和推动着美国青少年的道德发展和价值观培育。

（1）受到新保守主义和激进主义交替影响

美国新保守主义是保守主义的继承和发展，之所以称之为"新"，是因为新保守主义思想大部分来源于对保守主义的深刻认识与反思。新保守主义教育思想继承了20世纪30年代以来的人生价值观教育要素，主张学校教育的最终目标就是要让青少年为社会变革贡献力量，最终实现社会公平与民主。[①] 这种人生价值观教育来源于保守主义的重新认识和改革，注重古典学科与宗教道德对人理性与道德方面的熏陶。激进主义作为新保守主义的对立面，受20世纪70年代"非学校化运动"的影响，认为学校和社会导致了物质上的贫富差别不断扩大，同时也使贫困文化和无能心理日益增强。[②] 这种思想将社会中凸显的价值观失衡现状归咎于学校对青年的人生价值观教育，完全否定了人生价值观教育对青年道德品质培养和价值观形成的积极意义。激进主义还认为学校是社会堕落的罪魁祸首，它既无法为青年提供必修技

---

① 张陟遥《试析美国新保守主义的生存土壤》，载《中共桂林市委党校学报》，第1期，2005年，第35—38页。

② Andrew L. Comrey and John A. Newmeyer, "Measurement of Radicalism-Conservatism", *The Journal of Social Psychology* 67(1965), pp. 357-69.

能的锻炼,也无法满足"人性教育"或"自由教育"的需要。[1] 作为一种批判社会与学校教育现状的思想,激进主义重在批判现有制度,并没有提出具体的教育改革措施,因此,20 世纪 80 年代以来的激进主义思想的影响非常有限,并未对当时的人生价值观教育产生实质性的影响。

(2)新品格教育成为有效载体

20 世纪 80 年代后,为解决价值澄清模式和道德发展理论模式的低效,美国各地区开始主张在当地的学校恢复价值观教育,并将新品格教育放在学校人生价值观教育方法的综合运用之中。[2] 比如,在马里兰州的巴尔的摩市,教师和学校相关人员与当地社区代表共同商讨在公立学校应该如何引导青年树立积极的人生价值观。新品格教育是对价值澄清等道德教育理论和方法的扬弃与超越,旨在寻求普遍的、人类共同的核心价值观。[3] 新品格教育检讨了传统的道德教育模式,重叙美德故事,追求认知、情感和行动上的统一。同时,这一时期涌现了大量的人生价值观教育研究著作,更重要的是美国政府也大力支持公立学校实施新品格教育,致力于推动新品格教育对青少年人生价值观的塑造与建设,其目的都是培养青少年的公民美德和良

---

① 陈露茜《论 20 世纪 80 年代美国"优质运动"中的意识形态冲突》,载《教育学报》,第 8 卷,第 2 期,2012 年,第 88—99 页。

② 郑富兴《论美国新品格教育的"社群化"特征》,载《比较教育研究》,第 11 期,2004 年,第 85—90 页。

③ 朱海龙《美国新品格教育对我国大学生道德教育的启示》,载《山东师范大学学报(人文社会科学版)》,第 58 卷,第 6 期,2013 年,第 115—120 页。

好品格。[①]有效的新品格教育要建立在民主社会的核心价值观的基础之上,即相互尊重、承担责任、信赖彼此、团结友善、公平正义以及公民道德。[②] 此后,1993 年,美国新品格教育协会正式成立,这是一个全国性的、非营利的、非党派性质的组织,旨在对青少年进行品格和公民道德的培育,对他们的人生价值观产生积极影响,从而构建一个更加和谐的社会。[③] 自此,美国的人生价值观教育逐渐步入正轨,在理论和实践方面均进行了诸多探索。

综上所述,美国青少年人生价值观教育的发展在曲折波动中不断地发展进步,主要经历了启蒙、低谷、复兴、融合 4 个发展阶段。首先,美国人生价值观教育孕育于建国前后的宗教教育之中。虽然彼时的美国没有明确而清晰的人生价值观教育,但是宗教教育会被赋予某种精神和意义,蕴含了特定的人生价值观。其次,19 世纪初,品格教育慢慢取代宗教教育并极大地促进了人生价值观教育的发展,而后公民教育的普及又将人生价值观教育的发展推向了高潮。二战后,美国人生价值观教育的理论研究日益丰富,但青年的人生价值观教育却逐渐衰退,美国社会一直处于道德危机和价值观扭曲之中。时至今日,美国社会中涌现了不少关于青少年人生价值观教育的社会思潮,多元多变的社会局势影响着青年人生价值观的形成和发展,新思想新元素的出现推动着

---

① Thomas Lickona, "The Return of Character Education", *Educational Leadership: Journal of the Department of Supervision and Curriculum Development* 51(1993), pp. 6 - 11.

② 郑富兴,高潇怡《道德共识的追寻——美国新品格教育的内容浅析》,载《外国教育研究》,第 11 期,2004 年,第 30—35 页。

③ 郑富兴《现代性视角下的美国新品格教育》,人民出版社,2006 年,第 78—99 页。

美国新一代青少年的人生价值观发展。美国自始至终非常重视社会主流意识形态灌输和人生价值观教育,只是在不同历史时期,教育内容的侧重点有所不同,教育的方式多种多样。总体来看,美国建国以来一直在探索青少年人生价值观教育的方式方法,特点鲜明、主题明确。纵观美国青少年人生价值观教育发展历程,无论是哪一时期,美国青少年人生价值观教育都是蕴含在公民教育、品格教育等教育形式之中的,体现出美国人生价值观教育重视隐性教育这一共同点。

三、共识性历程与区域性特质

纵观青年人生价值观教育的发展历史,可以发现青年人生价值观教育的总体趋势、功能作用等方面存在着某些共识性历程,但也因为历史文化、社会制度和教育理念的不同而存在区域性特质。在中国共产党领导下,近百年来我国青年人生价值观教育总体上呈现出曲折前进的发展趋势。从 1921 年中国共产党成立开始,经历了新民主主义革命时期、社会主义革命和建设时期、改革开放和社会主义现代化建设新时期、中国特色社会主义新时代这4 个历史阶段,党和国家对于青年和青少年群体特别是大学生人生价值观的教育方针和策略日渐成熟。美国虽然只有两百多年的国家历史,但是美国政府大力倡导的主流人生价值观已经逐渐融入美国社会生活的各个方面,直接或间接影响着全体普通美国民众。青年人生价值观的培育属于价值观教育的重要组成部分,其共同旨归是为国家培养身心健康发展、德才兼备之人。对青年人生价值观教育的发展历程进行系统研究,能够增进我们对青年人生价值观教育发展情况的认识,以便从中发现和分析青年人生价值观教育的共识性历程和区域性特质,进而探索和把握开展人生价值观教育的普遍性规律和发展趋势,为我国青年人生价值观教育的发展提供思路和启示。

(一)均遵循时代化与全球化的普遍性发展趋势

通过梳理和分析青年人生价值观教育的历史发展脉络,可以看出青年人生价值观教育的发展遵循了普遍性的发展趋势,特别是在经济全球化不断深入发展、处于世界百年未有之大变局的当今时代,青年人生价值观教育所共有的时代化与全球化发展趋势愈发明显。

1. 青年人生价值观教育的时代化发展趋势

所谓时代化,是指事物要顺应时代发展潮流,体现时代特征,并致力于解决时代课题。纵观青年人生价值观教育的发展进程,发现青年的价值观教育在反映时代背景、彰显时代特色的同时,始终与特定时期国家和社会发展的现实需要相适应,致力于解决特定历史时期青年人生理想、人生意义、人生道路的应然与实然之间的矛盾。具体而言,其一,随着全球化的发展,社会变得越来越多元化。因此,人生价值观教育也应该更加关注多元化和包容性,应该鼓励青年尊重和欣赏不同文化、习俗等的差异,并培养青年的包容性思维和跨文化交流能力。其二，随着科技的快速发展，人生价值观教育也需要同科技相融合。学校可以利月在线教育平台、虚拟现实技术等创新工具，为青年提供更丰富多样的学习体验和资源，以及与全球青年进行互动和合作的机会。其三，传统的人生价值观教育往往偏重理论知识的传授，而缺乏实践导向。而其发展趋势都是将人生价值观教育与实践相结合，通过实际经验和社区服务等形式，青年亲身体验、反思并应用所学的价值观念。其四，人生价值观教育不仅关注青年在个人生活中的发展，还高度重视与职业发展紧密结合。学校为青年提供职业规划和发展指导，帮助青年明确自己的职业目标和人生追求，并培养他们适应未来职业环境的能力。其五，人生价值观教育逐渐关注青年的全面发展，包括认知、情感、社交和身体等各个方面。学校通过综合素质评价和全人发展计划，鼓励青年在学术、艺术、体育等领域全面发展，培养他们的领导能力、创新能力和团队合作精神。总之，青年人生价值观教育的时代化发展趋势是多元化和包容性、科技融合、实践导向、职业发展导向以及全人教育。这些趋势反映了社会的变化和教育理念的演进，旨在培养青年在不断变化的多元化社会中明确自己的人生选择，引领他们在各自的人生轨道上成长成才。

2. 青年人生价值观教育的全球化发展趋势

全球化最初是指经济上的全球化，可以简单理解为商品和生产要素在全球范围内的自由流动，经济全球化带来了世界政治、法治、管理、文化、思想观念等诸多方面和领域的全球化，青年人生价值观教育作为各国文化和教育事业的重要点位,也遵循着全球化的普遍发展趋势。其一,全球化背景下,青年人生价值观教育越来越注重跨文化交流与理解。教育机构鼓励青年参与国际交流项目、多元文化活动,促进青年之间的互动和相互理解,培养他们的全球视野和跨文化沟通能力。其二,青年人生价值观教育越来越倾向于国际合作与建立合作伙伴关系。教育机构加强与其他国家大学和教育机构的合作,共同开展人生价值观教育项目,分享资源和经验,促进全球范围内的青年发展。其三,全球性的挑战和问题,如气候变化、人权、贫困等,成为青年人生价值观教育的重要内容。教育机构致力于引导青年思考并行动起来解决这些全球性问题,培养他们的社会责任感和可持续发展意识。其四,全球化的教育趋势使青年人生价值观教育更加注重跨学科和综合素养发展。青年将接触到不同领域的知识和技能,培养批判性思维、创新能力和解决问题的能力,以应对复杂多变的全球挑战。其五,全球化带来了教育技术和在线学习的广泛应用。青年人生价值观教育借助在线教育平台、虚拟学习环境等工具,提供灵活的学习方式和全球学习资源,实现全球范围内的学习互动和合作。

(二)具有素质塑造和政治社会化功能作用的普遍性规律

在青年人生价值观教育所共有的功能作用方面,我们不难发现,国家十分重视青年人生价值观教育在维护国家政权稳定、促进社会经济发展、实现青年政治社会化以及青年的全面发展中的重要地位与特殊作用。可以说，青年人生价值观教育具有一定的政治工具性和教育目的性，起到了塑造青年品质素养、推动实现青年政治社会化的作用。

1. 青年人生价值观教育的素质塑造功能

从青年人生价值观教育的发展历程来看，青年人生价值观教育无论在哪一历史阶段，在青年的素质塑造方面都发挥了突出的作用。简而言之，素质塑造功能通过对青年人生价值观的引导和培养，促进青年自身道德品质的塑造和发展。一方面，青年人生价值观教育反映了阶段性主流意识形态、政治制度、价值观念以及道德规范等方面的内容，对青年起到了重要的思想引领作用。政府通过人生价值观教育的形式将社会中的主流意识形态牢牢根植于青年的思想之中，从而影响他们的价值判断、行为习惯和人生道路选择。人生价值观作为无形的精神工具，起到了引导青年行为以及塑造道德品质的作用。另一方面，青年人生价值观教育在社会历史发展中承担着促进青年全面发展，使青年成为"全面人"的终极教育目的。从发展历史来看，培养符合国家发展需求的自由而全面发展的青年是社会发展乃至全人类共同进步的终极目标。国家对青年的培养，除了要提高他们的专业素质和能力以外，还要关注青年的道德品质和价值观形成，这两个方面共同构成促进青年全面发展的基本要求。由于政治经济文化背景不同，青年人生价值观教育的内容也存在差异，但是人生价值观教育对青年的思想引导、道德培养、人格塑造等综合素质能力的提高发挥了相同的作用。可见,青年人生价值观教育充分满足了青年自由而全面发展的客观需要,体现出培养"全面人"的青年人生价值观教育的素质塑造功能。

2. 青年人生价值观教育的政治社会化功能

青年人生价值观教育在任何发展阶段都带有明显的目的性,例如通过培养"政治人"来实现青年人生价值观教育的政治社会化功能。具体而言,其一,人生价值观教育可以帮助青年理解并培养公民意识,使他们认识到自己作为公民的权利和责任。通过学习政治知识、参与社会实践和讨论,青年可以了解政治体系、民主价值观和公共事务,并培养积极参与社会和政治活动的意愿和能力。其二,人生价值观教育可以加强青年对法治的理解与尊重,培养他们遵纪守法的意识。通过学习法律知识、参与模拟法庭活动等,青年可以了解和尊重法律规定,学会用法律的方式解决问题,成为遵纪守法的公民。其三,人生价值观教育可以引导青年思考社会问题、关注公共利益,并激发他们的社会责任感。通过学习社会伦理、参与社区服务等活动,青年可以了解社会问题的本质和影响,培养关心他人、关注社会发展并主动为社会做出贡献的意识。其四,人生价值观教育可以帮助青年尊重和欣赏不同文化、习俗和价值观,并培养他们跨文化交流和合作的能力。通过学习多元文化、参与国际交流项目等,青年可以拓宽视野,增加对全球事务的关注,培养包容性思维和跨文化沟通能力。

（三）教育阶级立场和根本宗旨的区域性特质

不同的历史传统、社会制度和现实国情孕育着不同的价值取向和教育形态。由于历史发展背景和基本国情社情的独特性，青年人生价值观教育在方针政策和培育模式上存在区域性特质，主要在于青年人生价值观教育的阶级立场和根本宗旨等方面。

1. 青年人生价值观教育核心内容方面

青年人生价值观教育在核心内容方面的区域性特质，主要来自社会制度和文化背景的特殊性。一是社会制度。我国实行的是社会主义制度，注重社会公平与公正，强调集体利益和社会稳定。因此，我国的人生价值观教育强调培养青年的社会意识和社会责任感。美国实行的是资本主义制度，强调个人自由、竞争和追求个人利益。二是文化背景。我国传统文化强调集体主义、家庭和社会的稳定等，强调家庭和社会的稳定与和谐。因此，我国的青年人生价值观教育，往往注重家庭观念、社会责任和奉献精神。美国文化强调个人自由和个人权利。因此，在美国的人生价值观教育中，更强调个体的独立。

2. 青年人生价值观教育根本宗旨方面

青年人生价值观教育的不同阶级立场决定了其不同的教育宗旨。我国青年人生价值观教育始终坚持人民的立场，坚持无产阶级的立场，这一阶级立场决定了我国青年人生价值观教育必须坚持党的全面领导,坚持以马克思主义为指导,坚持用社会主义核心价值观培育人,坚持为人民服务、为中国共产党治国理政服务、为巩固和发展中国特色社会主义制度服务、为改革开放和社会主义现代化建设服务。这既是我国开展青年人生价值观教育的特色,更是其独特优势。在当前阶段,我国青年人生价值观教育服务于培养德智体美劳全面发展的社会主义事业的合格建设者和可靠接班人的根本任务,主要向青年传递和灌输的是爱国主义和集体主义的价值观,以培养堪当民族复兴重任的,有理想、有道德、有文化、有纪律的中国青年。

美国的青年人生价值观教育坚持的是资产阶级的立场,其人生价值观教育实际上服务和服从于资产阶级个人的自由和成功,为实现资产阶级个体利益的最大化服务,传递的主要是资产阶级的个人主义和自由主义的思想与价值观。在"美国梦"的实现途径和中间环节上,主张通过个体人生理想和自我价值的实现进而推动"美国梦"的实现,因此,美国的青年人生价值观教育的培养目标聚焦于个体。

(四)教育核心价值和基本理论的区域性特质

培养社会发展所需要的人是古今中外不同社会中教育的共性。自古以来,世界上各个国家都是按照自己的政治需求来培养青年一代。面向新时代,我国社会主义教育主要就是要培养社会发展所需要的人才,培养社会主义建设者和接班人。其他国家也是根据其社会发展的需要，为本国、本民族培养公民。但是因为不同的社会需要培养不同的人，所以需要不同的价值取向和理论遵循。

1. 价值取向方面

青年人生价值观教育发展所承载的价值取向受到历史文化、社会制度以及意识形态等多方面的影响。我国青年人生价值观教育历史发展承载着集体主义价值取向。我国是一个社会主义国家，集体主义是社会主义的显著特征，倡导在实现个人利益的同时达到个人利益与集体利益的统一。新中国成立以来，中国共产党一直关注青年的思想观念和道德品质的培养，陆续开展了不同形式的青年人生价值观教育，其中特别强调集体主义思想是青年处理个人与集体关系时应有的价值取向。集体主义精神是一种主张个人从属于社会，个人利益服从于集体、民族和国家利益的思想理论，强调集体利益与个人利益的辩证统一。也就是说，集体主义思想引导青年将个人利益与集体利益相结合，在促进集体利益的发展过程中促进个人利益的实现。美国的青年人生价值观教育是以个人主义为基础的，个人主义也是美国人生价值观教育的重要组成部分。自殖民地时期开始，特别是建国以后，美国的青年人生价值观教育的根本思想就是以维护个人利益为核心的个人主义价值取向，这种价值取向引导青年以个人为本位来处理个体与集体的关系。美国的青年人生价值观教育所倡导的个人主义价值取向对于培育青年的创新精神、实现青年个人的自由与发展发挥了一定的积极作用。

2. 基本理论方面

青年人生价值观教育的基本理论具有区域性特征，主要体现为以下三点。一是文化背景和传统，对人生价值观教育理论的形成和实践都会产生显著的影响。因此，在人生价值观教育中，教育目标和价值取向均具有区域性特质。二是教育体制和方法也具有显著的区域性特质。我国的教育普遍采取以考试和考核为主要形式的评价方法，美国的教育普遍采取申请考核制度。三是社会环境和需求也会影响人生价值观教育的理论和实践。在我国经济社会快速发展的环境下，青年人生价值观教育注重培养青年的社会责任感和奉献精神，以应对社会需求，美国注重让青年关注个人体验，追求个人成就，以适应自由竞争的社会环境。

第四章

人生价值观塑造的实践之维

人生价值观教育是国家政治、经济以及文化发展在教育领域以及思想领域的体现。 国家的历史传统、文化背景等因素决定了青年人生价值观教育的实践模式。 在长期的教育实践过程中，国家主要通过教育来塑造青年的人生价值观，也就是进行价值观教育，依托课程教学、课外活动以及校园文化的实施路径，以"学校-社会-家庭"三位合一的协同教育模式和严格的制度保障进行青年人生价值观教育。 本章将对青年人生价值观教育实践模式进行系统分析，探讨青年价值观教育实践模式中教学理念、培养内容、实践结构以及教学宗旨四个方面的基本情况。 为优化我国人生价值观教育实践模式提供有益思路。

一、道德首位与守正创新

教育是国之大计、党之大计，我国教育始终坚持以人民为中心的根本出发点，以落实立德树人为根本任务，办好人民满意的教育。青年人生价值观教育以培养具有坚定理想信念、坚持正确的政治方向、为共产主义远大理想和中国特色社会主义共同理想不懈奋斗的青年为目标。学校通过课程教育引导、实践活动养成、多方协同培育、制度保障等使人生价值观教育融入青年教育全过程。因此学校利用不同的人生价值观教育方式、模式在不同程度上促进青年成长成才，进而达到实现人的全面发展的目的，促进青年实现人生价值。

（一）坚守体系化教育，秉持政策导向性实施路径

我国教育的根本任务是培养合格的社会主义建设者和接班人。作为未来实现中华民族伟大复兴中国梦的主力军，青年要能肩负起民族复兴的时代重任。学校课程在青年人生价值观形成和发展的过程中发挥着重要且独特的作用。我们要将人生价值观教育贯穿理论课堂、课外教学、校园文化，在理论与实践相结合的基础上，调动青年的积极性与自觉性，积极引导青年树立正确的人生价值观。

1. 课程教学中的人生价值观教育

青年人生价值观教育需要以思想政治理论课以及课程思政为载体，同学校课程设计内容、教学方式相结合，在课堂教学中引导青年学、思结合，坚定自己的人生价值观。通过课程教学，使青年在掌握知识、习得技能的基础上树立信心，形成正确的思辨能力，在实现人生价值观的道路上不断前进。

（1）思想政治理论课

思想政治理论课程是提高青年思想政治理论素质、思想觉悟的有效途径，是落实立德树人根本任务的关键课程。思政课承担着引导国家青少年形成科学的世界观、人生观、价值观的重要作用，具有高度的价值引导性和明确的政治指向性。为了解决好培养什么样的人、怎样培养人以及为谁培养人这个根本性问题，我国思想政治理论课以马克思主义为指导，以中国特色社会主义为实践形态，从马克思主义的世界观和方法论、马克思主义中国化、道德意识和法治观念、历史教育等角度切入进行青年理想信念教育。在高等教育阶段，学校为全体大学生设置了以 4 门必修课为主的思想政治理论课，分别是"马克思主义基本原理""毛泽东思想和中国特色社会主义理论体系概论""思想道德与法治""中国近现代史纲要"。除此之外还有"形势与政策"理论课，以及在全国重点马克思主义学院率先开设的"习近平新时代中国特色社会主义思想概论"课。思政课程的教学不仅仅是对青年进行理论的传授，更是在教学中引导青年形成人生理想，帮助其形成正确的人生价值观。

第一，在马克思主义基本理论中进行人生价值观教育。"马克思主义基本原理"课程是高校思想政治理论课的重要组成部分，为青年成长奠定思想基础。从马克思主义的世界观和方法论入手，帮助青年从整体上把握马克思主义的科学内容和精神实质，了解以及正确地认识人类社会发展的基本规律，树立科学的世界观、人生观、价值观，帮助青年利用辩证的思维去判断人生价值所在。在"马克思主义基本原理"第二章"实践与认识及其发展规律"中,通过阐述马克思主义实践观、认识论和价值论的基本观点,使青年掌握实践、认识、真理、价值的本质及其相互关系,树立正确的价值观,在改造客观世界的同时改造主观世界。第七章"共产主义崇高理想及其最终实现"主要从共产主义社会的基本特征入手,使青年深刻认识共产主义的历史必然性与长期性,把握共产主义远大理想与中国特色社会主义共同理想的辩证关系,坚定理想信念,树立正确的人生价值观。"马克思主义基本原理"课程使高校学生学会用马克思主义基本原理进行观察与分析,确立中国特色社会主义理想信念,坚定人生价值观,为建设好中国特色社会主义而努力奋斗。

第二,在马克思主义中国化中进行人生价值观教育。"毛泽东思想和中国特色社会主义理论体系概论"这门课程以马克思主义中国化为主题,引导高校学生感悟马克思主义中国化的理论成果的伟大力量。青年正处在人格发展、世界观形成的关键时期,进行马克思主义中国化理论教育,为青年提供了理论联系实际的典范,启发青年在未来人生道路上做到一切从实际出发,实事求是,在理论联系实际中实现人生价值。第一章"毛泽东思想及其历史地位"从毛泽东思想的内涵出发,引导青年树立正确的政治方向和政治立场,并通过中国共产党领导中国人民探索的新民主主义道路、社会主义改造道路、社会主义建设道路、社会主义改革道路等教学内容使青年掌握马克思主义中国化的精神实质,增强中国特色社会主义道路自信、理论自信、制度自信、文化自信,坚定中国特色社会主义理想信念，坚定人生价值观。

第三，在道德意识和法治观念中进行人生价值观教育。"思想道德与法治"课程是塑造青年价值观、确立青年理想信念的课程，这门课程主要依据青年成长的基本规律，以道德和法律为底线为青年选择人生道路、思考人生意义提供了衡量标准。课程第二章"追求远大理想　坚定崇高信念"引导青年深入理解理性、信念、价值观的重要意义，教育青年将个人的奋斗同国家和民族命运紧密联系在一起，将个人的学习进步同祖国的发展联系在一起。引导青年认识自我、辩证看待环境，帮助青年树立积极进取、向上向善的人生态度。第五章"明确价值要求　践行价值准则"引导青年准确理解社会主义核心价值观的基本内容和重大意义，指导青年通过践行来不断明确自己的人生价值观，解决在成长成才过程中遇到的实际问题，培养良好的思想道德素质和法律意识，加强自我修养，追求人生的更高境界。

第四，在历史教育中进行人生价值观教育。"中国近现代史纲要"将近代以来中国社会发展的历史融入高校思政课程，不仅可以使青年充分了解并感受党领导人民奋斗的光辉历程，还可以使青年在感悟百年历程的同时从中收获深刻启发，坚定正确的政治方向。第一章"反对外国侵略的斗争"从鸦片战争讲到中国人民反侵略战争失败过后民族意识的觉醒，引导青年辩证地看待历史发展过程，把握历史发展规律，树立历史自信。第四章"开天辟地的大事变"用"红船精神"引导青年理解中国共产党成立的历史必然性，深入展示中国共产党人的精神谱系，引导青年深刻感悟党百年来始终坚持践行的初心使命,帮助青年将个人前途命运与国家的前途命运、党的初心使命紧密结合,形成坚定的人生价值观。总之,我们通过国史、国情的历史教育,通过党的百年历史教育,激发青年的爱国主义情感与历史责任感,促进其坚定人生价值观,增强其建设中国特色社会主义的自觉。

（2）学校课程思政

发挥课程思政与思想政治理论课的协同效应。课堂教学是人才培养的主渠道,充分发挥课堂教学作用对人才培养、促进青年成长成才有着重要的意义。课程思政意在将德育与智育统一,推动实现全员全过程全方位育人。要进行青年人生价值观教育,就要在课程思政教学中牢牢抓住培养德智体美劳全面发展的社会主义建设者和接班人这一根本任务,始终坚持课程教学的正确政治方向,才能提高教育的实效性,有效提高青年的品德践行能力,引导青年树立正确的价值取向。

在课程思政中进行人生价值观教育,主要以坚持马克思主义理论对专业课、公共课等课程发挥的思想引领作用的方式,将人生价值观教育融入马克思主义理论专业课程和其他学科专业课程。第一,专业课人生价值观教育。专业课程要与思政课程同向同行,深入挖掘各类专业课程中的思想政治教育资源,让青年在学习过程中丰富知识、增长见识、塑造品格,形成正确的人生价值观。例如,东北师范大学打造"思政＋专业"教学团队,在物理学院本科生的"光学"课程中融入课程思政元素,通过先进典型的示范引领,在传授青年知识的同时加强青年思维能力的建设,落实立德树人根本任务；教育学部不断探索课程思政建设，其中"中国教育史""现代教育原理导论""中外教育思想史专题""课程设计与评价"等课程突出课堂德育功能，充分发挥教育学科的优势，将课程思政与教育专业课程相融合，提升了课堂立德树人的成效，促进了青年人生价值观的培养。又如，上海理工大学针对培养理工科学生的人生价值观，在管理学院的"生产与运作管理"专业课中通过理论教学培养青年的辩证唯物主义世界观和科学思维方式；利用应用实例，在实践中教育青年自觉遵守职业道德和规范，培养其法律意识；并在课堂教学中融入"路怒症"等案例，宣扬和谐、法治、友善的社会主义核心价值观，促进青年形成正确的人生价值观。复旦大学则结合学校专业特点，在"自然科学类"和"人文社科类"共12门课程中推进课程思政的建设，在系列课程"分析化学"课堂上通过分析化学与国家、民族发展的紧密联系，进一步激发青年的爱国情怀、社会责任感和奉献精神，将关于马克思主义立场观点的教育与学科精神培养结合起来，鼓励青年采取科学思维方法追求真理，激发青年科技报国的家国情怀和使命担当等。在学校进行青年人生价值观教育时，还要充分发挥教学目标的重要作用，北京大学考古文博学院结合专业建设，构建课程思政教学体系，将价值理念和思政元素融入教学，为青年人生价值观的确立指引方向，引导青年坚定文化自信。

第二，公共课人生价值观教育。公共课程作为专业课程的补充，并不是为了培养社会所需要的专业人员，而是为国家社会培养有素质、有道德、有价值判断，能做出价值选择的"完整的人"。

例如,上海交通大学引领教师在结合学科专业特点的基础上,深入挖掘课程思政元素,将人生价值观教育融入课堂教学,贯穿人才培养的全过程。在"大学英语"公共基础课中,教师在课程教学设计环节上从选择语料和设计问题等方面入手,有意识地增加与社会主义核心价值观中国家、社会、公民三个层面相关的内容,潜移默化地提升青年的文化自信与爱国情怀,引导青年在理性思考中完善人格,树立正确的价值观念。清华大学在推进课程思政建设时,充分发挥每门课程的育人功能,在"防火结构"课堂上扎根国情,运用前沿创新案例,引导青年思考如何在符合国情并且保护人民生命财产安全的基础上进行工程设计,课堂上教师将专业训练和价值观引导进行融合,在提高青年专业能力的同时潜移默化地引导青年形成正确的人生价值观。华中师范大学首批课程思政示范课"新生研讨课",邀请外聘专家以亲身实践为例教导大一新生,缩短彼此之间的距离,鼓励新生在思考、交流中适应学校的学习和生活环境,在专业学习中提高思维高度,养成批判性思维,学会用批判的眼光看待问题,形成正确的人生价值观。

2. 课外活动的人生价值观教育

课外活动是促进青年形成健康的人生价值观的途径之一。青年参加实践活动有益于个人成长成才和进步,课外活动作为实践的一部分,也承担着培养青年人生价值观的责任,可以使青年将在课堂上掌握的知识转化为实践操作。我国《教育部等部门关于进一步加强高校实践育人工作的若干意见》中明确指出"社会调查、生产劳动、志愿服务、公益活动、科技发明和勤工助学等社会实践活动是实践育人的有效载体"①,青年的人生价值观教育也应以此为突破口,充分发挥课外活动的教育力量,让青年在实践活动中形成正确的人生价值观。

通过社会调查、生产劳动帮助青年树立正确的人生价值观。这类社会实践以学校为中心,依据国家政策纲领的要求,在课堂教学中加入实践教学,学校通过组织主题教育、社会调查等力求将正确的人生价值观融入青年平时的实际活动。在《关于进一步加强高校实践育人工作的若干意见》中,明确要求"每个学生在学期间至少要参加一次社会调查"②,这充分体现出国家对在高校开展社会调查活动的重视,并通过实践活动将国家顶层设计中提出的意识形态转化为青年的价值选择。青年在实践活动中能更加直观地了解社会,更加清楚、客观地认识社会现实,更重要的是他们在不断深化对社会的认识、不断分析社会问题的过程中,也在潜移默化地塑造自己的社会责任感,在一次次深入人民群众的过程中不断体会其艰苦奋斗与无私奉献的精神,在社会现实中增强对人生意义的思考·明确自己的人生价值,进而成长为社会所需要的有理想、有担当、有责任的时代新人。南京大学鼓励学院开展社会实践系列活动,商学院为了实现理论、实践和创新的统一,进行了以"科创报国""实践立业"为主题的社会实践,通过社

---

① 《教育部等部门关于进一步加强高校实践育人工作的若干意见》,载中华人民共和国教育部政府门户网站,2012 年 1 月 10 日,http://www.moe.gov.cn/srcsite/A12/moe_1407/s6870/201201/t20120110_142870.html(访问于 2024 年 9 月 11 日)。
② 《教育部等部门关于进一步加强高校实践育人工作的若干意见》。

会实践研修班扩展了青年理论修养与视野,促进青年了解中国实际情况,使青年自觉地将理论与实际相结合,为青年学生建立正确的价值观提供了坚实基础。清华大学发挥科教融合、产教融合的育人机制,将时代主题与课堂学习相结合,进行"初心一百年""重走总书记初心之路""决胜小康2020""学习调研团"等学习调研类实践,让青年带着问题出发,调研国情民情,追寻党的初心,促使青年了解社会、了解国情,增强社会责任感,确保其在提升知识水平的同时紧紧跟随国家意识,树立崇高理想,勇担时代重任。总之,课外活动以实践教学的形式,将人生价值观教育贯穿于生产劳动全过程,能充分发挥育人功能,帮助青年树立正确的价值观念和人生理想。

通过志愿服务、公益活动提高青年践行人生价值观的能力。志愿服务以及公益活动以促进社会进步、构建社会主义和谐社会、提升自身精神为目的,是青年在课余时间以最直接的志愿者的身份走向社会的重要渠道。学校组织志愿服务以及公益活动,让青年在参与社会问题、处理社会事务时锻炼自己,青年通过参加公益活动亲身接触和体验来自学校外的事物,加深对社会的认识,将自己在学校教学、活动中所形成的人生价值观转化为实践,在服务人民、奉献社会的过程中逐渐意识到自己所承担的社会责任和历史使命,培养起对广大人民群众的同理心,进而将个人的价值寓于对社会和对人民的贡献之中。清华大学首创的"乡村振兴工作站"模式入选第五届教育部直属高校精准扶贫精准脱贫典型项目,在新冠疫情防控常态化背景下以"青春报国家,奋进正当时"为主题引导青年在社会实践中践行深厚的家国情怀和强烈的社会责任感。成都大学开展了金融安全知识"三下乡"以及"为爱行走"公益活动,学生自愿参加,用自己的专业知识,将消费金融知识传播至乡村等地区,在这一过程中青年可以将专业知识与实践相结合,在课外实践活动中形成良好的社会责任感,践行正确的人生价值观。海南师范大学为了更好地促进青年践行人生价值观,开展了一系列的乡村支教、党建调研等多功能实践教学活动,组织志愿者到陵水开展乡村振兴支教,进一步引导青年践行社会主义核心价值观·弘扬志愿服务的精神,发挥青年学科专业优势,使青年在帮助乡村振兴的同时实现自己的人生价值观。青年通过自主参加志愿服务、公益活动,在公益组织中找到自己的价值所在与社会定位·并朝着正确的未来发展之方向不断前进。志愿服务和公益活动是开展青年人生价值观教育的重要形式,它为青年增长才干、培养社会责任感、养成良好品德提供了重要途径,也为当代青年树立正确人生理想和走好人生之路提供了正确的参考。

通过创新型课外活动坚定青年人生价值观。创新型课外活动丰富了以往传统的课外活动模式,在促进青年德智体美劳全面发展的过程中加强网络的教育作用,通过图片、视频、音频等进行教学活动,引导青年围绕网络热门词汇、事件等主题进行讨论,开展虚拟实践教学,帮助青年树立正确的网络道德观、法治观,通过将互联网技术与课堂教学相融合,形成特色鲜明的品牌化教学模式,利用网络引导青年形成正确的道德意识与法治观念,使其在面对网络问题时具有判断力。南京林业大学将理论与实践结合，紧扣人才培养目标与核心课程，将学生作为课外实践活动的参与者与受益者，推出了产、学、研相结合的"322"课外创新活动，综合解决课内与课外、业内与业外、校内与校外的关系问题。"322"指的是设计营建竞赛、创意展园竞赛和国际竞赛三类设计竞赛；非专业艺术类讲座＋非物质文化遗产实践、专业前沿＋学术思辨类讲座两类素质教育活动；境外拓展游学和境内社会调查两类假期实践活动。[①] 这一课外创新活动通过整合专业知识与实践能力，让青年在体验生活的过程中体察国情，培养青年强烈持久的爱国情怀与责任感，坚定人生价值观。创新型课外活动打破了以往课外活动的独立模式，将课外活动看作教学的一部分，统一进行规划与评价。这一课外活动的推出可以更好地提升青年的专业技能，培养青年的批判性思维以及拓宽青年的视野，在实践中锻炼青年践行理论的能力，引导青年形成创新意识。通过课外活动培养创新型人才，可以让青年将在课堂学到的知识运用到课外实践中，这不仅提高了青年的专业实践能力，也提升了实践理念教育成效，促使青年在思考、创新的过程中不断进行思辨，提高青年认知和思考事物的能力。创新型课外活动引导青年在实践中思考人生意义，从而坚定正确的人生价值观，为实现人生理想提供助力。

3. 校园文化的人生价值观教育

学校是教育青年、培养青年的重要场所，校园文化作为一种

---

① 马平、赵兵《南京林业大学用稻草营造景观将课堂搬到田野》，载《建筑与文化》，第 2 期，2018 年，第 12—17 页。

隐性教育，它在对广大师生进行价值引领、文化熏陶、理论指导和精神滋养等方面发挥着不可取代的作用。当代青年人生价值观教育也应充分利用校园文化，做到以文化人，以文育人，将对人生意义、人生理想、人生道路的指导融入校园文化建设，不断挖掘校园文化中的人生价值因素，树立完整的文化形象。营造良好的校园文化可以构建青年健康人格、提升青年素质，对当代青年形成正确的人生价值观起到深远持久的影响。

第一，通过校园物质文化宣传人生价值观。物质文化是校园文化中最为基本的部分，是学校精神文化的物质载体，包含校园环境文化和设施文化，即学校的整体规划、结构布局、建筑、绿化、美化等。学校教学楼走廊、教室外墙上随处可见的励志标语、名人名言警句等，突出了学校对青年的鼓励与支持，也有助于促进青年的品行和素质发展。校园物质文化既是一种形象的语言，又是一种强烈的心理暗示，能增强青年对于学校环境的认同，创造一种良好的学习氛围，从而促进青年全面发展。除了具有价值引领作用的校园景观，校园建筑和学校设施对于青年人生价值观的形成与发展也有着不可忽视的作用，我国学校校园中有不少红色文化遗址、历史建筑、名人纪念馆、校史馆等。每个学校都有自己的历史和文化，不同历史文化塑造的校园建筑和教育教学设施都有所不同，但这些建筑物和教育教学设施都蕴含着精神力量，如武汉大学被誉为中国最美的大学校园之一，校园中有着宋卿体育馆、樱园老斋舍等早期建筑，六一纪念亭、闻一多先生纪念雕像、李达塑像等人文景观，有助于学生们体会历史建筑中蕴含的精神,形成坚定的理想信念,在潜移默化中接受人生价值观教育。北京大学是近代著名学府燕京大学原址,以圆明园"勺园"故址为中心兴建校舍,"红楼"是中国马克思主义诞生的摇篮,未名湖、博雅塔交相辉映,环境优美,使青年可以感受浓厚的文化氛围,思考人生价值。中山大学校园环境总体上为红柱黄墙蓝瓦,中央草坪色彩富有当地传统特色,更是有着孙中山纪念铜像、黑石屋、惺亭、陈寅恪故居、十八先贤铜像等具有极高历史纪念价值的建筑。苏州大学拥有东吴大学时期的许多民国风格建筑,东吴老校门、子实堂、司马德体育馆、尊师轩等都能使青年感受到深厚的历史内涵,以激励他们在学习中确立人生理想,思考人生价值。

第二,通过校园精神文化体现人生价值观教育。校园精神文化是校园文化的核心内容,是校园文化的最高层次,校园精神文化是学校校风、价值理念、精神面貌的直接体现。作为引领整个校园发展的价值观念,它所蕴含的价值观念对当代青年思考人生意义、树立人生理想、走好人生道路有着不可替代的导向作用。校园精神文化是学校在长期的教育教学实践中积累总结而来的,它决定着学校的整体工作方式、教学模式、工作态度。校园精神文化主要由校训、校徽、校歌等构成,同时还涉及宣传英雄事迹、宣传校园文化等,帮助青年通过多种途径把握校园文化背后所要传达的真正内涵,提升青年的文化自觉,让青年思考自己的人生价值所在。中国人民大学聚焦我国悠久历史,提出"立身为公,学以致用"的校训,这一校训承袭了成立之初的陕北公学的"公"字,并且同延安精神的理论相结合,将这一民族精神传递给青年,引导青年在校园生活中思考人生理想,推进中国特色社会主义事业。北京理工大学在继承和发扬中华民族优良传统、将师生的主体性与学校的主导性相统一、广泛征求全校意见的基础上将"德以明理,学以精工"作为学校校训,徐特立先生提出的"实事求是,不自以为是"被确定为学风,这一校训与学风为全校师生指明了努力方向。北京工业大学校训"不息为体,日新为道",取自刘禹锡的《问大钧赋》"以不息为体,以日新为道",寓意自强不息、刻苦拼搏、积极进取,对青年人生价值观的形成具有一定的引导作用。"要做人民的先生,先做人民的学生"这一校训是毛泽东为湖南第一师范学校所题,同样,湖南第一师范学校的纪念馆、校史馆中还留有革命先辈们在革命活动中的光辉事迹,将学校宣传、展示革命先辈校友事迹作为青年人生价值观教育的重要途径之一,对帮助青年形成坚定的理想信念和精神追求具有重要作用。校园精神文化建设是开展青年人生价值观教育的重要途径,帮助青年在潜移默化中提高价值判断和价值选择的能力,接受正确价值观的引领,以使其在浓厚的校园文化中凝聚精神力量,透过校园所倡导的价值理想去思考自己的价值所在。

第三,通过校园制度文化指引人生价值观教育方向。青年人生价值观的形成不仅需要物质文化和精神文化的熏陶,同时需要校园制度的规范。校园规章制度是师生共同奋斗的目标要求,是校园教师与学生主体的行为准绳,能充分体现学校办学思想与办学理念,蕴含着社会道德规范要求、学校教育者的价值观念。青年人生价值观教育的实施离不开校园制度的保障,让青年在校规校纪中养成良好的行为习惯尤为重要。学校会制定适用于学习生活的校园规章制度,如针对教师师德师风的《学校教师管制制度》《师德师风考核细则》;也有对学生道德规范提出要求的《大学生学生守则》。这些规章制度为教师发挥教书育人作用提供了行动指南,为学生形成正确的人生价值观提供了制度保障,为学校在良好的校园环境下运行提供了前提条件。东南大学于 2013 年经教育部会议审议通过《东南大学章程》,这一章程在彰显学校办学特色的同时注重保障教职工与学生的基本权利,凸显以师生为本的办学理念,保障了良好的校园环境。在一定的校规约束下,高校教师、学生有清晰的行为规范,使学生可以根据标准要求规范自己,形成科学的价值判断。中国科学技术大学校风严谨,其学校章程体现了学校对学生和教师的尊重与保护,贯彻以人为本的办学理念,体现出具有科大鲜明特色的"依法治校、民主办学、学术优先"的优良传统,使学生在校园学习生活中受到学校规章制度的规范与约束,形成正确的人生价值观。华中科技大学注重学风,制定了严格的管理制度,将教学落到实处,打造了良好的校园环境,通过学校章程、管理规范,在提升学生知识的同时提升其思想认识。学校通过科学、规范且明确的学校章程,突出以师生为中心、以人为本的治校理念,保障校园内学术的自由发展,可以督促青年规范与约束行为,认清人生价值观的标准,并根据一定的标准做出科学的价值判断和正确的价值选择,达到培育社会主义核心价值观的作用。

（二）践行统筹兼顾、协同育人教育模式

家庭、社会、学校是人生价值观教育的关键主体，各主体之间应该通力合作，各司其职。为实现立德树人教育目标，需要家庭、学校和社会有效协同，并利用网络媒体等新渠道。学校是人生价值观教育的主阵地，课堂教学是人生价值观教育的主渠道，但是仅仅靠学校教育是远远不够的，人生价值观教育是终身教育，需要家庭与社会发挥协助作用，借助网络媒体新渠道共同培养，建立协同运行机制，以促进青年人生价值观的形成。

1. 学校主导

学校是人生价值观教育的主渠道、主阵地。在社会、家庭与学校的三方面教学中，学校是有计划、有组织、有目的地进行系统教育的，通过开展一系列的课程教学，进行理想信念教育。学校是意识形态工作前沿阵地，肩负着培育和弘扬社会主义核心价值观，为实现中华民族伟大复兴的中国梦提供人才保障和智力支持的重要任务。毋庸置疑，学校教育在青年人生价值观的形成、发展中起到至关重要的三导作用，其中具有强针对性的思政课程更是学校教育的重点与优势。学校不仅重视思政课的关键作用，也渐渐将人生价值观教育、理想信念教育融入其他课堂，融入所有的教育教学活动中。如东北师范大学发挥师范大学优势，由马克思主义学部构建并推出思政课程体系，推出由 1 名思政教学名师和 2 名青年骨干教师组成的"1＋2"教学团队，通过线上线下相结

合的模式进行授课教学,聚焦青年身心发展特点和成长需要,有针对性有导向性地进行授课;同时学校加强对社会资源的开发,组织青年参加大学生讲师团、志愿公益活动、红色领航教育等社会实践,在实践锻炼和社会历练中,帮助青年树立社会视野,家国情怀,提升人生的境界,形成正确的人生价值观。岭南师范学院鼓励传承民族振兴的红色基因,以《从党史、校史看岭师人的精神谱系》讲述共产党百年发展历程和学校发展历史,发扬岭师精神,通过主题教育引导青年爱党爱国,促进青年人生价值观的形成。华南师范大学在党史学习教育过程中根据学科特色,利用学校资源打造出一系列关于党史文化的活动,力求通过红色党史文化,影响青年人格的形成与发展。要促进当代青年成长成才,需要学校教育引领青年人生理想,引领青年掌握和运用马克思主义世界观与方法论,以坚定的理想信念面对当前国际发展情况。暨南大学为了帮助青年树立正确的历史观和价值观,从党史学习教育入手,将校史与党史相结合,开设红色印记专题展览,充分发挥红色校史资源的育人作用。学校教育通过多种课程与活动引导青年树立正确的人生价值观,抵御各种不良的思想侵蚀。总的来说,学校重在知识传授,人生价值观教育还需要家庭与社会的协助,因此鼓励家庭、社会多方参与,建立学校与家庭、社会的协同运行尤为重要。

2. 家庭合力

家庭为人生理想价值观教育奠定基础。家庭的作用是不可替代的,父母是孩子的第一任老师,家庭对青年人生的影响是深远的,因此父母也承担着教育的责任,要让教育融于生活之中。家庭教育是青年人生价值观形成过程中不可替代的一个环节,虽然不同于学校教育有着明确的教学目标、教学方式,但它以一种潜移默化的方式影响着青年人格的发展、人生价值的形成。家庭教育是长期且持久的终身教育,父母的言行、品德、习性,会直接反映于子女的行为举止、情感态度中,家庭教育在促进子女世界观、人生观和价值观的发展上比学校教育更具有优势。因此在人生价值观教育中,要明确家庭教育的奠基作用,家长首先要以正确的理想信念要求自己,在塑造人生价值观以及理想信念方面成为子女的教育者与引领者。学校教育要发挥主导作用,指导家庭教育如何开展正确的人生价值观教育,通过介绍正确的教育方法、举办家长讲座、设立家庭教育辅导站等方式,推动家长同学校教师一起进行人生价值观教育。山西省太原市在 2018 年成立了家庭教育工作协调领导机构,出台了家庭教育发展的详细规划,设置了 600 多个家庭教育服务指导站,以讲座的形式灵活且全面地向太原市各个家庭传达家庭教育的重要性,为学校、家庭教育协同运行打下良好的基础,提升家长综合素质的同时促进了青年综合素质的提升。其次,人生价值观教育不单单体现在父母所扮演的家庭角色中,还体现在父母面对社会、民族、国家的现实问题时的反应中,如果没有良好的家庭教育作为基础,社会、学校教育也无法顺利地开展。因此在青年人生价值观教育中要注重家庭的建设,形成良好的家风,为青年提供良好的家庭学习环境、和谐的家庭氛围。家庭应当注重培养孩子良好的生活习惯以及道德品质,同学校一起制订教育计划,采取有效的教学措施,确保家庭教育在学校的指导下促进学生形成人生价值观。

3. 社会推力

社会为青年人生价值观教育提供支持。社会是人生价值观教育的主体之一,其作用主要体现在为青年人生价值观教育营造社会氛围,为学校提供优化的各类社会资源,实现学校教育与社会需求的有效连接。社会教育是学校教育的外延和补充,同家庭教育一样以潜移默化的方式影响着青年人生价值观的形成。一是为践行人生价值观教育提供物质资源,提供青年成长实践的重要平台,帮助锻炼青年在社会生产实践中运用在学校所习得的知识的能力。社会为高校提供实践基地、机构等,建立合作研究机构,学校同社会联合开展教学研究、科技研发等,充分发挥实践育人功效。人生价值观教育不仅是知识层面的教育,更要通过实际践行来体现,通过实际践行理想信念,青年才能更加坚定人生理想。学校可以从社区、企业、社会公共服务机构等维度增强与社会的联合,与校园外的社会资源进行合作,更好地发挥社会的教育功能。例如,德阳市同北京大学、哈尔滨工业大学、中南大学、重庆大学、四川大学、电子科技大学 6 所高校签约共建大学生实习实践基地,为高校提供大学生实习实践基地,开展实地走访调研等活动,引导实习生在实践学习中了解德阳市的企业文化、发展过程,帮助青年丰富实习经验,增长知识,开阔视野。社会也为南京大学提供了许多实践平台与机会,人民日报同其建立了校外实践教育基地,江苏省 17 所高中同其合作共建实践基地,南京市同其合作创立高质量发展创新示范区,这些社会资源有效地帮助了南京大学学生将理论知识转化为实践技能。二是为学校提供社会资源,随着社会迅速发展,仅仅依靠学校开展人生价值观教育已经远远不能满足促进青年成长成才的需要,青年需要通过其他渠道来获取知识。社会除了为学校提供劳动教育资源外,还可以提供多种平台渠道、活动宣传,发挥红色资源、道德模范资源等的作用。通过宣传社会中的道德模范人物、先进事迹,营造良好的社会教育环境,引导青年树立科学正确的人生价值观。将红色资源融入学校社会实践,如广州工商学院与黄埔军校旧址纪念馆开展了多次活动,将黄埔军校这一红色资源融入该校的社会实践活动,结合新时代青年生活的情景模式,提升青年共情能力,生动讲授红色党史课。学校在这一过程中同社会取得密切的联系,形成默契的配合,同时发挥学校教育的主导优势,使学校同社会之间相互结合,为青年社会实践创造值得信任且安全的环境,帮助青年树立远大的理想与抱负。

4. 网络载体

打造网络人生价值观教育的新渠道。在当前的信息现代化社会中,网络已经成为人们生活的重要组成部分。互联网作为信息传播的新媒介,在青年中的影响力与日俱增,渐渐成为当代青年获取信息、交流的主要途径。信息化时代下,网络平台能够汇集来自世界各地的信息资源,而这些信息良莠不齐,既有优质的资源,也有负面不良信息。互联网的开放性使青年可以轻易地获取这些信息,但同时也带来了负面的效果,青年的人生价值观处于不成熟阶段，容易受到外界不良信息的诱惑与侵蚀，从而影响其理想信念、价值观念的形成，影响其认识、情感与意志的发展。因此需要加强网络的治理与建设，进行网络教育，坚持以社会主义核心价值观为引导，发展积极向上的网络文化，促进青年形成正确的人生价值观。学校在文化教育的基础上要发挥网络的正面作用，利用现代信息技术加强网络道德教育，如制作人生价值观教育视频、开展"互联网＋"的理想信念教育活动、建设具有学校特色的教学网络资源库、建设智能课堂等形式。将校园传统媒体与新兴媒体相结合，如华南师范大学城市文化学院运用新兴媒体技术，在建党一百周年之际进行数字绘画作品征集活动，以"忆百年路，绘万里途"为主题追忆先烈所走过的万里足迹。通过网站等线上媒体进行作品展示，帮助青年感悟历史，同时发挥学校官方媒体的主要传播阵地作用，如校园官方网站、微信公众号、官方微博等。学校官方媒体还可以推送一些青年更为关注的话题信息，及时推送有关人生价值观教育的优质内容，传播正能量，通过网络进行主流价值观教育的渗透。武汉大学积极发挥新媒体作用，以学生为受众群体，以校园事件、政策重要信息、正能量知识为主要内容，在武汉大学校庆之时发起"双微"联动，加强学生的爱校、爱党、爱国意识等。在新媒体时代，开展青年人生价值观教育要强化网络媒体的融合，利用好广播、电视等传统媒体，利用好微信公众号、微博等新兴媒体。利用多种媒体渠道大力传播共产主义的科学内涵，使青年深刻认识领会到中华民族伟大复兴的重要时代价值，明白人生道理，艰苦奋斗，形成科学的理想信念。

进行人生价值观教育需要合理运用网络平台，充分利用互联网对青年的吸引力，发展积极向上的网络文化、网络教育，宣传正确的世界观、人生观、价值观，传播正能量。

（三）提供系统化与规范化制度保障，强调道德首位与守正创新

青年人生价值观教育要在一定的规则程序中进行，教育的过程需要有共同遵循的章程或准则。教育制度是教学教育过程中根本、长远且具有全局性的制度，是保证教育顺利推进的重要支撑。如果没有了制度，那么社会、学校以及家庭教育将会混乱无序，所以进行人生价值观教育需要完善的制度环境。人生价值观教育制度是学校教育行为的标尺，是解决教育实际问题的重要工具，是推动青年人生价值观健康发展的支撑。

1. 行政管理中的人生价值观教育

行政管理是学校工作的重要内容之一，它承担着服务科研与教学的重要任务，平衡学校科研教学需求、进行科研资源分配等，为教学活动的有效开展提供保障。所以学校在推进人生价值观教育过程中，应当推进行政管理工作，打造完善的行政管理制度，构建良好的育人环境，为学校教育工作提供保障。

第一，规范行政管理工作流程，坚持党的领导，确保人生价值观教育的方向正确。学校进行人生价值观教育，首先要坚定党的领导，必须坚持以马克思列宁主义、毛泽东思想、邓小平理论、"三

个代表"重要思想、科学发展观以及习近平新时代中国特色社会主义思想为指导,树立中国特色社会主义共同理想,形成坚定的理想信念。人生价值观教育是全党全社会的理想信念教育,党和国家掌握着人生价值观教育的主导权,坚持党的领导是学校进行理想信念教育的根本保障。随着将学校的人生价值观教育纳入国民教育和公民道德建设中,党和政府承担领导的责任,逐步建立健全相关政策文件,并在学校行政管理中逐步细化学校的人生价值观教育工作制度,以保障政策执行到位,从而发挥政策的引领作用。北京大学、西南政法大学、上海交通大学等高校多次举办主题教育,建立健全政策文件的落地机制,通过实践教育培训,力求引导青年形成坚定的理想信念。同时强化学校党支部的政治主导功能,建立严格的规章制度,坚持理论联系实际,注重将专业学习、政治学习以及实践学习结合起来,促进共产主义远大理想与青年学习有机融合,通过组织开展校园活动、组织社会实践等方式增强青年的政治观念与理想信念。学校在行政管理中坚定将马克思主义基本原理同青年实际情况相结合,发挥党支部的主体作用,整合具有参考价值的信息、意见等,为学校人生价值观教育工作奠定有效的指导基础,监督并引导学校人生价值观教育的开展。例如,北京邮电大学行政党支部的主题党日活动围绕"坚定理想信念、牢记使命担当"这一主题,以线上党支部会议的方式,促进学校行政党支部党员从自身出发分享工作体会,进一步强化了新冠疫情面前人人有责的思想认识,引起了大家的共鸣。复旦大学举行行政团队恳谈会,通过听取学院内行政管理人员对学院建设的意见建议,试图提高工作能力,为学院师生提供更加优质的管理与服务。

第二,推动行政管理服务功能长效化,提高行政管理服务育人功能,确保人生价值观教育高效运行。行政管理是学校运行发展的核心,是协调学校各个部门的关键所在,在学校与学生关系问题上,学校一直占据着主导地位。学校的行政管理协调支配着课程教学、课程活动、实践实习等重要环节。随着现代信息技术的发展与普及,新媒体逐渐成为连接学校与学生的核心媒介之一,解决了由传统媒体所造成的学校与学生之间沟通信息不对称的情况,使学校与学生之间的沟通变得常态化、互动化。学校可以及时且高效地收集到学生对于课程、行政管理等方面的意见或建议,同时也可以更高效地针对问题进行反馈。学校行政效率不断提升,有针对性地进行管理,满足学生需求,创造了平等、互相尊重的校园氛围,使学生积极参与学校建设,与学校建立亲密关系。学生们在意见反馈、自主管理中,获得了参与感和成就感,也加深了爱校情感。例如,成都大学为构建高校与大学生的双向互动开展了学校座谈会,其间学生畅所欲言,充分表达了对于个人理想、未来规划的想法,以及对学校学院教育、管理的意见与建议,学校也针对学生所提的问题给予了详细的解答。座谈会加强了学生与学校的联络沟通与互动,从而促进大学生成长成才。学校要增强与学生的联系,加强与学生的沟通,根据学校自身类型、教育水平、所拥有的教学资源等,丰富和完善课程体系,注重学生人生价值观培养。哈尔滨工程大学建立新冠疫情防控期间学生大数据,通过网络和学生进行沟通,学校辅导员通过网上办公密切关注学生生活状态,掌握学生思想、学习等情况。兰州大学进一步推进"走进学生生活、走进学生学习、走进学生心灵"行动,结合学校的实际情况制定实施方案,走进学生生活,全方位地关心学生发展,从学业规划、生涯规划等方面了解学生发展需求,促进学生全面发展,帮助学生成长成才。

第三,行政管理职责标准化,提升学校行政管理队伍以身作则的思想觉悟,确保人生价值观教育严格执行。由于行政管理队伍在学校教育过程中起到十分关键的作用,只要学校行政管理队伍充分履行职责,就可以有效推进学校人生价值观教育进程,促进我国学校人生价值观教育的开展实施。通过加深学校行政管理人员对学校建设重要性的认识程度,使其更清晰地认识到自身在学校行政管理中的重要职责,对学校进行人生价值观教育的必要性有一个全面的认识。学校行政管理队伍要以身作则,发挥学校行政管理的重要作用,为青年人生价值观教育贡献出一份力量,促进青年人生价值观教育的严格执行。学校行政管理队伍中的行政管理人员,要能够以先进的观念、正确的认识推进人生价值观教育建设,提高学校在课程、活动中关于人生价值观主题的教育水平。学校在推进人生价值观教育时,必须打造完善的行政制度环境,学校行政管理队伍需要充分发挥自身的引领作用,以正确的价值观、政治理念,有效推进人生价值观教育行政化管理以及宣传等工作,召开一些相关主题会议,为学校人生价值观教育的有效实施奠定基础。如福建技术师范学院开展了"两学一做"学习教育的重大政治任务，学校行政管理部门联系实际开展了专题党课，立足岗位，在教育教学中做出表率。随着社会经济的发展、生活水平的提高以及信息传播范围的扩大，学校教育模式也会随之发生改变，因此为了进一步保障学校人生价值观教育相关活动的开展，行政管理队伍应当满足学校开展人生价值观教育文化建设的基本需要，能够不断推动学校教育的发展进程。同时加强行政管理人员的思想政治教育工作，增强整个行政管理队伍的思政素质水平，使之能够在校园服务、校园管理等方面发挥带头作用、榜样作用，以身作则带动校园文化健康向上发展，为学校人生价值观教育提供有力保障。

2. 教学大纲中的人生价值观教育

作为思想政治教育的核心组成部分，理想信念教育影响着青年的价值追求，能为青年指引正确的政治方向，是实现中国特色社会主义共同理想的必要保证。人生价值观教育作为思想意识范畴的教育活动，反映着国家和社会发展的需要。随着社会政治、经济、文化的发展，会出现一些有悖于主流意识的问题与现象，这就需要人生价值观教育顺应社会的发展要求，进行有效的引导与解释，使青年免受不良信息的干扰，坚定正确的人生价值观。而这一过程需要党和政府从全局出发，统筹制定教育政策，以确保人生价值观教育可以顺利地实施。

第一，国家进行顶层设计。青年人生价值观教育是在国家教育总政策下开展实施的，新时代社会主义人才的培养离不开国家政策的保障,党的十九届五中全会审议通过的《中共中央关于制定国民经济和社会发展第十四个五年规划和二〇三五年远景目标的建议》中提出"推动理想信念教育常态化制度化"。① 党和国家对加强青年人生价值观教育、巩固马克思主义在意识形态领域的指导地位有着重要的作用,党成立之初,就十分重视青年的人生价值观教育,在不同历史时期,党和国家始终重视对青少年的思想引领,重视人生价值观教育。中共中央、国务院颁布的《新时代公民道德建设实施纲要》强调"加强思想品德教育,遵循不同年龄阶段的道德认知规律,结合基础教育、职业教育、高等教育的不同特点,把社会主义核心价值观和道德规范有效传授给学生"。② 中共中央、国务院印发的《新时代爱国主义教育实施纲要》提出"深入开展中国特色社会主义和中国梦教育;深入开展国情教育和形势政策教育;广泛开展党史、国史、改革开放史教育;强化祖国统一和民族团结进步教育"③,通过历史教育增强青年的国家归属感、认同感,引导青年树立和坚持正确的历史观、国家观,在实际行动中不断践行人生价值观。中共中央、国务院发布的《关于加强和改进新形势下高校思想政治工作的意见》提出:"坚持全员全过程全方位育人。把思想政治工作贯穿教育教学全过程,把思想价值引领贯穿教育教学全过程和各环节,形成教书

---

① 《中共中央关于制定国民经济和社会发展第十四个五年规划和二〇三五年远景目标的建议》,人民出版社,2020 年,第 26 页。
② 《新时代公民道德建设实施纲要》,第 10 页。
③ 《新时代爱国主义教育实施纲要》,第 5—8 页。

育人、科研育人、实践育人、管理育人、服务育人、文化育人、组织
育人长效机制。"①将人生价值观教育贯穿于各类课程的课堂教
学和课程设计,使各个专业的青年在学习的过程中除了收获专业
知识,形成独立思考和判断的能力之外,还进一步树立了正确的
价值观念,提高了思想道德素质,坚定了理想信念。要加强青年
人生价值观教育,不仅要将其置于教育的重要位置,还要对其进
行具有针对性的顶层设计,需要有明确的政策制度,以确保其常
态化制度化落到实处,需要对其教学目的和目标、教学要求、教学
内容等进行顶层设计,制定新时代人生价值观教育教学大纲。

　　第二,学校修订具有本校特色的教学大纲。各学校依照《新
时代公民道德建设实施纲要》《新时代爱国主义教育实施纲要》
《关于新时代加强和改进思想政治工作的意见》等文件标准,陆续
开始修订教学大纲。围绕"坚持马克思主义在意识形态领域指导
地位的根本制度""坚持以社会主义核心价值观引领文化建设制
度"加大课堂教学中人生价值观教育力度,创新教学理念,改进教
学方法,培养新时代高素质人才。东北师范大学在教书育人过程
中围绕思政课程的人才培养目标,出台了《思想政治教育课程体
系建设实施意见》《关于进一步加强思想政治教育课程建设的实
施意见》,重点强调价值引领作用,通过加强课程思政建设,加强
青年人生价值观教育。华南农业大学根据中共中央、国务院发出
的《关于进一步加强和改进大学生思想政治教育的意见》和《〈中

---

① 中共中央党史和文献研究院《十八大以来重要文献选编》(下),中央文献出版社,2018
　年,第480页。

共中央宣传部、教育部关于进一步加强和改进高等学校思想政治理论课的意见〉实施方案》，对思政知识理论课大纲进行重新修订，修订"思想道德与法律"必修课程，并在理论教学的基础上增加课外训练，组织青年进行课外实践活动，注重培养青年的实践能力，培养青年的道德意识和法律意识，树立正确的世界观、人生观、价值观。陕西中医药大学在"思想道德与法律"课程教学大纲中明确规定需要进行的课内实践项目，用课堂调查、课堂实训的方法与青年建立双向互动交流，增强课堂教学吸引力的同时帮助青年提高自身道德修养与法律素养，并明确正确的人生价值观。广西大学将本科思想政治理论课教学大纲扩充为"马克思主义基本原理""毛泽东思想和中国特色社会主义理论体系概论""思想道德与法律""中国近现代史纲要""形势与政策""习近平新时代中国特色社会主义思想概论""马克思主义理论与实践"，其中"马克思主义理论与实践"教学方案（2020 年度）是对《关于深化新时代学校思想政治理论课改革创新的若干意见》《教育部等八部门关于加快构建高校思想政治工作体系的意见》中有关加强社会教学实践的精神的内容进行修订后形成的方案，课程以实践主题二选一的方式展开，力求通过让青年亲身体验我国改革开放和社会主义现代化建设的伟大实践和成就，引导青年坚定社会主义信念，增强全面建成小康社会、实现中华民族伟大复兴的信心。

3. 评价体系中的人生价值观教育

学校建立健全科学评价机制评判青年人生价值观教育建设

水平与成效。课程教学是推进学校人生价值观教育中不可或缺的一个环节,随着研究型大学教学体系的建立,教学质量的评价标准发生了新的变化,建立符合研究型教育理念的教学评估机制,才能进一步推动人生价值观教学质量的提高。

第一,进行学科评价。构建学校评价体系是人才培养的重要环节,是学校完善教学质量的重要支撑,因此推进学校青年人生价值观教育需要把回答好"培养什么人、怎样培养人、为谁培养人"这一根本问题融入学校青年评价体系中,发挥评价的育人功能。为了完善立德树人体制机制,提高教育治理能力和水平,2020 年中共中央、国务院印发了《深化新时代教育评价改革总体方案》。2021 年,教育部、财政部、国家发展改革委印发了《"双一流"建设成效评价办法(试行)》,《评价办法》的颁布对构建中国特色高等教育评价体系、促进高等教育内涵的发展有着重大意义。针对人生价值观教育构建科学的评价体系是实现立德树人根本教育任务的重点之一,随着教学质量评价标准发生变化,建立适应时代发展的教学评价体系是推动人生价值观教育质量提高的关键。清华大学公布了新的学业评价体系,同时院系可以根据需求进行更加灵活的评价,用等级制代替百分制,意在实现从"以教为中心"到"以学生为中心"的转变,促进青年多样发展。引入等级制评分,建立多元评价体系,从人才培育理念出发,形成价值塑造、能力培养、知识传授"三位一体"培养模式转变。[①] 人生价值

[①] 曹莉,郑力《文化素质教育的价值与意义——清华大学的探索》,载《2015 年大学素质教育高层论坛论文集——素质教育与大学教育改革》,2015 年,第 48—58 页。

观教育评价重在考查人生价值观教育的制度化、规范化程度，人生价值观教育评价要从教育主体入手，考虑影响人生价值观教育的各个因素。

第二，构建完善的学生评价体系。学生是接受教育的主体，学生评价体系体现着我国育人的整体方向，起着教育教学活动指挥棒作用的教学评价不仅要对学生的学业成绩进行评价，还要针对学生实际情况，对实践、创业素质等进行综合评价。对于学校而言，深化学生评价改革，努力构建符合新时代青年特点的评价体系尤为重要。在人生价值观教育评价体系中，学校应当秉持以学生为中心的理念，围绕青年培养的全过程展开，评价的标准、内容、方式等应尊重青年成长成才的发展规律和特点，结合多方面评价形成综合评价。通过改变以往的考核评价方式，以素质学分制进行测评，即从专业素质、通识素质、创新素质三个维度对青年进行评价，并以此来促进大学生素质的提高。[1] 例如，《浙江大学本科学生综合素质评价实施办法》针对学生日常行为进行评价，考查学生世界观、人生观、价值观，评价青年是否形成正确的人生价值观，并对遵纪守法、社会责任感等思想品德进行评价。华中师范大学在人生价值观教育评价中以过程性评价为主，总结性评价为辅。学生在课前进行小组评价，课中进行回答问题、讨论、反思等过程评价，课后通过创新思考完成总结性评价。当前学校承担着培养德智体美劳全面发展的社会主

---

[1] 赵作斌《素质学分制——大学生评价模式的新探索》，载《中国高等教育》，第 20 期，2018年，第 27—29 页。

义建设者和接班人的重要责任，因此学校在学生评价中融入实践项目评价，从应试教育评价体系中跳出来，采取考试与课堂、作业以及实践活动相结合的综合评价体系，让应试教育转变为多方和谐发展的素质教育。

第三，构建教师评价体系。教师评价体系是面向学校学生、教师以及领导等各类人员的综合信息评价体系。青年人生价值观教育需要一支高水平的师资队伍，这就需要完善教师评价体系，这一评价体系既要评价教师本身的理论水平、学生的考试成绩，还要评价教师在课程教学中达到的德育效果，通过综合评价，促进教师对课程教育形成全面且客观的认识，并通过学生的反馈，找出教师工作中的差距与不足，以此提高教学能力和水平，将人生价值观教育融入教学中，解决青年的人生价值观问题。北京师范大学通过网络平台对教师教学质量、教学水平进行监督评价。[①] 南方科技大学改革评价体系，为了构建良好的师生关系，使教师充分履行教书育人的职责，制定出台了《关于全面提高本科教学质量的若干意见》等文件，明确课程教学中学生的重要地位，将履行教育教学职责作为评价教师的基本要求。评价注重考查教师的品德、能力，构建教师潜心教学、全新育人的良好氛围，促使教师可以以身作则，引导学生形成健康正确的价值追

---

① 虞立红，李艳玲《完善质量保障和监控体系　切实提高教学质量——北京师范大学本科教学的实践》，载《中国大学教学》，第 2 期，2007 年，第 60—62 页。

求。[①] 中国民航大学探索构建多维课堂教学质量评价体系,在这一教学评价体系下,课堂教学质量显著提升,提高了教师对于课堂教学质量评价的重视程度,积极调动了学生参与课堂的动力,促进了学生向良好发展。[②] 学生也应对教师的教学情况做出客观的评价,教学相长可以更好地提高学校的教学质量,构建合理的教师评价体系,提高教师教学水平,实施更好的道德教育,促进青年人生价值观的形成。

二、自我实现与社会参与

美国人生价值观教育在学校、社会、家庭等培育主体的合力中塑造着青年的人生价值观,影响着美国青年对人生道路的选择。围绕学校对青年人生价值观的塑造,家庭、社会与之相协调,形成良性的协同育人模式。学校在自身建设的过程中也形成了对青年进行人生价值观教育的保障体系。

(一)坚持多元化教育,实行实践导向型教育路径

就美国大学的普及率来说,近 90％的美国青年能够接受高

---

① 刘绪《构建高水平的教育评价体系——南方科技大学教育评价改革实践》,载《光明日报》,第 13 期,2021 年。

② 于剑,韩雁,梁志星《中国民航大学多维课堂教学质量评价体系研究》,载《高教发展与评估》,第 34 卷,第 2 期,2018 年,第 63—72 页,第 105—106 页。

等教育,公立高校和私立高校均可就读。"学校即社会。"对大多数青年而言,大学阶段是走向社会的过渡,美国学校以课程教学、课外活动和校园文化影响青年的人生价值观,通过多样化的教学策略和教学方法,使青年在知识学习和实践体验的过程中树立明确的人生理想,并从当下起为实现理想而付出努力。

1. 课程教学的人生价值观教育

美国学校坚持以学生为主导的教学法,如基于项目的学习。如果不关注课程内容,他们可能会给人留下这样的印象:培养学生的人生理想与让学生参与一项事业是一回事[1]。美国学校的青年人生价值观教育蕴含于广泛的课程教育之中,课程教学同样是对青年进行人生价值观教育的重要阵地,比如通识课程、专业课程和实践课程。

第一种是通识课程。美国学校开设通识课程,面向全体青年开展普遍的人生价值观教育。在经历了 20 世纪 60 年代多元价值观激荡的洗礼后,美国通识教育将引领全体青年形成价值共识放在重要地位,"把国家公民的塑造作为价值期待的出发点"。[2] 通识课让青年在掌握自然科学知识和美国人文社会知识的基础上,树立积极的人生价值观和亲社会的人生理想。

第二种是公民教育专业课程。为了培育更多能进行公民教

---

① Heather Malin, *Teaching for Purpose: Preparing Students for Lives of Meaning*, Cambridge, Massachusetts: Harvard Education Press, 2018, p. 177.

② 蔡瑶《价值观教育与大学责任——基于对美国大学通识教育变迁的研究》,载《高教探索》,第 12 期,2019 年,第 76 页。

育的专门人才,美国学校设置了价值观教育的专业课程。美国高校不在本科阶段而在硕士、博士研究生阶段进行具体专业课程的设置,以此培养国家未来从事公民价值观教育的主力军,承担青年人生价值观教育理论与实践研究、在各级学校中开展价值观教育教学与实践、价值观规划设计与实践指导、学生心理辅导和课外活动辅导、学生事务管理等具体工作,①在具体的研究活动和实践活动中间接或直接干预青年的人生价值观选择。

第三种是服务学习课程。从 20 世纪末开始,服务学习逐步发展成为美国学校的必修课程,几乎覆盖美国所有学校。与课外活动中的人生价值观教育发挥作用的方式不同,作为一门课程,服务学习强调活动要回归课堂,教育者通过组织学生在课堂中对活动进行反思,对其进行价值引领。

2. 课外活动的人生价值观教育

课外活动是指在课堂学习之外的非学术性活动,能使学生在社会实践中体悟与践行人生价值观。在实践和认识的循环往复中,青年对人生的理解能够不断深化发展。"课外活动通过提供一个安全的环境来探索个人兴趣、信仰和价值观,为个人学习和发展提供了机会。"②对美国青年来说,课外活动能够磨砺个人成功所需要的品质。有研究表明美国企业"大多数雇主需要的能力不是

---

① 蒋菲《新世纪美国高校道德教育的"专业性"课程研究——以美国斯坦福大学和哈佛大学为例》,载《东北师大学报(哲学社会科学版)》,第 2 期,2014 年,第 152 页。

② Christian Berger, Nancy Deutsch, Olga Cuadros et al., "Adolescent Peer Processes in Extracurricular Activities: Identifying Developmental Opportunities", *Children and Youth Services Review* 118(2020), p.2.

学会的,而是在课外活动中培养起来的"。① 美国大学与雇主协会(National Association of Colleges and Employers)在 2020 年进行了一项调查,发现大多数雇主希望应届毕业生拥有团队合作能力和解决问题能力等软技能,而不仅是优异的成绩。正如美国著名学者德洛什(Edward F. Deroche)所言:"学校的课外活动能够帮助学生体验和践行自律和自爱、合作与团队精神、尊重与责任感、归属感与奉献精神等道德价值。在许多情况下,课外活动计划有助于学生实践和运用共识性价值,以及发展良好品格特质。"②美国学校中拥有人生价值观培育相关内容的课外活动主要有政治参与型课外活动、社会服务型课外活动、文化认同型课外活动。

（1）政治参与型课外活动

人生价值观教育是为培养合格的美国公民服务的,美国公民首要的价值观便是对美国的政治认同。政治参与型的课外活动旨在培养青年的政治素养与政治认同,使青年成长为国家发展和民主社会进步所需要的、能够积极参与政治生活的合格公民。美国学者安·科尔比(Anne Colby)明确界定政治参与不同于社区服务、公民活动,有着鲜明的政治指向,其宗旨符合人生价值观教育的政治价值需要。通过政治参与型课外活动进行人生价值观教育主要有学生社团活动和主题庆典仪式两种类型。美国学校

① Yan Keung Hui, Lam for Kwok and Horace Ho Shing Ip, "Employability: Smart Learning in Extracurricular Activities for Developing College Graduates' Competencies", *Australasian Journal of Educational Technology* 2(2021), pp.171-188.

② Edward F. Deroche, Marry M. Williams, *Education Hearts and Minds: A Comprehensive Character Education Framework*, Thousand Oaks: Sage Pubns, 1998, p.74.

大多鼓励与支持学生社团发展,因此在美国各类学校都有为学生提供政治参与机会的社团组织。各大学校的学生会便是典型的代表。美国学校的学生会是学生群体的权利组织,服务全体学生并代表学生行使一切权利,拥有自己的资金来源,独立于学校组织。学生会关注学生们在学习和生活中的利益,并能就一些重大问题提交给校长,请校董事讨论决策。有些学校还会成立专门的政治团体,与周边社区的政治组织或国内政党紧密联系,会定期举行志愿活动、选举推动、主题演讲等政治行动。

另一种是学校举办、学生参与的主题庆典活动。美国学校在国庆日、校庆日、入学日、毕业日等都会举行相应庆典活动。其中最为典型的是毕业典礼。美国学校毕业典礼往往会请社会各界名流来发表毕业演讲,以政界代表、著名公司 CEO、演艺界人士、诺贝尔奖得主等重磅嘉宾尤甚。传统黑人大学(Historically Black Colleges and Universities)在 2020 年毕业季因新冠疫情暴发而举办线上虚拟毕业典礼,奥巴马向该校全体毕业生发表线上致辞。

(2)社会服务型课外活动

社会服务型课外活动是指具有社会服务功能的青年实践活动,青年能够在服务社会的过程中感受人生意义和人生价值。与服务学习课程相比,两者都强调青年通过社会服务的形式进行学习,但是社会服务型课外活动的历史更为悠久。这是一种经验教育模式,以 20 世纪初实用主义教育家杜威"将公民责任植根于真实的情境中的学习和体验"的理念为基础,通过组织青年参与各种社会志愿服务、社区服务,丰富青年的生活经历,增强学习体验,具有真实性、反思性、互惠性等特点。大量研究成果表明社会服务活动天然具有教育功能,能够促进青年道德发展和人格完善,因此受到美国政府和学校的重视,20 世纪 80 年代中后期在政府的指导和干预下成为学校选修或必修的服务学习课程,从而促进青年更多地参与社会服务,社会服务便也成为他们课外活动的重要组成部分。从本质上看,社会服务型活动本身对青年的教育功能使其成为价值观教育体系中的一部分,学校开展服务学习课程加强了这一活动的教育功能,并未改变青年在社会服务型活动中学习的模式。

美国政府和学校设置了指导青年开展社会服务的组织。全美服务学习中心(National Service-Learning Clearinghouse)是指导全国服务学习的专门机构。菲利普斯·布鲁克斯房屋协会(Phillips Brooks House Association,简称 PBHA)是哈佛大学最大的学生组织之一,成立于 1904 年,包含 86 个服务学习项目,致力于改善当地社区现状,提升青年的公共意识。此外,PBHA 有两个由学生运营的无家可归者收容所,一个是存在于 1983 至 2011年的"哈佛广场流浪者之家"(Harvard Square Homeless Shelter);一个是 2015 年开放的 Y2Y 哈佛广场,是美国第一个流浪青年收容所。斯坦福大学的哈斯公共服务中心(Haas Center for Public Service)整合了 40 多个服务学习组织及教职工创立的机构,为学生的社会服务提供平台。自新冠疫情暴发以来,斯坦福大学哈斯公共服务中心迅速修改了其项目和服务,并根据变化的环境,开展一系列远程服务项目。为了应对疫情带来的挑战,一个学生服务小组与圣何塞市合作,分析公共卫生命令的有效性,目的是根据情况变化不断改进抗疫战略。现在该市的应急行动委员会还在使用该服务小组的分析成果。来自机械工程专业的学生设计了一种改善脑瘫儿童步态的设备,还有一些学生则为印度农民设计了摄像机和机器学习系统。学生们通过远程咨询社区合作伙伴的需求来完成最终的设计。

(3)文化认同型课外活动

文化认同型的课外活动旨在促进不同文化背景的大学生互相认同,彼此融合。美国是一个移民国家,有着多元文化,不同少数民族和不同肤色的青年在大学校园中占有很大的比例。在多元文化中对自身的认可与对他人的认可能够促进学生对自我人生发展定位的认知,在美国复杂的文化背景下,青年拥有良好的多元文化适应性能够促进人生理想的实现。

学校会开展多种形式的课外活动来教育青年树立种族平等意识,反抗性别偏见,培养青年的全球意识,从而促进多元文化的融合。有些学校会要求学生提前了解本学校的历史和传统,增强学生的学校归属感,鼓励学生发现并欣赏民族、种族和文化差异。还有些学校会开展各式各样的宿舍活动,通过茶会、聚会、体育活动、专题讨论小组、多元文化主题宿舍等进行多元文化教育,推动学生快速融入学校的多元文化环境。此外还有一些不以文化认同为主要目的的课外活动在开展的过程中起到了强大的文化融合功能和精神品格涵养功能。如学校范围内的体育赛事或地区范围内各式各样的体育联赛,在注重学生体育发展的过程中,能够发扬体育精神、培养学生团队合作的精神,培养学生的自律、恒心、毅力等品质,提升学生的心理素质。如北爱荷华大学为了鼓励不同肤色的学生参与各种体育活动和竞赛,提出了"希望你会带来不同"的口号。

3. 校园文化中的人生价值观教育

美国学校在努力改善学校的社会和情感氛围,并提供条件,支持学生和教师建立更积极的关系。越来越多的教育工作者在他们的学校里优先考虑人际关系,并努力创造一种"最佳的课堂氛围",其特点是最小的冲突和干扰、平稳的过渡、平等的交流、关注和响应每个学生的需求。学校相关研究表明,学校可以从四个方面塑造氛围,这些方面在提供积极和健康环境的学校中具有以下品质:第一,学校里的人在社交、情感和身体上感到安全;第二,教学质量高,与现实生活相联系,引人入胜,承认学生多样性,并持续改进评估;第三,积极,合作,尊重多样性的人际关系;第四,环境干净宜人,教学硬件充足,支持课程和课外活动。[①] 除了课程教学与课外活动,从表面上看,校园文化由学校主导设计,彼此间具有差异性,但又统一于整个美国文化之中。因此校园文化是主流社会文化体系中的亚文化,不同学校的校园文化具有独立性,但是均反映了美国主流文化。美国校园文化以课程教学、课外活动、相关制度等为载体,在学校的干预下被有目的地塑造出

---

① Heather Malin, *Teaching for Purpose: Preparing Students for Lives of Meaning*, p. 102.

来，对青年进行潜移默化的价值影响。正如东卡罗来纳大学领导
与公民参与中心主任丹尼斯（Dennis）所言：“学生所处的文化是
其成长、发展和参与变革体验的基础。”[①]按照校园文化的构成的
主要分类法，在此我们将校园文化分为校园精神文化、校园物质
文化、校园制度文化。

（1）校园精神文化

校园精神文化体现为学校文化传统、价值共识、道德风尚、心
理倾向等文化氛围，在校园文化中处于核心地位。美国校园的精
神文化集中体现为学校的办学理念和治校精神。每所学校都有
独特的文化观念，一方面，学校的办学理念和治校精神凸显了学
校成立之初对当时社会中要解决的问题的回应，另一方面，学校
的不同精神文化是在长期历史发展中形成的带有本校特色的群
体意识和共同追求。在解决社会现实问题的过程中形成的精神，
也深刻影响着学子的人生态度与追求。学校独特的办学理念和
治校精神直接体现在校训上。美国学校的校训一般为几个词语
或者一句话，是学校价值理念的凝练。总体上看，美国的校训都
倡导自由、追求真知或服务社会。斯坦福大学的校训是“让自由
之风吹拂”，普林斯顿大学的校训是“为国家服务”，霍普金斯大学
的校训是“真理让人自由”，哈佛大学的校训是“与真理为友”，耶
鲁大学的校训是“光明与真理”，加州大学伯克利分校的校训是

---

① Dennis McCunney, "Shaped by Campus Culture: Intersections Between Transformative
Learning, Civic Engagement and Institutional Mission", *Journal of Higher Education Outreach
and Engagement*, no. 21(2017), pp. 61 - 68.

"愿知识之光普照大地"。学术自由是美国高校校园精神文化的灵魂。

（2）校园物质文化

校园物质文化主要表现为物质实体文化，是校园精神文化的载体，包括校园建筑、校园景观、校园雕塑、校园绿化、硬件设施、科技产品等，是青年对校园文化的第一印象，也是日常能够直接接触到的校园文化。校园中的一砖一瓦都蕴藏着丰富的信息，不同的建筑承载的文化不同，体现的信念也不同。龟山社区学院的建筑设计体现了美国的土著文化，105 000 平方英尺的建筑物被设计成一只能呼风唤雨的抽象的巨鸟形象，并通过整个建筑颜色和布置体现部落传统。学校门前竖立 7 根环绕的圆柱，每根上写有奇佩瓦地区的传统价值：智慧、爱、尊重、勇敢、诚实、谦虚和真理。在夏威夷卡皮欧立尼社区学院，自学院 20 世纪 80 年代迁到该岛，全部设施都结合了夏威夷的特色，到处体现出这个岛屿的文化。[1] 被誉为"山区里的一盏明灯"的教学型州立大学——莫尔黑德大学，学校在中心地带的草坪上精心设计并建造了一座金碧辉煌的钟楼，钟楼的四面分别写着"正义、智慧、爱心、服务"，充分展示了学校追求的道德价值观。此外，校园的现代化基础设施也是美国校园物质文化的特点之一，尤其是一流大学十分重视学生活动中心和艺术展览厅的建设，并会向当地社会开放，所以，它们

---

[1] Anne Colby, Thomas Ehrlich　Elizabeth Beaumont et al., *Educating Citizens: Preparing Americans Undergraduates for Lives of Moral and Civic Responsibility*, San Francisco: Jossey Bass, 2010, pp.243-246.

不仅是本校特色,也是当地的社会文化的标志。如休斯顿大学的运动场馆依靠其先进的设施成为该州的体育活动中心。

（3）校园制度文化

制度文化包括学校的组织结构以及校园内的各种规章制度,如教学科研的规章制度、组织管理规范条例、学生行为准则和要求等等。制度文化反映了学校的办学理念,在发挥规范作用的同时,对师生进行导向和调控,在学校的运行和发展中起到举足轻重的作用。美国学校制度文化有鲜明的以学生为中心的特点。为了适应追求自我价值实现的个人主义价值观的教育,美国校园文化中有"以'平等有序'为导向的管理文化"[①]。美国学校在日常的学生事务管理中坚持"以学生为中心",始终为了"学生发展"而"服务学生"。学生作为独立平等的个体能够参与到学校事务的管理工作中。美国学校在管理方式上实行董事会、教授（教师）委员会和校长的分权管理,分别负责制定政策、学术和行政事务。学生可以通过选举成为学校理事会成员,在涉及学生利益的事务上享有发言权。如美国印第安纳州大学出售农场给一家废品公司的行为引起了部分学生的不满,这件事引起了学校理事会的重视,理事会后来做了深入调查与分析。校园制度文化是学校培养目标的再现,以制度文化的形式引导青年的理想追求,为学校各项活动有序进行提供了保障。

---

① 柏路《新时期美国高校道德教育的校园文化途径研究》,载《东北师大学报（哲学社会科学版）》,第 2 期,2014 年,第 143 页。

（二）践行三位一体、自主探索教育模式

美国的青年人生价值观教育不仅是学校的任务，宏观层面的政府、中观层面的社会和微观层面的家庭也在发挥各自的育人作用。美国的青年人生价值观教育在政府的宏观设计下形成了学校、社会、家庭多元主体相互协同的模式。学校在人生价值观教育中居于核心地位，社会和家庭也通过不同的机制发挥不同作用，与学校协同育人，共同实现对美国青年的人生价值观教育。

1. 社会支持

对青年的人生价值观教育不能局限于校园中的课堂教学、课外活动和校园文化，让他们走出校园，在社会实践中建立正确的道德观念，树立正确的人生价值观，为未来走向正确的人生道路打好基础显得尤为重要。社会和学校的协同合作为美国的青年人生价值观教育提供了另一种可能。社会和学校协同培育美国青年人生价值观，根据协同对象的不同可以分为社区与学校合作、企业和学校合作。社会与学校的协同培育主要依托学校学生服务学习等平台进行。

（1）社区与学校建立友好合作关系

社区是美国青年成长环境中最为重要的社会组织。社区与学校建立友好的合作关系，能够为青年提供最贴近生活的社会实践平台，对青年人生价值观教育具有重要意义。建立在坚实的伙伴合作关系基础上的优质服务学习对所有参与者都有益。对参

加社会实践的青年而言,在服务学习中能够使自己将在课堂所学的理论知识应用于实践,从而促进认知发展,还能使自己的社会实践能力得到锻炼。对社区而言,与学校建立合作伙伴关系能够促进社区现实问题得到有效解决。对学校而言,广泛开展社会实践活动能够推动传统师生关系的转变,使师生关系不再拘泥于传统的知识传授与学习,更多表现为一种平等的交流对话关系,不仅能够推动校园的民主环境的建立,还能提高学生培养的质量,促进青年成长为对国家和社会发展有用的人。青年在参与学校与社区合作伙伴关系构建的过程中能够提高对社会的认知,找准自己的定位,并在完成服务集体且具有重大实践意义的事务的过程中感受自我实现的个人价值与服务集体的社会价值。

（2）企业与高校的"产—学—研"合作教育

美国高校与社会协同,通过社会实践培育青年人生价值观的另一个显著特点是与企业界的密切合作鼓励青年进行创业实践。美国的很多企业尤其是财力雄厚的大公司非常重视与高校的合作,"产—学—研"合作教育的模式使企业获得了科技创新、产业升级、产品改造、提升创新能力的机会。而青年也可以借此机会参与企业科研、企业生产、企业管理,累积社会实践经验。

企业对青年实践活动的支持分为直接支持和间接支持两种。企业的直接支持表现为直接的职业指导。青年在参与企业组织的学习和实践活动的过程中,接触到的是实际的管理经验和技术,能够开阔眼界,拓宽职业认知,对其人生道路的规划有深刻而积极的影响。在企业发展与高校育人相互促进方面,最成功的案例是斯坦福大学和硅谷的合作。硅谷的雏形是 1951 年斯坦福大学创建的斯坦福研究园,是美国历史上第一个由高校创办的高新技术工业园区。斯坦福为园区的工作者提供继续教育的平台,同时也鼓励自己的毕业生在园区创业。随着园区的发展,越来越多的企业在园区落户,斯坦福大学也与更多企业有了合作。斯坦福在硅谷成立了众多研究中心,它们是大学最新信息流向产业的渠道,能够提高企业产品的技术水平和竞争能力。另一方面,由于科研成果能够很快转化为产品,这也反向刺激师生提高自身水平,使自身价值更加适应社会发展的需要。这些企业文化与企业理念也影响着斯坦福大学学生的人生价值观。大量学生毕业后走进硅谷,创造了更大的社会价值。如惠普公司的创始人威廉·休利特(William Hewlett)和戴维·帕卡德(David Packard)就是斯坦福的毕业生,也是硅谷最早的创业者。在过去的几十年里,这类斯坦福出身的企业家成为了硅谷的中流砥柱。[①] 此外,企业还可以通过提供青年社会实践活动所需的资金、场地,起到支持高校育人的作用。

（3）校友对学校的多维反馈

在美国学校,校友是特殊而重要的存在。校友作为紧密联结学校的社会群体之一,是学校建设和发展的重要资源,也是影响青年人生价值观的重要因素。校友是指曾在一所学校接受过各种层次教育和培训的不同类别的学生,也包括在学校工作过的教

---

① 董美玲《"斯坦福—硅谷"高校企业协同发展模式研究》,载《科技管理研究》,第 31 卷,第 18 期,2011 年,第 64 页。

职员工,还包括那些认同学校文化,长期关心、支持学校发展并努力为学校做出积极贡献的相关个人和群体。青年时代是人生观、世界观、价值观初步形成的时期,学校的理念、精神、文化氛围及育人模式深刻影响着校友的人生。因此,校友是青年人生价值观教育的成果,经过精心选择的校友也由此成为学校的青年人生价值观教育的重要资源。

校友与学校的合作育人主要体现在物质和精神两个方面。在物质层面,校友的捐赠为学校发展带来资金。美国纽约大学前校长布鲁斯·约翰斯通(Bruce Johnstone)认为高校的成本分担者为政府与纳税人、学生家长、学生个体、机构或个人捐赠者。可见,"高等教育经费有多种多样的来源,而社会捐赠通常是筹措教育经费的一种重要渠道,现在已经得到越来越多的关注和重视。校友捐赠作为社会捐赠的重要组成部分,是美国众多大学办学的重要基础"。[①] 2017 财年,美国各高校获得的捐赠总额高达 5 983 亿美元(约合 4 万亿人民币),仅哈佛大学便获得高达 371 亿美元的捐赠。[②] 校友捐赠额与高校的知名度有很大的关系。捐赠额排名前 6 的大学占获捐总额的 25%,捐赠额排名前 25 的大学占获捐总额的 50%,排在 60 名后的大学捐赠额远不及前 60 名的大学。由此可见,校友捐赠虽然是常见的人生价值观教育的资

① 程军,李京肽,王舒涵《美国大学校友文化建设研究及其启示》,载《西南交通大学学报(社会科学版)》,第 18 卷,第 5 期,2017 年,第 11 页。

② 《哈佛大学独占鳌头,美国大学获社会捐赠排名出炉!》,载搜狐网,2020 年 5 月 7 日,https://www.sohu.com/a/393455514_99949452(访问于 2022 年 6 月 6 日)。

源,但是存在分布不均衡的问题。

在精神层面,校友与学校合作的育人功能体现在三个方面。第一,同企业与学校合作相似,校友会为在校学生带来行业内最前沿的信息,如科技信息、人才信息、经济信息及市场信息等。通过加工整理这些信息,使其成为学校发展的重要资源,从而为青年提供更多的发展机会,让其毕生发展规划更加符合美国当下社会发展的要求。第二,校友在步入社会后,积极发挥所学,克服各种困难,实现自我超越,最终获得成功,成长为社会发展中坚力量。校友们积累的成功经验为在校生提供了现实版的学习教材,也成为了母校宝贵的精神财富和文化资源。第三,受到感恩文化的影响,让校友重返校园,回报学校。这种对母校的感恩之情能影响在校生,无形中向学生传达了感恩的人生价值理念。校友不仅为学校带来人脉和社会资源,在回馈学校、回馈社会的过程中也实现了自我价值。美国学校,尤其是私立学校在校友的支持下也不断发展,丰富了人生价值观教育资源,形成了相互促进的关系。

2. 家庭配合

父母是孩子的第一任老师,家庭是孩子的第一所学校。美国教育系统有着成体系的家校协同育人模式。美国青年进入大学阶段之后大多便已经到了成年时期。在美国个人主义和独立精神的影响下,美国大学生教育以往与家庭没有太多联系。因此,在大学阶段,家庭教育能发挥的作用是很有限的。家庭教育对青年人生价值观的影响主要体现在他们的青少年时期,因此家庭与学校的协同是间接的,具体表现为学校与家庭的联合具有一定的时间差,高校作为研究智库,会深入研究家庭教育问题,其研究结论可以应用于少年儿童时期的美国学生,从而产生人生价值观培育的效果。从家庭协同实践样态来看,社会与家庭协同培育青年人生价值观是学校培育工作的重要补充。家庭协同是通过社会服务实现的,并且家庭是社会服务的重要领域。提供家庭教育服务的机构类型可以分为以下五种。第一是政府机构,联邦政府卫生与民众服务部下设儿童与家庭管理委员会,通过与各级行政单位合作推出相关实践项目;第二是学术机构,学校与科研机构会为更好地开展科研活动而提供家庭服务,同时将研究成果应用于实际的服务;第三是一般性非政府家庭服务机构,如建于1953年的美国家庭服务协会;第四是从事家庭服务的慈善机构,如美国妇女、儿童和家庭服务慈善机构;第五是针对特殊宗教和种族的家庭服务机构,如美国家庭协会、专门为天主教家庭服务的机构、专门为拉丁裔服务的机构。

(三) 提供多元性与灵活性制度保障,强化自我实现与社会参与

为了保证美国学校的价值观教育工作与各项教育活动能够顺利开展,学校在行政管理、教学大纲和评价体系等领域做出了明确的安排,为美国学校人生价值观教育提供了制度保障。

1. 行政管理中的人生价值观教育

英国《道德教育》(*Journal of Moral Education*)杂志主编莫

妮卡·泰勒(Monica Taylor)曾说价值观深深嵌入学校的结构、管理、政策、语言和各种关系中。"在管理中承载价值观教育,是美国高校价值观教育和强化的一大特点。"①除了学术部门,行政部门是学校的另一重要部门,维持着学校的日常运行。美国学校行政管理人员在日常工作中对青年展开人生价值观教育体现在学校政策制定和职能运行两个方面。

学校政策指明了学校开展价值观教育的总体方向,是学校价值观教育制度化的重要保障。学校政策制度分为宏观制度与微观制度,在价值观教育的过程中起着指导、服务和规范的作用。

学校宏观政策对青年人生价值观教育的影响体现在两方面。一是学校宏观政策制度联结着社会发展对人才的需要以及学校自身的发展方向。"学校的价值观反映了社会、教育系统、国家课程、视察和评价的价值观与结构。"②学校宏观政策不仅是学校开展各项教学活动的依据,更是青年规划自己人生的指南。二是学校宏观政策在对学校整体发展进行"一盘棋"式的规划时,明确了价值观教育在学校整体各项事业发展中的重要地位。为促进青年最终成功,2018 年,印第安纳大学-普渡大学印第安纳波利斯联合分校(Indiana University-Purdue University Indianapolis,简称IUPUI)出台了"IUPUI 本科生学业成功准则"(Prolfiles of

---

① 武淑梅《当代美国大学生价值观教育研究》,中国地质大学(北京)博士论文,2020 年。
② ［英］莫妮卡·泰勒,万明《价值观教育与教育中的价值观(上)》,载《教育研究》,第 5 期,2003 年,第 35 页。

Learning for Undergraduate Success: IUPUI＋)。"准则"设定本科生学业成功的前提是具备沟通能力、解决问题能力、创新能力和社区贡献能力。这些能力背后的具体要求折射出了个人主义、自由、平等观念是美国青年确立美国主流人生观的重要元素。其中社区贡献能力要求"不仅有个体责任、自我意识、公民参与感，并且善于观察外部世界，了解社会和生存环境的需要"。这明确指出了青年在思考人生价值与意义的时候要着重处理好个人与社会的关系，不能轻视其中任何一个维度。

学校微观政策是在行政管理一线工作场域要求全体成员共同遵守并执行的行为规范和操作程序。在宏观政策的指导下制定的微观政策更加具体、规范，更加贴近青年人生价值观教育的实践，既反映宏观政策的原则性要求，又反映教师教育、学生学习的现实情况和要求。同样是 IUPUI，在"IUPUI 本科生学业成功准则"的指导下，与学生直接对接和交流的管理部门——学生事务处（Division of Student Affairs）颁布了《学生权利、责任和行为准则》（Code of Student Rights, Responsibilities and Conduct）。这一准则由学生享有的权利和自由、学生要承担的责任和义务以及违反规定的处理办法三部分构成。IUPUI 的每个在校生都有责任阅读和理解准则中的所有规定，这是他们在校期间学习和生活的重要指南。其中对于责任和义务的规定是学生对生活自由规划的限度，在日常生活中就不断强化这种规则意识，进行有限度的自由规划。

学校教师的职能运行为学校宏观和微观政策发挥人生价值

观教育的功能注入了灵魂。政策之所以能发挥人生价值观教育的功能，关键在于落实政策的人。要确立青年对人生的积极认知，需要教师自我行为的融入。同样地，要传递给青年公正、平等、自由的人生观，就要营造出公正、平等、自由的环境，使青年感受到公正、平等、自由。IUPUI在《学生权利、责任和行为准则》第三部分关注的焦点在于倘若教师或行政人员侵犯了学生的权利，学生事务处有义务按照第三部分规定的程序帮助学生解决问题，倘若学生违反了第二部分所列的任何行为准则，学校也必须按照第三部分规定的程序给予学生合理的处分。教师和相关行政人员在执行政策的过程中能否真正公正对待每一个学生，能否真正平等对待学生和教师，事关学生对准则的信任，更为重要的是事关学生对所接受的人生价值观教育的信任。

2. 教学大纲中的人生价值观教育

课程教育是美国学校开展价值观教育的重要途径，也是开展人生价值观教育的关键。美国学校教学大纲明确规定了价值观教育的目标，人生价值观在其中占较大比重，主要体现为知识目标和情感目标的确定。

教学大纲课程的首要目标是知识。知识是客观事物属性与联系的反映，是客观事物的主观印象，主要包括人类生存不可或缺的核心知识和学科基本知识，具有客观性、中立性、普遍性和一致性等特征。按照马克斯·韦伯（Max Weber）的观点，从实践意义上来看，在复杂的社会关系中，事实与价值不可能完全分离，彼此之间实际存在着可通约的关联性。[①] 在一定的知识基础之上树立人生价值观,才能使青年真正将教师传递的人生价值观内化于心。IUPUI坐落在美国印第安纳波利斯市的中心,该街区段的居民以黑人群体为主,最突出的社会问题是不平等问题,比如,种族不平等、性别不平等、教育不平等、医疗不平等、收入不平,等等。青年的人生价值观一般建立在社会经验之上,因此在这样的条件下青年不相信有"平等"存在。为此,IUPUI社会学系教学大纲的课程知识目标在于希望青年能够通过课程学习正确、理性地认识、理解、剖析美国的经济模式、政治权利、社会结构、多元文化等与当前社会中存在的不平等现象之间的深层关系,从而探索实现平等的路径。IUPUI社会学系的教师直面现实,围绕社会上的不平等问题展开自由民主的商议和讨论,开设了一系列相关课程,如"社会学概论""社会理论""性与社会""性别与社会""宗教社会学""犯罪学""家庭与社会"等。[②]学生们通过学习专业知识认识到"不平等"是一种社会现象,而社会并不应该这样。因此青年对"平等"的质疑转变为了对"平等"的追求,"平等"也作为重要的人生价值观融入青年的价值观念,影响他们今后对社会、对人生的看法。

课程目标中的情感目标是指人对客观事物是否满足自己的需要而产生的内心体验,主要指一个人的情感指向和情绪体验,具体表现为快乐、伤心、激动、厌恶、愤怒等。情感是内心世界的

---

① [德]马克斯·韦伯《社会科学方法论》,韩水法、莫茜译,商务印书馆,2013年,第52—69页。

② 武淑梅《当代美国大学生价值观教育研究》。

外显方式,也是个人价值观的体现。人生价值观中,心态是重要内容,而情感会对青年的人生价值观产生积极或消极的影响。如IUPUI 社会学系教学大纲的课程情感目标在于培养青年具备良好的人文素养和科学素养,具备勇于创新、主动探究、团结合作的精神,具备调节和协调自身情绪的能力,希望激发青年的学习动力,达到塑造理想人格、培养社会所需合格人才的目的。[①] 不同教师在讲授不同课程时对教学大纲中的情感目标有不同的表达与侧重。戴夫·斯特朗(Dave Strong)教授在其"社会学概论"教学大纲中强调培养青年勇于创新、敢于探索的勇气和信心,充分发挥个人自主性、彰显个性。凯伦·莫妮克·格雷格(Karen Monique Gregg)教授的"性别与社会"课程的目标为培养青年的人文素养和科学素养,这就要求青年善于探索世界,发现世界的真、善、美。可见教学大纲虽然对美国学校价值观教育的目标、内容、教学法做了明确的规定,但由于学校教师在校园中的特殊地位决定了他们可以自己选择教学形式,难免对教学大纲要求进行调整和阐发,即便如此,其最终指向都是培养青年积极向上的精神状态。

3. 评价体系中的人生价值观教育

美国学校对人生价值观教育的评价是对照价值观教育目标中的人生价值观教育要求,对青年的人生价值观水平进行测量。人生价值观教育具有阶段性和连续性相统一的特点,人生价值观

---

① 武淑梅《当代美国大学生价值观教育研究》。

评价是一个教育阶段进入下一个阶段前的最后一步,不仅能检验学校人生价值观教育成果,还能在人生价值观教育的下一个阶段起到反馈与引领作用。人生价值观是非强制性的,每个人都有独特的人生价值观,但是美国完备的判例法体系对人生价值观的最低标准划出了红线,对违反公序良俗的行为进行警示,因此,美国学校人生价值观教育的评价结果是下一阶段教育的参考,不会对学生的毕业产生影响。整体而言,美国人生价值观教育的评价体系像一架精密的仪器,评价主体、评价内容、评价工具等是"精密仪器"的部件,这些部件得到了制度化的安排。

首先,评价主体多元化。评价采用外部评价与内部评价相结合的方式进行。外部评价一般由美国教育部授权外部评估机构进行,主要包括政府组织和社会机构。其中,联邦政府和州政府会提供经费对学校课程评价进行监督。《高等教育法案》规定所有接受联邦资助的高校都必须向教育统计中心提供数据支撑。政府因此能够根据评价数据为高校通识课程中的人生价值观教育提供改进建议和措施。社会组织也在美国高等教育评价中具有十分重要的作用。如美国高等教育评估委员会划分了6个地区,从通识教育的目标出发,从深度和广度两个维度对各个高校的通识课程进行评价。内部评价由学校评估委员会负责,几乎所有高校都有自己的评价体系。学校评价委员会的职能分布范围较广,既要从学校的办学条件、教育目标、教学条件、学习成果、学校影响力等多个方面对学校进行整体性评估,又要跨学科、跨院系组织对学生的学习成果进行综合性评估。对课程教学的评价是学校整体评价的一部分，对人生价值观教育的评价又是课程教学价值引领作用评价中的一部分。如最早投身于学生学习成果评估改革的几所高校之一的艾维诺大学，其综合测量评估中心设定了青年应该具备的 3 项核心能力：有效的沟通能力、分析能力、解决问题能力、价值判断能力、有效地和社会互动的能力、有效的人际关系、国际眼光和审美能力。[①] 这些能力是构建青年价值观的重要影响因素，而运用众多有待评价的能力，将所学的知识、技能和价值观念应用于职业规划和个人生活，是人生价值观教育成果的重要内容。

其次，评估内容体系化。对人生价值观教育的评价既包括评价青年学习的成果，也包括评价教师教育的效果。在如何定义青年学习成果的问题上，各学校都有自己的标准。从青年学习知识的深入程度来看可以分为知识、能力和价值观三个部分。人生价值观教育的目标是青年树立一定的人生价值观，并将其应用于职业规划、学术研究、个人和社会生活。美国高等教育协会所强调的学习成果一方面包含课业知识、能力，另一方面还包含影响青年专业学习和社会行为的价值观念、人生态度、心理习惯等。在知识、能力和素质相结合的整体评价指标中，人生价值观属于道德和社会责任感等素质衡量的范畴，很难用数字化形式呈现，因此需要通过软性评估来实现。除了对受教育者学习成果的评估之外，对教育者的评价也是主要评价内容。在以课程教学为载体

① Sims S. J., *Student Outcomes Assessment: A Historical Review and Guide to Program Development*, New York: Praeger, 1992.

的价值观教育过程中,教育者始终起主导作用,占据主导地位。对教育者的评价主要分为职前评价和职后评价两个阶段。职前评价主要是在课程设置的过程中针对人生价值观教育具体课程对授课教师进行评价和选择。

最后,评价工具精细化。美国学校对人生价值观教育评价工具的精细化涉及多个方面,主要包括以下几点内容。一是明确人生价值观教育的目标和指标,以便进行有效的评价和监测。这些目标和指标应该包括青年的道德、社会责任感、领导力、批判性思维等方面,同时需要考虑到不同专业和文化背景的青年的差异性。二是建立有效的数据收集和分析机制,以便获得准确、全面的评价数据。为此,学校需要制定调查问卷,采用观察和访谈等多种评价方式,建立科学的数据分析模型,以便深入挖掘青年的人生价值观。三是针对评价结果不断改进和优化人生价值观教育的教学方法和策略。例如,通过实践教学、社会服务和志愿者活动,提高青年的社会责任感和领导力;通过课程设置和辅导活动,增强青年的道德、价值观念和批判性思维等。四是为教师提供培训和支持,以便他们能够更好地实施人生价值观教育,包括提供课程设计和教学方法的培训,提供评价工具和技术支持,建立学生评价和反馈机制等。

三、共通性特征与独特性探索

教育是为国家发展培养人才的重要途径,人生价值观教育意在提升青年道德水平,培养国家栋梁。青年人生价值观教育因本国教育发展实际情况,在实践中采取的教学理念、培养内容具有明确针对性。我国青年人生价值观教育始终坚持立德树人这一根本任务,培养德智体美劳全面发展的社会主义建设者和接班人,坚持立足于中华优秀传统文化,坚持中国特色价值观教育。美国在多年的发展中也已经形成了一套符合美国社会发展要求、维护美国意识形态的青年人生价值观教育模式。人生价值观教育是凸显国家意识形态的价值观教育,其教育宗旨是培养人才。因此,对人生价值观教育实践模式进行探索,充分关注人生价值观教育实践模式中的共通性特征和独特性探索,总结经验,才能构建符合我国教育实际情况的教育实践模式,提升与发展我国人生价值观教育。

（一）导向规制与多元自主的教学理念

人生价值观教育教学理念代表着国家的内在精神品格与意识形态,教学理念影响着人生价值观教育实践模式的实践路径、运行模式以及保障制度的实施。通过研究可以看出,青年人生价值观教学理念主要体现在教育的价值导向和教育组织形式上。

1. 价值导向方面

人生价值观教育实践的核心是向青年传递特定的价值导向。我国始终坚持办好人民满意的教育,立足于中华优秀传统文化,坚持以人民为中心发展教育。党和国家在人生价值观教育中发挥着重要的引领作用,进行人生价值观教育是为了向青年传递社会主义本质属性,为了促进青年形成健全的人格,并服务国家、服务社会。充分尊重青年主体,实施科教兴国、人才强国战略。因此,在人生价值观教育的价值导向方面,我国重点强调社会的共同价值,重点培养德才兼备的高素质人才。美国是资本主义社会,其人生价值观教育始终带有资产阶级个人主义性质,并服务于资产阶级。美国的人生价值观教育最终是为了社会个体利益的最大化。

2. 组织形式方面

社会教育是培养青年人生价值观的重要力量,引导主体以及教育核心价值观念决定了人生价值观教育的组织形式。我国人生价值观的社会实践等课外活动主要由政府引领,学校负责具体的组织和推动,具有鲜明的学校特色。我国青年人生价值观教育主要依赖学校组织,由学校指导老师以及部分专业老师参与指导。我国社会实践主要由学校相关部门负责组织实施,青年参与社会实践所需的资金以学校投入为主,社会个人投入为辅。我国政府组织以及学校相关部门对青年人生价值观教育起到了非常重要的作用,在青年日常理论学习、社会实践等方面合作运行,培养青年正确的人生价值观。美国学校的人生价值观教育与社会紧密地联系在一起,青年通过社会实践等方式深入社会、了解社会。美国的人生价值观教育组织形式表现出鲜明的社会与学校共同组织的特点。美国政府和政党在青年人生价值观教育中的领导和组织作用非常有限,教育组织的主导来自青年的自发参与。在美国教育组织中,活动主要由政府或社会力量所资助的协会、委员会等组织,各组织之间较为分散。

（二）社会责任与自我实现的培养内容

人生价值观教育模式意识形态、社会属性、文化发展等密切相关。国家发展历程、人生价值观教育的理论基础等决定着道德价值观教育的侧重点、培养内容,以及教学目标与教学范围。

1. 教学目标方面

人生价值观教育的实践模式以及培养内容可以清楚地反应其教学大纲以及教学目标。我国是在党和国家的统筹规划下开设人生价值观教育相关课程的,坚持落实立德树人根本任务,贯彻党的教育方针,培养德智体美劳全面发展的社会主义建设者和接班人。我国人生价值观教育坚持马克思主义的指导地位,始终坚持以社会主义核心价值观为思想引领,教学大纲由党和政府统一制定,自上而下贯彻执行。党和国家出台一系列人生价值观教育相关指导文献,从教学大纲到教学内容、从教材到课程设计,坚持以人民为主的教育思想,落实立德树人根本任务,并不断探索构建大中小德育一体化建设,遵循青年思想观念形成和发展规律,具有针对性地开展人生价值观教育。个人主义与个人能力培养是美国青年人生价值观教育的教学目标,教育鼓励个人主义至上,通过培养个人自我价值观念推动社会进步和国家发展。美国是联邦制国家,教育发展要适应各州实际情况,美国现行教育制度仍然是地方分权制,因此国家政府没有出台统一的青年人生价值观教育大纲和教材,这在一定程度上体现出美国教育制度的单轨性与多样性的特点。

2. 教学范围方面

从青年人生价值观教育实践形式可以研判教学范围的深度与广度。我国高校所开设的课程具有统一性,侧重于基础教育,人生价值观教育主要集中在思想政治教育等方面,教学范围集中于思想政治理论和实践教育,在教育内容方面注重纵向延伸。我国的人生价值观教育注重基础素质和能力的培养,督促青年具有针对性地进行知识和技能方面的学习,使青年打下坚实的基础,提高专业基础技能与实践创新能力。因此,我国人生价值观教育范围集中,教育内容深刻。美国的人生价值观教育课程具有多元性和灵活性,涵盖知识与能力、个人与社会、专业与技能等多元范畴,在这些相互交织的范围内,通识课程成为教育的主要渠道。美国高校将人生价值观教育贯穿于人文、社会、自然、科学等多种课程,有意识地将专业学科与人生价值观教育相融合,这些人生价值观教育内容广泛并且分布于众多通识课程当中。

(三)综合性与实践性并重的实践结构

人生价值观教育实践结构中的课堂教学教育理念已经得到高度认同,即课程教学是青年人生价值观教育的主要渠道,同时,课外活动以及校园文化等亦是价值观教育的重要载体。显性教育与隐性教育相结合、学校教育与社会教育相结合是青年人生价值观教育的主要方式。

1. 显性教育与隐性教育相结合

在人生价值观教育过程中,课程教学始终是教育的主要渠道,并且坚持理论与实践相结合的教育方式,在课堂教学中融入实践教学,将课外活动、校园文化建设等隐性教育融入人生价值观教育。青年人生价值观教育注重课堂教学的作用,发挥教师的主导作用,帮助青年全面、准确、深刻地掌握知识,从而提高课堂教学效果。将人生价值观教育融入专业课程教育,以学科专业课程为有力支撑,将人生价值观教育贯穿于课堂教学的目标、内容、培养方案等多个方面,实现课堂教学的价值升华;注重课堂教学与专业实践、社会实践的紧密结合,不断提升课堂教学的价值引领。将显性教育与隐性教育相结合,注重社会实践、课外活动、校园文化建设等隐性教育途径。在实践教学中,强调将人生价值观教育融入各种课外实践活动,让青年通过亲身体验了解社会,了解本国国情,不断培养青年的社会责任感和社会公德。注重文化发展潜移默化的隐性作用,校园文化将青年和学校、社会紧密联系起来,帮助青年在学好文化知识的同时接触社会;开展内容丰富、形式多样的校园文化活动,营造和谐向上的校园文化环境,帮助青年积累经验,培养青年适应社会的能力。校园活动形式各异,内容丰富,校园文化建设等方面的投入能产生良好的育人效果。隐性课程的关键在于自然融入,学校通过实践活动将国家教育等观念融入青年的学习生活,实现人生价值观教育的多学科渗透。实践是人生价值观教育的关键环节,实践活动帮助青年走出课堂深入群众,了解国家社会发展,在实际经历中思考和感悟人生。使用间接、渗透的方式培养青年,可以使青年形成正确的人生价值观。

2. 学校教育与社会教育相结合

坚持将社会教育融入学校教育,坚持多方协同运行,注重社会、家庭对于学校教育的补充作用。人生价值观教育基于学校协同育人模式、家庭协同育人模式、社区协同育人模式形成家校社协同育人经典模式,促进青年全面发展。高度重视健全协同育人工作机制,统筹学校教育、家庭教育、社会教育协调发展,健全家校社协同育人机制,实现家校社融通与合作。明确学校、家庭、社会的职责与权限,发挥三者各自独有的教育功能,以达到良好的教育效果。当前国家高度重视家校社协同教育工作,我国家庭教育与社会教育正在逐步改善,以弥补教育功能弱化所造成的缺失。人生价值观教育家校社协同运行模式不仅关注青年在校成绩,还关注在家庭、学校、社区、社会教育中青年可能会面临的问题,从多方面了解青年成长的基本规律,利用家校社多方促进青年身心健康发展。人生价值观教育不局限于学校教育,也存在于学校与家庭、学校与社会之间。除此之外,随着信息技术在教育领域的快速应用与发展,人生价值观教育家校社协同模式也得到了强化,学校利用网络增强与家庭、社会的交流,获取并提供更多人生价值观教育的相关信息。简而言之,在人生价值观教育过程中培养青年的社会情感能力,坚持多方协同运行,将育人问题融入学校、家庭以及社会，形成多方共同教育青年成长的教学规划。

（四）以价值引领与持续发展为教学宗旨

当前世界范围内各种思想文化相互激荡，青年世界观、人生观、价值观的教育面对诸多问题与挑战。人生价值观教育是促进青年全面健康发展、形成正确的人生价值观的重要途径，以人才培养为核心进行人生价值观教育，才能提升社会整体的道德水平，维护国家长治久安。

1. 凸显国家政治性引领

青年人生价值观教育是国家将本国教育价值理念传授给青年的过程，其最终目的是实现国家稳定发展，是社会意识形态的体现。在人生价值观教育过程中，政治意识形态主导性强调培养公民的爱国意识和爱国精神，学校注重培养青年良好的社会公德和社会责任感，通过教育培养青年对国家的认同，以达到维护国家长治久安的目的。我国的人生价值观教育是建立在思想政治教育基础上的，思想政治教育的本质属性是坚持政治性与学理性相统一。旗帜鲜明讲政治是我们党作为马克思主义政党的根本要求，思想政治课的根本目的是对青年进行系统的世界观、人生观、价值观教育。政治引领是人生价值观教育的基本功能，政治性是思政理论课的第一属性，因此政治性是人生价值观教育的首要属性，在教育目标上占据主要地位。坚持政治性，帮助引导青年形成坚定的政治立场，坚定政治自信与政治自觉，形成正确的人生价值观,将积极的政治信念转化为对国家发展的不懈追求。

2. 强调人才培养

人生价值观教育的教学宗旨是引导青年实现自我发展,树立正确的人生价值观、形成正确的价值信念和坚强的意志,在校内外的实践学习过程中实现自我塑造、自我提升。在人生价值观实践过程中,教师教授学生知识、技能以及价值理念,帮助他们了解并认同本国政治、经济、文化。学校注重利用课堂教学进行意识形态教育,以理论与实践相结合的方式,在思想政治理论课以及专业课程中发挥主导作用,尊重青年主体,引导他们获取知识,培养良好的品德。学校将人生价值观教育融入通识课程和专业课程,将人生价值观教育与专业紧密结合,帮助青年更好地了解世界,形成正确的意识形态和价值观念,培养其成为合格公民。人生价值观教育体系的良好运行,使青年能提高自己的实践能力,形成科学素养,以扎实的基础理论知识和实践技能走向社会、适应社会,推动和引导青年树立正确的世界观、人生观、价值观。

第五章

人生价值观塑造的未来之维

世界各国对于培养青年成长成才、形成符合社会期待的人生价值观有着共同的追求，针对如何不断提升青年人生价值观教育引领实效进行了多方位的探索与多角度的实践。随着世界多极化、经济全球化、社会信息化、文化多样化的深入发展，多元化社会思潮给马克思主义指导思想带来挑战，市场逐利性给社会主义核心价值观带来挑战，网络新媒体给传统教育引导方式带来挑战……这就要求必须抓紧抓好青年价值观教育。[①] 价值观教育培养青年将认知与情感相互结合，以形成对某种价值观的认知、判断和选择。人生价值观教育是价值观教育的重要组成部分，对青年形成与树立价值观发挥着重要作用。塑造人生价值观的根本目的是引领人的发展，因此完善人生价值观教育，做好青年价值引领是价值观形成的关键所在。[②] 为了有效落实和开展人生

---

① 杨晓慧《习近平青年价值观教育思想论要》，载《马克思主义研究》，第 11 期，2017 年，第 124—133 页，第 160 页。

② 张进辅《论青年价值观的形成与引导》，载《西南大学学报（社会科学版）》，第 3 期，2007 年，第 82—87 页。

价值观教育,提升我国青年人生价值观教育的针对性实效性,我们需要在明确领会国家对青年人生价值观塑造的总体要求基础上,从不断优化教育政策、挖掘教育内容、创新教育方法、拓展教育途径几个方面入手,总结经验教训,积极和深入地探索以提出优化策略。

基本要求是指事物或行为最基本、最核心的规定、标准或要求,它是评价这种事物或行为是否合格、是否具备基本品质的关键指标。在教育领域,基本要求通常指青年必须掌握的最基本的知识、技能和能力。青年人生价值观教育的基本要求是对青年人生价值观进行评价、管理和监督的一个重要标准和指引,也是实现其可持续发展和全面提升的重要条件。习近平在北京大学同师生代表座谈时就提出"勤学、修德、明辨、笃实"①八字要求,这一要求共同构成了青年人生价值观教育的基础框架,旨在培养全面发展、具有高尚品德和独立思考能力的优秀青年。

第一,勤学:持续丰富完善人生价值观知识储备与知识结构。青年正处于接受教育的阶段,勤学是他们应该具备的基本素质。通过勤奋学习,青年可以不断充实自己的知识储备,提升专业能力,培养批判性思维和创新能力,从而为实现个人价值打下坚实的基础。勤学意味着持续努力学习并丰富完善自己的人生价值观知识储备与知识结构。通过勤奋学习,青年可以积极主动地获取有关人生价值观的知识,了解不同文化和思想体系中的各种观

---

① 习近平《青年要自觉践行社会主义核心价值观:在北京大学师生座谈会上的讲话》,第9—11页。

点和理论。青年应该广泛涉猎相关领域的书籍、文献和资料,参与讨论和交流,不断扩展自己的知识面,同时,还应该努力将所学知识进行整合和结构化,形成一个有机的知识体系。青年可以通过深入研究和思考,将不同领域的相关概念、原理和理论进行连接和融合,以建立起自己的人生价值观框架。勤学还包括对人生经验的积累和反思。青年可以通过社会实践、实习工作等方式,与现实生活相结合,深入体验、思考遇到的各种问题和情境,逐步形成对人生价值更深刻的理解和认知。总之,勤学是人生价值观教育对青年提出的基本要求之一。通过持续丰富和完善人生价值观知识储备与知识结构,青年可以更好地理解和把握自己的人生方向,实现自身的成长和发展。

第二,修德:遵循立德为先、修身为本的青年人才成长逻辑。修德强调青年应注重培养自身道德品质和素养。青年要具备良好的道德伦理观念,遵守相关行为准则、社会公德、职业操守和学术道德,注重个人修养,培养优良的品格和道德情操,成为对社会有益的公民。具体而言,青年应该遵循立德为先、修身为本的成长逻辑。首先,立德为先。立德是指树立正确的道德观念和价值观,具备高尚的品德。青年应该明确道德的重要性,并将其作为行为准则和内在追求的核心,用正直、诚信、友善的道德行为来塑造个人良好形象,并以身作则,影响他人,建设一个更加和谐美好的社会。其次,修身为本。修身是指从自身做起,努力提升自己的道德修养和人格素质。青年应该不断反思和完善自己的思想、行为和习惯,积极培养良好的生活和学习态度。通过自我约束和自律,使自己的言行符合道德伦理,增强自身的道德底蕴,提升品德修养。立德为先、修身为本的逻辑强调了青年在成长过程中注重道德建设和个人修养的重要性。同时,此种逻辑也强调了个体与社会的相互关系,认为个人的成长离不开对社会的责任和奉献。只有通过立德修身,青年才能够树立正确的人生目标,不断追求道德的完善,更好地适应社会变革,积极投身于社会建设。因此,青年应当以立德为先、修身为本的逻辑为指导,培养自身的道德品质和素养,促进自己的成长,为社会的进步做出积极的贡献。

第三,明辨:树立正确的人生价值导向,澄清模糊认识。明辨强调青年要具备正确的价值观念和判断能力。他们应该能够客观理性地分析问题,辨别真伪、善恶,审视社会现象与时事,避免盲从,形成独立思考和判断的能力,培养自主思考和思辨精神。具体而言,明辨要求青年在成长过程中应当树立正确的人生价值导向,澄清模糊认识。这种价值观能够帮助青年保持清晰的思维和正确的行动方向,在充满机遇和挑战的环境中实现个人价值和人生成就。同时,明辨还强调青年承担社会责任和为社会贡献力量的重要性,倡导青年以自身的行动奉献力量,推动社会进步和发展。具体而言,一方面,青年要树立正确的人生价值导向。青年应该注重培养自己的人生价值观,确立正确的人生道路和目标。这需要对自己的兴趣、天赋、能力、性格等因素进行评估,找到适合自己的职业和发展方向。同时,还需要了解社会现实和历史进程,认识到个人与社会之间的关系,明确自己作为一个公民和社会成员的责任和义务。通过树立正确的人生价值导向,青年能够更好地把握人生机遇,迎接挑战,实现个人价值。另一方面,青年要澄清模糊认识。青年在成长过程中容易受到各种信息的影响,产生模糊认识,难以确定正确的价值取向。因此,青年需要不断反思,审视自己的认识,在学校和教师的科学引领下澄清模糊点,确保自己的价值观念清晰、准确。对于一些社会上常见的错误观点和偏见,青年应该具备批判性思维,通过学习和思考,找到正确的认识,不轻易被误导和欺骗。此外,青年还需要在生活和工作中保持敏锐的洞察力,积极了解社会发展趋势、科技创新与文化变革等方面的最新信息,不断提高自己的认知水平和思维能力。

第四,笃实:坚持传授人生价值观知识,引导提升实践体验。笃实强调在追求人生价值的过程中要脚踏实地,注重实践。青年应该树立实事求是的态度,勇于面对困难和挑战,承担社会责任,努力实现人生目标,并为社会进步和发展做出贡献。对教育者而言,笃实是指在人生的道路上,坚持自己的价值观念和信仰,并通过知识传授、实践体验等方式引导和提升青年发展水平。具体而言,可以从以下四点入手。其一,知识传授。通过课堂教学、讲座、研讨会等形式,向青年传授人生价值观的相关知识。可以引导他们了解不同文化、伦理观念对人生价值观的影响,提供各种经典著作和哲学思考的阅读材料,帮助他们理解和分析各种价值观念,并形成自己的独立思考和判断力。其二,实践体验。组织或鼓励青年参与各种实践活动,让他们亲身体验与人生价值观相关的领域的活动。例如,参与社会实践项目、志愿者活动,去了解和帮助有特殊需求的群体;组织文化交流活动,让他们了解多元文化的魅力;支持创业创新,让他们在实践中锻炼创新精神和创业能力。这些实践体验可以帮助青年增长见闻、拓展思维、培养责任感,并对自己的价值观有更深入的认识。其三,引导和激励。青年在塑造人生价值观时可能面临许多挑战和困惑。作为指导者,应该提供积极的引导和激励。与青年进行个别或集体交流,倾听他们的想法和问题,帮助他们理清思路、树立正确的人生价值观。鼓励青年勇于追求梦想、迎接挑战,并帮助他们发现自身的优势,找到与之契合的人生道路。其四,示范和榜样。教育者、辅导员、社会导师要以身作则,成为青年的良好榜样。通过积极的行为和言传身教,向青年展示正确的人生态度和价值观念。同时,也可以邀请一些成功的行业人士、社会精英等来校园分享他们的人生经验和价值观,让青年从他们身上得到启发。

一、优化顶层设计

"育才造士,为国之本",人才是实现民族振兴、赢得国际竞争主动性的战略资源,人才的培养是一个系统而长期的过程。长期以来,党和国家高度重视人才培育和精神文化建设。习近平总书记在全国教育大会上对当代青年提出了"六个下功夫"要求,各高校以此作为总体要求开展人生价值观教育。人生价值观决定着人生的总目标,青年群体正处于人生价值观形成阶段,价值观取向呈现出多元化、复杂化的趋势。青年时期是形成世界观、人生观、价值观的特殊时期，青年群体正处在人生成长发展的关键期，三观尚未完全成熟，容易受到客观社会环境的影响，所以我们要不断优化青年人生价值观教育顶层设计，结合时代发展的特点，从价值导向、目标指向、教育理念等方面扩充并完善青年人生价值观教育，使他们潜移默化地接受价值引领，思考人生价值，成为德智体美劳全面发展的社会主义建设者和接班人。

（一）价值引领：促进社会价值导向与个人价值取向有机统一

青年人生价值观的形成是个复杂的思想认识过程，人生价值观教育通过传递社会核心价值以达到培养青年个体价值观，实现使青年积极发展和成长成才的根本目的，因此青年人生价值观教育是一个艰巨而复杂的系统工程。我国人生价值观教育体系在引领目标上始终追求实现社会价值导向与个人价值取向的辩证统一。坚持人生价值观教育价值导向是进行人生价值观教育需要解决的核心问题，对新时代青年学习弘扬和践行社会主义核心价值观具有重要意义。人生价值观教育采取的是一种"自上而下"的教育模式，价值导向在人生价值观教育的观念形成和实践过程中始终起到重要作用。

落实立德树人根本任务。党的十八大以来，习近平总书记就我国教育事业发展新局面做出一系列重要论述，要求全面落实立德树人这一教育根本任务,将立德树人贯穿人才培养全过程,将立德作为根本,将树人作为核心,培养全面发展的时代新人。要求全党全社会突出立德树人在人才培养中的引领作用,践行立德树人使命的价值导向,一方面,要从国家政策法规角度践行立德树人使命,高度重视青年人生价值观教育。基于我国多年理论教育和实践教育的经验总结,国家在爱国主义教育领域、道德教育领域以及发挥思想政治理论课功能方面一定程度上对青年人生价值观教育提出了相关要求,但是由于没有专门性文件、政策支撑,教育主体在进行人生价值观教育时对部分内容没有精准地把握,缺少明确的价值导向。因此需要国家从顶层设计角度出发,制定出台统一的政策法规,加强国家层面的相关法律法规政策制定,为青年人生价值观教育提供政策保障。另一方面,要从学校角度践行立德树人使命,加强青年人生价值观教育。学校应与时俱进,不断学习党和国家的相关政策和会议精神,遵循青年成长规律和教育规律,促进青年全面并且有个性地健康成长。各级政府与教育部门应当结合地方区域文化、经济发展条件、发展布局等,围绕国家关于青年人生价值观引领的基本要求与核心任务,因地制宜,制定具有地方特色的配套人生价值观教育方案;从学校、教育、教师等多角度协同推进人生价值观教育,出台地方、学校等教育管理办法以及标准,进一步细化人生价值观教育体系;加强和改进学校人生价值观教育体系建设,建立起以马克思主义为指导,具有时代特点、地方特色、专业特色的人生价值观教育体系;着眼于青年健全人格、科学人生价值观的形成，切实发挥教师的引导作用，不断加强思想引领，增强人生价值观教育的实效性与针对性。总之，要践行立德树人使命，构建配套的人生价值观教育体系，以发挥明确的价值导向和引领方向的作用。

凝聚思想共识。青年社会阅历尚浅，尚未形成较为稳定的价值观，价值判断以及价值选择处于变化发展之中，容易受到各种外界因素，如多元化社会思潮等的影响。面对这种情形，我们需要以价值观教育凝聚青年的思想共识，引领青年的价值选择。人生价值观教育坚持以党的基本纲领、基本理论来教育、引导青年逐步树立正确的人生价值观，才能确保他们成长为社会主义事业的合格建设者和可靠接班人。一方面，以正确政治方向为思想引领。人生价值观教育引领青年树立正确的成长方向，紧密团结和凝聚在中国共产党的周围，在基本立场、基本方向、基本原则和基本道路上必须同党中央保持高度一致。以正确政治方向为思想引领，就要引导青年深入学习中国特色社会主义理论体系，掌握马克思主义观点、方法，引导青年自觉运用辩证唯物主义和历史唯物主义的思想武器改造客观世界和主观世界。同时还要以正确舆论导向做好宣传工作，利用重大政治事件进行思想启迪，讲清重大政治事件的历史背景、根本原因、发展趋势等，引导青年进行思辨，透过现象认清本质，以形成正确的价值判断和端正的政治态度。另一方面，强化责任意识，凝聚社会共识。当前我国人生价值观教育在课程教学方面以通识教育课程和专业教育课程为主，培养青年的责任担当意识是思想道德素质提升的重要组成部分，人生价值观教育除了理论教育之外还强调责任担当，要使青年在接受人生价值观教育后形成勇于担当的内在动力，形成对时代负责的使命感。学校应大力开发和拓展实践教育渠道，为青年提供多种与人生价值选择有关的实践尝试，通过榜样引领、实践摸索、总结反思等，帮助青年树立服务意识与担当意识，进一步教育引导青年树立正确的世界观、人生观、价值观。

弘扬社会主义核心价值观。人的价值包含人的自我价值和人的社会价值，这两种价值共同存在于人的价值选择之中，具有内在的统一性。人生价值观教育需要处理好两种价值导向的关系，促进社会价值导向与个人价值导向的辩证统一。一方面，弘扬社会主义核心价值观，坚持自我价值导向。学校要不断落实以青年为中心的育人理念，在课程教学、课外活动、校园文化氛围的建设中以促进青年成长成才为首要任务，通过思想政治理论课、课程思政构建爱国主义、理想信念、品德修养、奋斗精神等课程内容体系，使得专业教育与思想政治理论教育同向同行。在这种教育引导下，青年的价值目标将呈现出积极、乐观且进取的发展态势，将自我成长与社会需求紧密融合。另一方面，弘扬社会主义核心价值观坚持社会价值导向。核心价值观承载着一个民族、一个国家的精神追求，社会价值导向强调个体在追求自我价值的同时，应积极融入社会发展，为社会发展贡献自己的力量。这种导向要求在教育的过程中不仅要关注青年个人的成长成才，更要引导他们认识到自身所肩负的社会责任和历史使命。思想道德建设是社会主义精神文明建设的主要内容之一，将思想理论教育与价值引领相结合,以社会主义核心价值观为核心内容,引导青年关注社会、了解社会、服务社会,使青年能够在人生价值观发展过程中始终坚持社会导向,以正确的价值选择、人生态度和实践行为参与社会生活。同时,运用教育引导、舆论宣传等方式弘扬社会主义核心价值观,重视家庭教育、实践教育等在人生价值观教育中的作用,帮助青年将理论知识转化为实践行动,增强社会责任感和社会使命感。在进行人生价值观教育的过程中,要坚持引领青年将自我价值导向融入社会价值导向,使两者同向同行,最终将社会主义核心价值观内化为青年的精神追求,外化为青年的自觉行动,引导青年树立正确的人生价值观。

（二）育人模式:构建多元化、多样化、多层次的人生价值观教育

人生价值观教育不仅关乎青年个体的全面发展,更是社会精神文明建设的重要组成部分。随着国家教育事业发展,人生价值观教育在教育领域的诸多重要政策文件中均得到重视。例如《新时代爱国主义教育实施纲要》《公民道德建设实施纲要》《新时代公民道德建设实施纲要》等,明确提出对广大青年进行爱国主义教育、道德素质教育等,强调依托管理载体、文化载体、活动载体、网络载体等培养青年健全人格、帮助他们成长成才,最终落实立德树人根本任务。我们要以青年人生价值观教育的根本目标为导向,努力构建多元化、多样化、多层次的人生价值观教育模式,

开展多渠道的教育实践，以期在校内外形成齐抓共教的青年价值观引领格局；充分发挥学校育人主体作用，高度重视家庭的育人实效，合理利用社会育人资源，努力建构学校—家庭—社会协同育人的价值观引领模式，构建多元化、多样化、多维度的人生价值观教育体系，从青年自我发展需求和社会发展需要出发，帮助和引领青年树立正确的人生价值观。

构建多元化的人生价值观教育。在当今这一全球化时代，多元化已经成为不可逆转的局势，体现在经济、文化、政治以及社会生活的各个方面。因此，构建多元化的人生价值观教育显得尤为重要，这不仅仅是适应时代发展的需要，更是培养具有全球视野和家国情怀人才的关键。首先，应当以青年为中心，在尊重差异的基础上进行人生价值观的教育和引领。国家在社会经济发展各个领域有多元化的人才需求，同时青年的人生追求也日趋个性化与多元化，所以我们要构建多元化的青年人生价值观培养体系，以满足国家发展对人才的需求。在人生价值观教育过程中，教育主题应充分尊重青年个性，鼓励青年根据自己的兴趣和特长去进行探索与实践，从而发现自我价值，形成独特的人生追求。其次，加强人生价值观教育，培养青年树立正确的人生价值观，是学校思想政治教育工作的重要内容，也是一项艰苦而复杂，并且需要长期坚持的工作。学校承担着教书育人的重要使命，而学校思想政治教育更是肩负着引领青年形成人生价值、进行人生规划的重要责任。只有在学校引领下，帮助青年形成对人生发展和人生选择的科学认识，青年才有可能走上正确的人生发展道路。

"三全育人"教育理念的提出、大思政课育人格局的构建,都强调以青年为教育中心,在学科课程及通识课程中融入价值观引领,将显性教育与隐性教育融合,最终形成合力育人,引导青年树立正确的价值观念。最后,课外活动作为课堂教学的必要补充,是培养全面发展人才不可缺少的途径。学校可以设计和开展各类校内外实践活动,为青年提供尝试各种人生发展的机会,以社会调查、生产劳动、志愿服务、公益活动等形式帮助青年将理论知识与实践操作相结合,在实践中不断寻找、明确和检验自己的人生价值选择。学校通过构建三全育人大格局,调整优化各类课程的课程设置和内容设计以服务于青年价值观引领的总体目标,综合设计各门类实践活动,为青年提供丰富的学习实践体验,实现个性化与多元化教育,以此不断提升学校人生价值观教育的针对性和实效性。

构建多样化的人生价值观教育。我们要提供多样化的教学方法和内容,营造一个开放、包容且尊重差异的教育环境,以满足不同青年的成长需求。如,在传统教学方法基础上增加案例教学、讨论教学、情景式教学等生动实用的教育方法,使人生价值观教育适应和服务于社会对多样化人才的需求,适应和服务于青年对多样化教育的渴望,适应和服务于不同教育水平与教育层次学校的多样化发展需要。首先,适应社会发展变化趋势,从教学培养目标出发,提升学校办学多样化层次,丰富拓展教育模式。根据未来社会对人才的多层次需求以及青年未来的就业需求,高校亟须构建多样化专业教育模式。我国学校教育体系包含诸多专业门类以及不同培养层次,每个专业都具有符合本专业特色的、具有稳定性和长期性的专业培养方案,但各专业之间的教育模式以及教育结构存在差别。考虑到教育类型、层次、形式、区域等差异,学校在人才培养方面也应根据社会发展需要培养不同层次、不同特色的专门人才。学校通过人生价值观教育加强对青年价值观的引领,结合不同专业教学目标、教学模式、教学方案构建具有专业特色的人生价值观教育。其次,随着在线课程的推广与普及,各种不同形式的开放在线课程成为多样化教学的模式之一。开放在线课程例如 MOOC(慕课)实现了课程教学、评价和管理的全面开放。①运用在线课程等不同类型课程,开放并且共享学校教育资源,可以不断丰富学校教学内容、教学经验、教学活动等,并为师生提供更多优质资源。同时,这种教学模式亦为开展青年人生价值观教育突破了区域和实践壁垒,创造了更为广阔的空间条件。由于线上课程具有独特的适用情景、教学方式以及教学价值,为老师提供更多课程设计方案,解决了由教学环境、地点受限等问题导致的教学效果欠佳问题,可以广泛地对青年开展价值观引领。最后,营造良好教学环境以及校园环境,充分发掘学校自身教育资源。利用校园文化对青年的价值观念进行熏陶式引领,打造具有民族精神和独特人文气息的校园物质文化、精神文化、制度文化和网络文化,为青年创造沉浸式文化体验,并将其中所蕴含的精神内

---

① 穆肃,王孝金,周腾《多样化教育教学背景下的开放在线课程》,载《现代远距离教育》,第
4 期,2016 年,第 51—57 页。

核传递给青年,潜移默化地引导青年思考人生价值,塑造青年
的人生价值观。

　　构建多维度的人生价值观教育。社会因素在价值观的形成
中起着决定作用,它包括社会文化、学校和家庭三个方面。[①] 一
个人的价值观、成长和发展往往受到家庭、学校、社会等诸多环境
因素的共同作用和影响。因此青年人生价值观教育需要在夯实
学校教育的基础上,不断加强与家庭教育和社会教育在多个维度
上的结合,构建多维度的人生价值观教育。一方面,构建社会力
量参与式青年人生价值观教育模式。青年的成长成才是全社会
共同的责任和期待,其人生价值观的塑造并不能仅仅依靠校内的
教育引领,学校教育需要与社会等各教育主体充分合作,为青年
创造参与社会实践的机会,通过真实社会实践,让青年将在学校
习得的知识技能转化为个人能力。社会通过为青年参与社会实
践提供平台、提供优质的学习资料等资源,参与和助力青年人生
价值观的引导与塑造,帮助青年树立积极的社会参与意识,锻炼
行动能力。社会教育作为学校教育的补充,不仅可以弥补学校教
育的不足,使教育形式更灵活多样,满足青年成长成才的需要,而
且能更好地发挥青年的主体性,推动青年人生价值观教育高质量
发展。因此,要综合考虑社会实践教育方式、社会资源供给以及
良好社会环境,明确多渠道教育思路与方式,明确人生价值观教
育目标导向,形成校内外合力培育的育人结构。另一方面,构建

———————————

① 张进辅《论青年价值观的形成与引导》。

家庭力量参与式青年人生价值观教育模式。青年人生价值观随着社会的发展而发展,同时又随着自身的成长而不断调整,而在青年自身成长的过程中,家庭所发挥的作用是不可或缺的,因此还应高度重视家庭教育能力,切实发挥家庭教育功能。家庭是青年形成观念的基础和起点,父母是孩子的第一任老师。在家庭教育中父母应该有正确的且积极向上的人生观和价值观,并且通过话语、行动等方式,潜移默化地影响孩子。发挥家庭教育优势,构建积极向上的家庭氛围,为青年营造良好的家庭教育环境,使青年在家庭、父母的影响下树立正确的人生价值观,形成对校内教育的有益补充。简而言之,构建多维度的人生价值观教育模式,需要充分发挥社会实践教育、家庭教育作为学校教育的延续与补充的作用,不断推进学习型社会的构建,不断促进教育公平发展,以多渠道多维度的教育模式,促进学校教育与社会教育、家庭教育充分融通,最终构建立体和合力育人的格局。

(三) 教育理念:贯彻落实以人为本的人生价值观教育理念

社会主义教育具有重要的人民属性。以人为本的教育理念,强调关注每一个青年的全面发展,尊重其个性与差异,激发其潜能与创造力,强调从现实问题出发,提升青年人生价值观教育的精准性和实效性。在人生价值观教育中,我们要将这一理念融入教育教学的每一个环节、每一个阶段,了解现阶段青年的现实需求与问题,坚持科学性和前瞻性原则,贯彻落实以人为本的人生价值观教育理念,立足国家对青年成长成才的要求,不断优化我国青年人生价值观教育引领方案。因此要优化人生价值观教育顶层设计,不断促进青年人生价值观培育与提升,进一步巩固学校、家庭、社会的教育阵地,落实以人为本的教育理念,规范其行为,提升教育效果。

在教育主阵地中落实以人为本的教育理念。不断巩固学校开展青年人生价值观教育主阵地的地位,强化学校教育主阵地作用,坚持以人为本。在传道授业的同时,高度关注学生的成长,培养他们的综合素质和创新能力。学校培育的是全面发展的人,而提升人的道德素养是学校培养人的首要任务。此外,青年的学业成长、科学素养、身体素养、劳动素养、审美素养、信息素养、心理健康,都是学校在培养担当民族复兴大任时代新人过程中需要重点关注的内容。2018 年,教育部发布《教育部关于加快建设高水平本科教育全面提高人才培养能力的意见》,要求高校"适应国家战略发展新需求和世界高等教育发展新趋势,牢牢抓住全面提高人才培养能力这个核心点"。[1]在人才培养过程中,高校应当充分尊重学生的主体性地位,科学研判青年的成长需要,以培养青年形成正确的世界观、人生观、价值观为首要任务,切实落实立德树人的根本任务。教育政策是学校办学的根本指导思想,学校要全面贯彻党的教育方针,从课程教学、课外活

---

[1]《教育部关于加快建设高水平本科教育全面提高人才培养能力的意见》,载中华人民共和国教育部政府门户网站,2018 年 9 月 17 日,http://www.moe.gov.cn/srcsite/A08/s7056/201810/t20181017_351887.html(访问于 2024 年 9 月 11 日)。

动、校园文化建设等方面发挥主战场作用,尊重青年的差异化特征,使青年在课堂内外以及校园文化的浸染熏陶中认识世界、改造世界,树立正确的价值选择,形成坚定的人生价值观。2020年,中共中央宣传部、教育部印发的《新时代学校思想政治理论课改革创新实施方案》强调在学校中发挥课程的立德树人作用,对课程目标体系、课程体系、课程内容等进行了详细的规范。[①] 教育要以青年的全面发展为出发点和落脚点,不断创新教学方法和手段,为青年的成长成才创造更加有利的环境和条件;以学校课程为基础,落实以人为本的教育理念,从思想政治理论课延伸至通识教育课、专业课等课程,培养全面发展的社会主义建设者和接班人。只有不断发挥学校主阵地的重要作用,全面提高人才培养能力,切实做好青年的人生价值观引领,才能为青年的健康成长提供有力支持。

在社会层面落实以人为本的教育理念。夯实社会组织、教育机构等青年人生价值观教育的补充阵地,通过多元教育形式支撑学校落实以人为本的教育理念。教育部门应支持学校与具有实践特色的社会组织合作,将社会活动等实践方式纳入青年人生价值观教育,共同培养能够适应未来社会需要的、全面发展的时代新人。拓展学校实践教育、教学渠道,开展能够合理配合学校青年人生价值观教育实践的具有差异性、特色性以及符合青年发展

[①]《新时代学校思想政治理论课改革创新实施方案》,载中国政府网,2020 年 12 月 18 日,http://www.gov.cn/gongbao/content/2021/content_5595931.htm(访问于 2024 年 9 月 11 日)。

个性化需求的社会实践活动,落实以人为本的人生价值观教育理念。"校社合作"使青年可以在接受学校德智体美劳教育的基础上将理论转化为实践,在社会实践活动中进一步确立符合时代发展要求的思想观念和道德品质。由于社会教育的内容以及形式具有独特性和多样性,还需要教育主管部门出台相应管理规定,对参与青年教育实践的社会力量进行相应约束与规范,以确保青年在接受社会教育的过程中有正确的思想引领以及法律保障。对社会组织、教育机构的执行方式进行规范,将其纳入人才培养体系,推动社会组织等承担青年人生价值观教育责任,以满足青年的多元化发展需求,提升人生价值观教育效果。随着学校与社会之间的关系日益密切,学校与社会组织的互动日益频繁,学校可以利用大量的社会资源支持和辅助学校教育。社会层面的青年人生价值观实践引领,仍需秉持以人为本的教育理念,根据青年的发展意愿匹配适当的社会资源和实践机遇,助力学校更有效地提高人生价值观教育的质量与水平,促进青年的健康发展。

在家庭层面落实以人为本的教育理念。家庭也是青年人生价值观教育的补充阵地,是对青少年群体进行教育的重要场所之一,在家庭教育层面,仍然应该秉持以人为本的教育理念。一方面,在家校合作模式中落实以人为本的教育理念。学校虽然是教育的主阵地,但是青年价值观的引领还需要家庭教育的助力,青年科学的人生价值观的形成离不开良好的家庭教育。因此以人为本的教育理念也应该贯彻家庭教育环节,使家庭与学校形成育人合力。家庭教育具有学校教育所不具备的诸多功能,如情感纽带、个性塑造、角色模仿、危机应对、终身教育,等等,能提供学校教育无法提供的机会。因此,家校合作模式是提高青年人生价值观教育实效的重要手段,发挥了教师与家长共同教育的重要作用。青年的家庭成员是最了解他们、最关心他们的群体,因此在家庭教育中落实以人为本的教育理念比较容易。家庭教育从青年的实际需要和实际情况出发,持续向学校反馈青年真实情况和教育效果,能够不断促进家庭与学校的协同育人,最终做到以青年为中心,真正以青年的健康成长为根本目的,切实从青年的角度考虑问题,以青年的成长成才作为教育的出发点和落脚点开展教育。另一方面,创建学习型家庭,落实以人为本的教育理念。家长是孩子的第一任老师,坚持以人为本的教育理念,创建学习型家庭,可以不断提升家长指导孩子的能力,更好地助力青年成长成才。家庭教育离不开父母的教育能力,同时父母的个人修养、受教育水平、家庭经济情况,以及对教育的重视程度等都深深影响着家庭教育的效果。家庭教育的重点不是传授知识,而是培养青年健全的人格和正确的价值观。这就需要家长首先对自身的价值观念和道德水平有一个清醒的认识和评估。以人为本的教育理念可以有效指导家长对青年进行正确的人生价值观教育,引导家长发挥自身潜在的教育能力,以正确的教育理念和交流方式帮助孩子认识世界,了解社会,最终塑造良好的心态和正确的价值观。

在网络平台落实以人为本的教育理念。在数字化时代,网络平台不仅是传播信息和知识的媒介,还是对青年开展价值观引领的重要阵地和场域。网络新媒体的出现增强了信息的扩展性与共享性，相比于传统媒体，青年可以通过多种网络平台开展学习活动，通过网络平台及时、全面地了解到社会重点问题。网络是促进青年与社会相互联系的重要媒介，网络环境对于青年的成长成才发挥着至关重要的作用。首先，大多数青年还没有形成成熟稳定的人生价值观，他们容易受到网络文化的影响。网络生活中灵活且开放的交流方式有可能进一步张扬当今青年思想观念的自由化取向。网络平台日益成为学校与社会力量参与并进行人生价值观引领的重要媒介。在网络平台上落实以人为本的教育理念是一个系统工程，需要政府、学校、教育机构、企业和社会各界的共同努力。学校以及社会主体可以利用网络平台关注青年人生价值观教育引领情况及反馈，根据青年整体发展情况和群体化发展特征开展人生价值观引领。同时，利用网络平台反馈迅速便捷的特征，不断调整和补充青年人生价值观教育的素材、方式和方法，以满足青年多样化的成长需要。青年人生价值观教育与新媒体紧密融合，可以给青年创造更多沉浸式体验，潜移默化地帮助青年树立正确的人生价值观，积极践行社会主义核心价值观。

二、挖掘内容资源

人生价值观教育资源主要包括中华优秀传统文化资源、百年党史资源以及有助于我们开展青年人生价值观引领的优秀国际资源。人生价值观教育是我国高校培养合格的社会主义事业建设者和接班人、促进大学生人生价值观自主建构的有效方法。[①]当代青年人生价值观教育必须以社会主义核心价值观为核心内容,同时不断丰富和拓展教育资源,在社会主义核心价值观统领下,根据青年的实际情况,开展个性化、针对性的人生价值观引领。紧密结合青年的实际需求,创新教育方式、方法,不断挖掘教育资源,将中华优秀传统文化中的中华传统美德、百年党史中所蕴含的丰富精神内涵和时代价值、可以为我所用的优质国际教育资源等融入青年人生价值观教育。为青年提供更加全面、深入、生动的人生价值观教育体验,让青年在丰富的教育活动中拓展理论知识、提高综合素质、锤炼品德修养。人生价值观教育的内容资源对于开展青年人生价值观引领至关重要,在未来的教育实践中,我们应该继续深入挖掘和整合各种优质教育资源,不断探索和创新教育方式和方法,全面教育和引领青年树立正确的人生价值观。

(一)充分挖掘和运用中华优秀传统文化资源

中华优秀传统文化具有深厚的历史底蕴和独特的价值观念,已经融入中华儿女的血液,成为中华民族文化基因的重要组成部分,植根在每个中国人的内心深处,潜移默化中国人民的思想和行动方式。中国特色社会主义进入新时代,中华优秀传统文化的

---

① 胡咚,万美容《当代大学生人生价值观教育创新三问》,载《思想理论教育》,第 6 期,2015年,第 56—59 页。

独特价值愈发凸显，尤其是在青年人生价值观教育中，它更是扮演了举足轻重的角色。作为立德树人的关键内容，青年人生价值观教育肩负着培养社会主义建设者和接班人的重要使命。在青年人生价值观教育过程中有效利用中华优秀传统文化这一重要教育资源，不仅是对优秀传统文化的传承与弘扬，更是对新时代教育理念的深刻践行。中华优秀传统文化作为中华民族的宝贵财富，为人生价值观教育提供了丰富的文化滋养和道德元素。充分挖掘和运用中华优秀传统文化资源可以使青年了解历史、增强民族自尊心、自信心和自豪感，引导青年树立和坚持正确的历史观、民族观、国家观和文化观，不断增强其对中华民族的归属感、认同感、自豪感和荣誉感。

在理论教育中挖掘和运用中华优秀传统文化。中华优秀传统文化为青年人生价值观教育提供内容滋养，在中华优秀传统文化中，"仁、义、礼、智、信"等价值观，"修身、齐家、治国、平天下"等理念，"道法自然""无为而治"的道家思想，"兼爱非攻"的墨家思想等皆为开展青年人生价值观教育提供了重要的资源。青年人生价值观理论教育是抽象且概括的，这就需要利用具体的、丰富的素材和案例进行解读，用以帮助青年理解理论的深度，丰富和解析人生价值观教育内容。纵观青年人生价值观教育现状，教师在该过程中所传递的内容很多都植根于中华优秀传统文化，是在其基础上提炼和总结出来的。一方面，以中华优秀传统文化补充教材内容。不断挖掘和运用与中华优秀传统文化相关的教育内容，在教材中加入经典文学作品，使青年领略古代先贤的智慧与情怀。这些作品不仅语言优美，而且蕴含着深刻的人生哲理和道德观念，有助于青年产生情感共鸣。同时应当充分挖掘中华优秀传统文化的隐性教育内容，在教材中加入对中华优秀传统文化的介绍和解读，让青年认识到自己的文化的独特价值和历史地位，从而更加珍惜和传承这份宝贵的文化遗产。教师进行人生价值观教育时，要深入挖掘中华优秀传统文化中所蕴含的深刻思想内涵，找到中华优秀传统文化内容的时代表征，与现代社会中的丰富元素和青年的成长需要紧密结合。因此，在编写与修订教材内容时，应充分融入中华优秀传统文化的精髓，使之成为青年成长道路上不可或缺的精神食粮。另一方面，以中华优秀传统文化丰富课程内容。从课程教学各个环节入手，运用中华优秀传统文化中所蕴含的丰富的人生价值观教育资源，将其有效融入价值观教育，使青年在学习过程中感受中华文化的博大精深和独特魅力。有针对性地将中华优秀传统文化纳入各个学科、各个课程的建设与教学之中。在思想政治理论课、通识教育课、专业教育课的教学计划中，充分利用中华优秀传统文化资源，支持和滋养青年人生价值观教育，让青年在学习过程中树立正确的历史观、民族观，将自己的所学所思升华为人生追求和价值目标。

从实践教育中挖掘和运用中华优秀传统文化。实践育人是思想政治教育体系的一个重要环节，是落实立德树人根本任务的重要抓手。在人生价值观教育过程中，理论课程始终处于核心地位，挖掘和运用中华优秀传统文化精华，完善理论课程资源以外的实践教学资源，将理论教育与实践教育相结合，对学校开展人生价值观教育具有一定的积极作用。一方面,挖掘和运用实践教育中所蕴含的中华优秀传统文化元素。中共中央办公厅、国务院办公厅在《关于实施中华优秀传统文化传承发展工程的意见》中围绕立德树人根本任务,提出把中华优秀传统文化全方位融入思想道德教育、文化知识教育、艺术体育教育、社会实践教育各环节。① 充分发挥中华优秀传统文化中"天地之性,人为贵"的以人为本思想;"舍生取义"的道德理想和道德信念;"孝悌忠信、礼义廉耻"的荣辱观念;"文以载道、以文化人"的人文精神等,将其运用到人生价值观实践教育。设计一系列富有创意的教学活动,通过举办传统文化主题活动、成立传统文化宣讲社团、组织传统文化主题社会实践和志愿服务活动等方式,将中华优秀传统文化融入实践教育,充分发挥其实践育人功能。在实践教育中融入具有深刻民族内涵、文化内涵的优秀传统文化,能让青年亲身感受中华优秀传统文化的魅力,增强文化自信和民族自豪感。另一方面,拓展实践教育空间场域中所蕴含的中华优秀传统文化元素。将中华优秀传统文化融入研学实践教育,突破传统学校教育的时空限制。根据中华优秀传统文化主题,依托文化遗产、历史博物馆、非遗文化场馆、科技馆等研学基地资源,以及各类网络虚拟教育资源,创设与青年价值观实践教育相适应的思维活动场所,让青年通过现场观摩、探究考察、亲身体验和沉浸式虚拟体验等途

---

① 《关于实施中华优秀传统文化传承发展工程的意见》,载中国政府网,2017 年 1 月 25 日,https://www.gov.cn/zhengce/2017-01/25/content_5163472.htm(访问于 2024 年 9 月 11 日)。

径感悟中华优秀传统文化所具有的丰富内涵。我们要坚持理论性与实践性相统一,有效利用中华优秀传统文化重要资源开展实践教育,实现中华优秀传统文化与实践教学的融合,发挥其铸魂育人功能,让青年在文化陶冶中收获价值认知、坚定文化自信。

在校园文化建设中挖掘和运用中华优秀传统文化。打造特色校园文化,应当积极运用中华优秀传统文化,将其融入校园文化的各个方面,充分发挥潜移默化的渗透作用。用"以文化人"推进青年人生价值观教育,以校园精神文化、制度文化以及物态文化为载体,将中华优秀传统文化渗透到校园生活的方方面面。① 一是将中华优秀传统文化融入校园精神文化。利用校园广播、校报校刊、学校网络论坛以及各种学校仪式,开展中华优秀传统文化宣传教育,扩大中华优秀传统文化在青年群体中的影响力,不断增强其吸引力。注重校风、学风、师风建设,形成浓厚的学习氛围。二是将中华优秀传统文化融入校园制度文化。在构建校园制度文化的过程中,我们不仅要注重规则的完善与执行的严谨,更要深刻认识到中华优秀传统文化对于塑造青年品格、培养道德情操的重要作用。建设校园制度文化本身就是在打造属于学校自己的制度观念,通过校训、校纪、校规等将中华优秀传统文化与学校制度有机结合,将其中所蕴含的民族精神和时代精神传递给青年。如在制定校园规章制度时,融入中华优秀传统文化的精髓,使中华优秀传统文化所蕴含的价值观念成为青年行为的

---

① 李向成《用"以文化人"推进大学生核心价值观宣传教育的实践路径探析》,载《思想教育研究》,第 11 期,2015 年,第 27—30 页。

指导原则。三是将中华优秀传统文化融入校园物质文化。通过精心的设计与布局，将中华优秀传统文化元素巧妙地融入校园景观、建筑和设施之中，营造能够体现中华优秀传统文化精髓的校园文化环境。以物质建设为载体在校园内设置传统文化雕塑、石刻、壁画等，将经典的历史故事、诗词歌赋以艺术的形式展现出来。将"仁爱""诚信""自强不息""和谐"等文化精华融入校园建筑以及装饰中，让青年沉浸式地感受文化熏陶和精神洗礼，不断增强其文化底蕴，提升道德素养。

（二）从百年党史中汲取文化力量与精神动力

百年党史不仅是一部波澜壮阔的革命史，更是一部丰富生动的教科书。学习百年党史，可以增强人生价值观教育的说服力和凝聚力，传承红色基因，让红色文化铸魂育人。"读史可明鉴，知古可鉴今"，百年党史中蕴含着中国共产党人丰富的智慧和经验，亦是不断总结经验、吸取教训"自我净化、自我完善、自我革新、自我提高"[1]的过程。深入学习和领会百年党史中蕴含的人生价值观教育内涵，从百年党史的发展过程中汲取智慧和力量，可以丰富人生价值观教育的内容资源，引导青年增强对党百年奋斗的价值认同和情感认同，自觉将个人理想融入国家和民族事业中。

---

[1] 习近平《高举中国特色社会主义伟大旗帜　为全面建设社会主义现代化国家而团结奋斗：在中国共产党第二十次全国代表大会上的报告》，第 64 页。

汲取百年党史的文化力量。中国共产党在百年奋斗过程中，始终坚持理论与实践相结合，以科学的理论解决现实问题。在人生价值观教育过程中，可以将这种理论与实践相结合的方法引入教学，让青年以百年党史为例，充分理解和吸收理论与实践相结合的思想和方法，树立正确的世界观、人生观、价值观。一方面，深入挖掘百年党史蕴含的教学资源，将党的理论与实践有效融入教学过程。发挥党史的教育功能，帮助青年认识到自己的历史使命和社会责任，从而更加积极地参与国家和社会的发展建设。在青年人生价值观教育内容中融入百年党史，引导青年从整体上把握中国共产党的历史发展，对中国共产党历史上发生的重大事件、重要历史人物做出科学且客观的评价，自觉地抵制错误思潮。挖掘和学习党如何在百年奋斗过程中坚持理论创新，结出了马克思主义中国化的理论成果，利用现代技术、信息等手段复原影像资料，将党史理论、党史事件、党史人物展现出来，让青年以实地观察、思考讨论的方式参与课堂，引起他们的共鸣，激发他们的爱国主义情怀，增强他们的责任感和使命感。另一方面，挖掘运用中国共产党百年奋斗的重大成就和历史经验。党的十九届六中全会通过的《中共中央关于党的百年奋斗重大成就和历史经验的决议》总结了中国共产党百年奋斗的历史经验。把"坚持党的领导""坚持人民至上""坚持理论创新""坚持独立自主""坚持中国道路""坚持胸怀天下""坚持开拓创新""坚持敢于斗争""坚持统一战线""坚持自我革命"总结为党百年奋斗的重要历史经验，这些生动鲜活的历史经验可以不断丰富和完善青年人生价值观教育内容，

成为人生价值观教育重要资源，帮助青年理解党的发展历程及其
对国家和社会的影响。充分利用百年党史文献资料，从理论与实
践结合的角度，为青年树立正确的人生价值观提供全面、翔实的实
践指导与学习参考。运用线上线下各类学习平台，广泛开展百年
党史学习教育，充分发挥网络这一载体的作用，搭建党史学习平
台，利用充足且详尽的党史文献资料帮助青年了解、正确认识党在
发展历程中所经历的重大事件、采取的主要措施以及产生的结果
与影响，引导青年追忆历史、感悟人生，从百年党史中汲取前进力
量。将百年党史融入人生价值观教育，引导青年传承红色基因，涵
养高尚的道德品质，形成积极向上的人生价值观。

　　汲取百年党史的精神动力。回望党的百年历程，只有从党的
百年征程中不断学习、自省，才能不断更新和筑牢自身的精神世
界。红色资源是我们党艰辛而辉煌的奋斗历程的见证，是最宝贵
的精神财富。一方面，在课程中加入百年党史红色资源相关元
素。学校应以课程建设为切入点，进一步创新人生价值观教育教
学理念，整合红色文化资源中蕴含的精神动力，推进青年人生价
值观教育课程改革创新。充分运用红色文化教育资源，挖掘红色
资源背后所蕴含的革命精神和时代价值，引导青年走进红色历
史，感悟革命精神，感受红色文化的深厚底蕴。深入挖掘学校所
在区域内红色物质元素，如革命遗迹、自然景观、人文建筑等，将
学校课程同社会大课堂结合起来。充分运用学校所属地教育资
源，带领青年进行实地参观、现场教学等教育活动，将红色物质文
化和红色非物质文化融入青年人生价值观教育。在教学中强化

红色文化资源对当代青年发展的关键作用,帮助青年深刻理解中国共产党百年历史,增强民族自信。另一方面,充分发挥红色精神作用。"井冈山精神""长征精神""遵义会议精神""延安精神"等红色精神具有重要的育人价值和价值引领功能。这些精神已经深深融入中华民族的血脉和灵魂,成为鼓舞和激励中国人民不断攻坚克难、不断前进的强大精神动力。红色资源中蕴含的丰富道德内容和伦理观念,有助于提升青年的思想道德水平,塑造高尚的道德情操和艰苦奋斗的精神。组织集中学习红色精神专题教育、宣讲等,讲述党的故事、革命故事、英雄事迹,将红色精神与人生价值观教育有机结合,提高教育的有效性。依托"慕课"平台打造红色资源库,立体呈现学习内容,将大量和中国共产党精神谱系相关的红色历史文化资源融入青年人生价值观教育中。通过挖掘和运用人生价值观教育中蕴含的百年党史红色资源,引导青年传承红色基因,厚植爱国主义情感,增强文化自信,树立正确的人生价值观。

(三)结合中国实际汲取世界文化精华

世界之变、时代之变、历史之变正以前所未有的方式展开。人们对现代教育越发重视,逐渐认识到人生价值观教育不仅要深深扎根于中国的文化沃土,从中汲取智慧和力量,还要以开放包容的心态,站在人类智慧的前沿,吸收各国文化中的优秀元素。《世界文化多样化宣言》中指出,"文化多样化是交流、革新和创作的源泉,对人类来讲,就像生物多样性对维持生物平衡那样必不可少"。① 在数字化和全球化日益加深的今天,各种思潮相互激荡,为教育提供了前所未有的视野和机遇,青年的价值取向、道德观念、文化诉求受到世界文化传播的影响趋于多样化。当前,应把握世界精神资源、文化资源、物质资源等不同资源的优势,推动文化交流,扬长避短,不断优化整合来自世界各地的文化资源,取其精华,去其糟粕,坚持正确的价值导向,端正社会风气,为青年净化社会环境。

汲取世界优秀精神资源。民族精神是各自历史、文化和社会环境的产物,反映了不同民族的价值观、信仰和生活方式。各个国家之间的精神文化由于国家历史、经济、政治发展不同而存在重大差异。这种差异不仅丰富了人类文明的多样性,也为人生价值观教育提供了宝贵资源。要优化青年人生价值观教育内容资源,应当秉持开放包容的心态,对世界精神文化资源保持较为全面且客观的理解,尊重国家文化价值观的差异,将有利于整合人生价值观教育的内容资源。一方面,以更加开放和包容的心态,汲取世界各地的优秀精神文化资源。也要警惕和抵制那些消极、腐朽的文化思潮和价值观念对青年的侵蚀和影响。所以我们在利用媒体渠道帮助青年了解世界文化,感受不同文化的独特魅力和价值追求时,要在比较中鉴别,帮助青年更加深刻地理解中国共产党青年人生价值观引领的先进性和科学性。通过媒体引导

---

① 吴坚《全球教育发展新趋势》,人民出版社,2014 年,第 332 页。

青年正确看待文化差异和冲突,使他们学会在尊重多样性的基础上寻求共识与合作。通过正面引导和积极宣传,帮助青年在了解世界的基础上树立自己的人生价值观念,培养具有世界眼光的豪迈中国青年,引导他们将个人利益与国家利益有机融合,为实现中华民族伟大复兴的中国梦贡献自己的力量。另一方面,汲取世界优秀精神文化资源,要注重保护和传承本国的文化遗产,只有保护好自己的文化,才能在国际交流中保持自己的独特性和魅力。我们应该通过教育、宣传等多种方式,让更多的人了解和认识自己的文化,增强文化自信和文化自觉。就理想信念教育而言,人生价值观教育不同于其他教育,更加需要教师具有坚定的理想信念,心怀祖国和人民,在研究本学科理论知识的基础之上,坚定马克思主义信仰。教育是为人民服务的教育,是为党和国家培养社会主义建设者和接班人的教育,这就需要作为培养人的教师坚持以马克思主义为指导,坚定自己的信念,将立德树人作为自己的根本任务,引导青年熟悉并辨别来自世界的各种社会思潮,进一步强化青年对社会主义核心价值观的认同。

汲取世界优秀文化资源。站在人类智慧的前沿,汲取世界先进文化的精髓,可以丰富青年人生价值观教育的内容资源。价值观教育需要社会多方力量共同参与、协同联动,文化资源是价值观教育内容的重要来源,是教育的基础性资源。一方面,充分利用世界教育文化资源。开展国际合作,进行中外合作办学。扎根中国,学习各国先进的教育经验,提升教育国际化水平。通过中外合作办学的方式引进优质教育资源,共同开发国际课程和项目,融合不同国家的文化、历史和科技知识,为青年提供更加多元化和全球化的学习体验,使青年了解并学习不同国家的习俗、文化、政策等。另一方面,充分利用国际校友文化资源,拓展国际合作伙伴。在青年人生价值观教育中利用国际校友资源,将优秀海外校友资源融入课堂教学中,以鲜活的事迹材料作为课堂教学案例。将人生价值观教育内容与优秀海外校友资源进行对接,打造优秀海外校友教学案例,拓宽青年的国际视野。同时还可以邀请同专业领域的海外校友回校开设讲座,激发青年的学习热情和动力,充分利用国际校友资源,帮助青年提高服务社会的本领。充分利用国际教育资源提升教育质量,培养具有全球视野和跨文化交流能力的人才,不断加强与国际教育机构的合作与交流,为师生创造更加开放、包容和多元化的环境。最后,在汲取世界教育文化、校友文化资源的基础上,运用网络共享教育信息,开放教育教学资源,共享教学成果,促进教育内容资源配置的优化。

汲取世界优秀物质资源。物质文化资源主要包括文献资料、文学作品、建筑、雕塑等由具体形态展示出的具体文化资源,在人生价值观教育中,物质文化发挥着重要的作用,例如文学艺术作品充分展现了一个国家对于日常生活与交往的态度,博物馆和历史古迹承载着国家的历史,展示出国家对历史的态度。一方面,充分利用网络媒介获取世界各国教学物质资源,如利用社会网络课程、电子书刊、网络资源等对青年人生价值观教育进行补充教育。网络课程等网络资源使教学不再受到时间和空间的现实影响,打破了传统校内课堂教学的局限,丰富了课堂教学方式,为青年学习提供了便利的条件。由于青年个体之间存在差异,青年各自的知识体系和能力也存在差异,网络资源课程、电子书籍等可以使青年具有选择性地进行学习,帮助青年养成自主学习的习惯。另一方面,通过运用世界物质文化来丰富人生价值观教育内容。物质文化遗产资源作为"有形文化遗产",包括历史文物、历史建筑和人类文化遗址等。将人类文明成果作为我们开展青年人生价值观教育的补充资源,取其精华,有效运用到我国人生价值观教育之中。鼓励青年参与国际交流活动,如海外研学、国际夏令营等,这些活动可以让青年亲身体验不同国家的文化和生活方式,增进对世界的了解和认识,以此帮助青年树立战略思维。只有这样,青年才能够拥有宽广的国际视野,在强有力的思想引领下进行鉴别,最终做出最为坚定的人生价值选择。

三、创新教育方法

"教育的形式是保证教育效果的重要条件,为了适应不同的教育环境,教育形式需要有不同程度的发展以满足不同的教育需求。"[①]有效开展青年人生价值观教育,引领青年塑造出彩人生,需要根据教育形势的新变化,推动人生价值观教育方法的创新与

---

① 李忠军等《马克思恩格斯思想政治教育思想研究》(第二卷 范畴),高等教育出版社,2024年5月,第236页。

发展。新时代下,科学技术日新月异的发展革新深刻影响着青年的思维方式和行为方式,社会的全面发展也为青年带来更多人生发展的可能性。如何引导青年树立正确的人生价值观,从而更好地将自身成长成才与实现民族复兴的伟大事业结合起来,是人才培养方面面临的重要议题。青年人生价值观教育方法应当与时俱进,坚持以青年为中心,促进人生价值观教育与现实生活的紧密结合,推动教育方法的多元化发展。

（一）互动式教学法的创新应用

人生价值观的知识教育主要在学校思想政治理论课上开展,互动式教学法能够在思想政治理论课上为教师与青年搭建沟通桥梁,打造师生围绕人生价值观教育主题构建对称信息的教学平衡状态。传统的思想政治理论课以百人容量的大班制为主,班级容量决定人生价值观教育的主要方法是讲授,以"教师主讲—学生听讲"为特征。在此种教育背景下,互动式教学方法形式以"教师课堂提问—学生举手回答"为主。由于教学时间有限,真正能够参与教学互动的学生只是少数,多数学生依然是人生价值观教育内容的被动接受者。

推动互动式教学法创新发展的现实条件是现代教学班型的小班化,即从大班制教学逐渐向小班制教学发展。小班制教学是现代大学教学的重要标志之一,体现出以学生为本、以能力培养为重点、以人才培养质量为核心的特点。小班制教学是欧美发达国家普遍推行的一种教学组织形式,是指在学生数量控制在 30 人以下的教学单位中面向学生个体,围绕学生个体发展而开展的教学活动。[1] 与大班制相比,小班制教学因其具有较高的师生比,能够增强师生互动,满足个性化学习需求,促进青年的全面发展,从而成为一种新型教学班级结构设置理念,逐渐在我国学校中展开推广。近年来,我国社会人口结构正在发生历史性变化,经济发展使教育资源逐渐丰富,人民群众对高质量教育的呼声不断。在新的教育发展条件下,小班制改革成为发展趋势,为传统互动式教学法不断发展提供了肥沃的现实土壤。从小班制教学历史发展上来看,小班制教学已经在欧美发达国家,尤其是美国的整个中小学阶段、大学阶段推行。新时代以来,我国浙江、北京、上海等城市也开始逐渐在公办学校中推广小班制教学,在广州也开始有小学尝试小班制教学。在大学阶段的教育实践中,2012 年起北京大学发布了《北京大学关于开展"小班课教学"试点工作的若干意见(试行)》(以下简称《意见》),率先开展小班制教学的探索。《意见》中明确规定:"在'小班课教学'中,要打破'教师一言堂'和'灌输式'等教学方式,鼓励以与学生探讨为主的互动交流过程,强调启发式讲授、批判式讨论和探究性学习。在这一过程中,学生不只是知识的学习者,教师不只是知识的传授者,双方更是知识的共同探索者。"这标志着互动式教学法在大学课堂上创新发展的新进展、新局面。在大学阶段教育对小班制教

---

[1] 张学华《小班化教学破解理工院校思想政治教育困局》,载《教育与职业》,第 3 期,2015 年,第 160—161 页。

学进行探索的趋势下,近两年思想政治理论课小班制教学改革的帷幕也逐渐拉开,从理论探索到实践试点,开展以互动式教学法为特征的"精耕细作"式的价值观教育。总体来看,在欧美国家小班制教学中所采用的互动式教学法对我国大学阶段思想政治理论课互动式教学法的创新发展具有重要的启发意义。

在积累思想政治理论课互动式教学法实践经验和参考国外经验的基础上,围绕人生价值观教育重要命题而采取的互动式教学法,在未来的创新和发展过程中有两个重要的方向,一是注重朋辈交流的小组合作学习模式,二是注重师生交流的师生对话模式。小组合作学习模式是以学生为中心的教学方法,鼓励教师组织学生分组,通过小组合作的方式共同学习、探讨和研究人生价值观教育的课程内容。这种模式强调学生之间的互动和合作,能够加强学生对人生价值的思考,强化表达观点的沟通技巧和解决现实问题的能力。如在教师的组织下实施小组讨论,鼓励学生在小组内部分享自己对人生意义的理解、具体的人生理想、切实的人生规划,通过互动交流深化对人生价值的理解,树立正确理想信念,认识到脚踏实地为人生理想付诸实践努力的重要意义。小组讨论还可以以辩论式的形式开展。"真理不辩不明",教师可以组织学生就某一人生价值观议题分成正反两方进行辩论,从而深化学生对正确的人生价值观的思考。师生对话模式是以对话为基础的教学方法,强调课堂上教师与学生之间充分的互动交流,能够直接促进学生对人生价值的思考、理解和知识构建,是对传统"教师课堂提问—学生举手回答"互动式教学法的发展。例如组织开展圆桌讨论,让学生在平等的氛围中与教师探讨人生价值观问题,每个学生都有机会就某一人生价值观问题向教师提问,教师和其他学生也有充足的时间互动、解答问题。此外还能开展以教师提问为主的对话,如开展苏格拉底式对话,通过连续提问引导青年思考人生问题,帮助他们发现思维中的矛盾和不足,从而深化对人生价值的理解;开展启发式对话,教师提出开放性问题,鼓励青年探索和发现实现人生价值的更多途径;开展反思性对话,引导青年回顾确立人生价值观的过程,反思自己的日常和社会实践。

不论是注重朋辈交流的小组合作学习模式,还是注重师生交流的师生对话模式,互动式教学法的创新发展都需要遵循以学生为中心的教育原则,"以大学生人生理想的发展现状为基础,重视个体差异,针对学生不同的发展阶段,确定不同的教育目标,采取不同的教育方法,切实做到因材施教"。① 同时,在广泛推进小班制教学的背景下,每个青年都能享受平等的互动机会和充裕的时间,因此互动式教学的创新发展要关注人生价值观教育教学互动在自然教学班级的全覆盖。

(二)体验式教学法的创新实践

"实践、认识、再实践、再认识,这种形式,循环往复以至无穷,

---

① 蒋菲《当代大学生人生理想:样态及影响因素》,载《思想理论教育》,第 21 期,2013 年,第88—91 页。

而实践和认识之每一循环的内容,都比较地进到了高一级的程度。"①认识产生于实践,正确人生价值观的养成来源于持续的人生体验。开展实践教育,推动青年在实践中体悟人生价值,是经典的人生价值观教育方法。通过结合新的社会实践条件和新的育人要求,在马克思主义教育思想的指导下,立足国情,以开阔的国际视野批判性地参考国际上开展人生价值观教育的方法,我国体验式教学法也能在创新和实践中不断发展。

增加劳动体验,寓教于行,引导青年正确认识远大抱负和脚踏实地,引领青年深刻理解"劳动最光荣、奋斗最幸福"。在2018全国教育大会上,习近平总书记指出"劳动可以树德、可以增智、可以强体、可以育美。这次,党中央经过慎重研究,决定把劳动教育纳入社会主义建设者和接班人的要求之中,提出'德智体美劳'的总体要求"。② 从"德智体美"到"德智体美劳""五育并举"的总体要求,既强调了德育、智育、体育、美育的重要性,又突出了在新时代开展劳动教育的迫切性。劳动教育是通过形式多样的劳动实践,让青年养成劳动习惯,学会劳动、学会勤俭、尊重劳动者。劳动教育蕴含着深刻的人生价值观教育意蕴。美好的生活是奋斗出来的,"劳动是一切幸福的源泉"。通过增加劳动体验引导青年树立人生价值观,就是引导青年在实际劳动中培养正确的劳动观念、积极的劳动精神,帮助青年认识和领会:任何一项辉煌事业

---

① 《毛泽东选集》第1卷,人民出版社,1991年,第274页。
② 习近平《论教育》,第12页。

的成功，只有靠脚踏实地、辛苦劳动、努力付出、坚持不懈，才能得以实现。远大的人生理想离不开脚踏实地的劳动，人生价值也是靠辛勤的双手不断地劳动、付出创造的。为了更好开展劳动教育，深化劳动体验，我们各级各类学校正在开展以"劳动创造幸福"为主题的宣传教育，努力把劳动教育纳入甚至贯穿人才培养全过程。同时，在劳动教育中要高度重视家校社一体化的育人合力，将劳动教育贯通大、中、小学各学段，以及家庭、社会育人的各方面。在劳动教育中对青年开展社会主义荣辱观教育，教育引导广大青年树立以辛勤劳动为荣、以好逸恶劳为耻的劳动观，引领青年深入体会劳动的价值，帮助青年将劳动的价值融入他们的人生价值观，最终将青年培养成为尊重劳动、热爱劳动、勤于劳动、善于劳动的高素质劳动者。人生价值观教育方法也将随着劳动教育的深化而发展，不断迎来新的实践创新机遇。

增加多元体验，推动跨学科整合，拓宽青年人生理想选择视野。中国特色社会主义进入新时代，我们的社会发展、科技创新和人才培养越来越依赖于不同学科知识的整合，可以说新时代必将是一个交叉学科创新发展的时代。在这样的教育背景下，社会主义建设者和接班人的培养要在增长见识上下功夫，在增强综合素质上下功夫，促进青年全面发展。在广泛的领域开展多元的学习和体验活动，将会开阔青年的视野，使青年更加明确自己的人生志向。我国有着悠久的学科融合培养历史。《论语》中讲"博学而笃志，切问而近思，仁在其中矣"。周朝的官学已经要求学生掌握礼、乐、射、御、书、数"六艺"，对官学弟子提出了文理兼备、文武双全的要求。相关实证研究表明，专业门类显著影响"确定人生理想"及"寻找人生理想"这两个判定人生理想发展阶段的重要指标。[①] 文史类学生由于涉猎广博，在学习文学、历史、语言、文化、艺术、政治、教育、社会等方面的知识的过程中，更易产生对人生意义、价值观、意识形态等问题的思考，因此相较于侧重学习原理、公式等内容的理科生，文科生更倾向于树立明确的人生理想或者正在寻找人生理想。为此，通过体验式教学方法进行人生价值观教育，可以有意识地引导青年的实践活动逐渐向跨学科、多学科的方向发展，让青年见更大的世界，选更中意的人生。

营造关键体验，利用情境与矛盾，深化青年对人生价值的理解。马克思主义哲学认为，矛盾存在于世界的一切事物中，并且贯穿于不同事物发展的始终，是事物发展的根本动力。青年人生价值观的发展过程，不仅是"从实践到认识，从再实践到再认识"的波浪式前进、螺旋式上升的过程，还是处理思想中一个个思维矛盾的发展过程。在人生价值观教育过程中把握青年面对人生价值观选择时的矛盾，并加以积极影响，能够获得实质性的教育效果。为青年创设关键教育体验，在"关键时刻"开展人生价值观引导，可能会产生可持续的特殊教育效果。

（三）技术辅助教学法的创新探索

当前以大数据、人工智能、云计算为代表的数字技术迅猛发

---

① 蒋菲《当代大学生人生理想：样态及影响因素》。

展,在潜移默化中影响着人们的思维方式和生活方式。青年人生价值观教育在时代的洪流中,必将发生系统性的变革。数字技术本质上是一种科学技术手段,人生价值观教育可以通过多种信息传递渠道,为青年提供最为丰富的人生价值引领资源,并在此基础上引导青年深入思考人生意义、人生理想、人生道路。因此,在青年人生价值观教育的各个环节,对技术变革敏感、率先做出反应的便是教育方法。如何将先进的数字化信息技术应用于人生价值观教育方法的变革,是未来很长一段时间里思政教育者要面临的重要问题和创新探索的方向。

数字技术的变革会对教育事业产生系统性、全局性的影响,因此在教育实践中应高度重视数字技术变革。在国家战略层面,从"教育信息化"到"数字教育"再到"国家教育数字化战略",核心提法的变化背后是数字技术在短短十年内的迭代式发展和与教育事业的深度融入,彰显了国家对数字技术的重视程度不断提升。数字技术的应用可以打破优质教育资源在空间和时间上的局限,形成优质教育资源的共创共享,能够在很大程度上促进教育公平,不断推动进一步办好公平且有质量的教育。对人生价值观教育而言,数字技术与教育方法的结合,能够使教育方法更契合年轻人的思维方式,不仅使更多青年接受更科学的方法引导,还能使人生价值观教育过程更加生动有趣。

现阶段将数字技术融入青年人生价值观教育方法的创新探索还处在初级的技术辅助教学阶段。在这一阶段,教师将数字技术作为一种教学工具应用于教学课堂。如多媒体教学系统,教师使用 PPT 等展示讲课思路、分享图片视频辅助讲解。这一技术辅助教学法产生后广泛流行,成为今天主流的课堂教学方法,多媒体设备也成了现代化教室的标准配置。此外,数字技术进步带来的海量信息储存在云端,能成为全网共享的教育资源;极大提高的通信效率支撑起线上授课,使得教学活动不再受地理位置的限制,让更多人享受优质的教育资源,并且可根据自己的学习需要选择学习资源;扩大了的社交范围使青年能在网络空间寻找到更多志同道合的人,打造共同成长的社交集群。人生价值观理论教育所依托的课堂教学,在教育方法上也不断发生相应的变化,越来越多的课堂结合线上和线下教学的优势,设计混合式教学模式,如翻转课堂,使课堂教学更加高效,对青年进行直接而深化的人生价值引领。

数字技术发展的潮流势不可挡,青年人生价值观教育方法的变革将继续深化。这一过程没有现成的经验可以借鉴,也没有成熟的案例可供分析,如何利用数字技术的进步创新发展教育方法,从而更好引领青年成长成才,是每一个教育者都要面对的问题,而教育方法的守正创新需要以满足人生价值观教育的核心要求为原则。一是把握立德树人的根本任务,促进新时代青年全面发展。"技术发展的目的在于为人的自由全面发展服务,一旦技术运用失范乃至偏离主体,技术就会陷入异化陷阱。"[1]要处理好技术与人的关系,切不可陷入以技术为中心的技术决定论,明确

---

[1] 王寅申、朱忆天《沉浸传播时代思想政治教育的发展变革与价值澄明》,载《思想理论教育》,第 4 期,2021 年,第 90—95 页。

技术的辅助性作用,逐步完成引导青年树立正确人生价值观、引领其成长成才的重要使命。二是完善人生价值观教育方法的创新管理。数字技术赋能人生价值观教育方法是一把双刃剑,一方面使教育方法的实施和运用可视化、教育过程精细化、教育形态智慧化,另一方面要避免数字化教学方法流于形式,并加强数据安全意识。为此,在技术辅助人生价值观教育方法创新实践的过程中,要完善数字技术赋能机制的建设,加强教育方法数字化创新的运行保障,筑牢教育方法数字化创新的安全屏障。

四、拓展引领路径

基于长期培养社会主义建设者和接班人的经验积累,我国青年人生价值观教育已经形成了依托课堂教学、课外活动、校园文化、家校社协同模式以及配套制度保障这五方面的多元教育路径体系和完整的教育生态。然而人生价值观教育体系不是静态完成时,而是会随着新的社会条件不断优化调整的现在进行时。在坚持问题导向的思路下,未来我国青年人生价值观教育路径在上述五个方面还要不断深入发展、进步。

(一)重视选修课的人生价值观教育功能

我国学校课程教学中的人生价值观教育覆盖思想政治理论课和课程思政(专业课程和公共课程)。思想政治理论课是引导青年树立正确世界观、人生观、价值观的主阵地，蕴含鲜明的人生价值观教育目标和内容。而思想政治理论课以外的其他课程，围绕具体的课程内容和在青年成长中发挥的作用，被分为专业教育课程和通识教育课程，若进一步以支撑专业知识重要性程度为标准，又可以分为专业教育必修课程和专业教育选修课程，通识教育必修课程和通识教育选修课程。课程思政是近年来我国思想政治教育领域重点开发建设的新工程，目标是将对青年思想和价值的引领融入所有学科专业。

　　课程思政的建设发展是一个需要长时间探索和不断完善的过程，如今课程思政建设还有一系列可提升之处，如对于建设课程选择的关注不均衡等问题。截至 2024 年 9 月 28 日，在中国知网以关键词"课程思政"和"专业课"检索文章，结果有 4 688 篇，"课程思政"和"通识课"组合搜索结果只有 108 篇；以关键词"课程思政"和"必修课"检索文章，结果有 1 177 篇，"课程思政"和"选修课"组合搜索结果只有 123 篇。可见，学者们最为关注的是专业课程的课程思政建设，最不关注的是通识课程的课程思政建设；相对于必修课课程思政建设，学者们对如何在选修课程中融入课程元素从而对青年进行价值引领的研究没入精力更少。

　　从专业能力构建角度看，专业课程相较于通识课程、必修课程相较于选修课程，在教育体系要求、专业核心知识培养、实践技能养成等方面具有更为重要的地位，开课数量也更多，为了培养具有正确人生价值观的专业化人才，我们应当关注这一现象。从青年学习的角度看,选修课是青年在"规定动作"之外选择的"自选动作",选课动机以个人兴趣和个性化发展需要为主,有利于拓宽青年知识面、深化专业学习,具有很大的灵活性,是青年看向世界的另一扇窗口。"兴趣是最好的老师",青年出于自身兴趣自愿选择的选修课程,对于提升青年在学习生活中的幸福感、获得感有重要意义。若能够抓住青年的兴趣点,精准进行人生价值观教育,将会显著提升人生价值观教育的整体效果。

由此可见,选修课程的人生价值观教育功能的发挥至关重要。为此我们需要投入更多关注,这种关注不仅体现在理论研究领域,还体现在教育实践领域,如提高教师的重视程度,优化授课形式使之更加生动有趣,改善评价方式。通过理论与实践双管齐下,选修课程能够在未来发挥更大的人生价值观教育引领作用。

(二)探索社区服务活动的人生价值观教育功能

青年主动将个人投入到社会之中,奉献社会、服务社会、完善自身、创造价值,在这个过程中能够产生对人生价值最直接的体悟。通过社会实践对青年进行人生价值观引领是最为经典的教育路径。随着实践探索的不断深化,各种类型、各种级别的支教团、服务团蓬勃发展,连接着我国广袤大地上的城市和农村。青年参与其中便拥有了看世界、看人间、体验人生的机会,既能够增长见识,又能够利用自己的专业知识服务他人,创造社会价值。近年来,在共青团中央的组织下,青年群体中开启了一种极具代表性的志愿服务活动——社区服务，鼓励假期返乡青年积极参与到家庭所在地基层组织中开展志愿服务。在此之前，以社区服务为主题的社会实践活动主要在基础教育阶段开展。

人情怀旧乡，客鸟思故林。人与故土的联系是天然而深厚的，绵延不绝的乡土情怀篆刻在中华民族的文化基因中，也篆刻在离开故土的游子心中。大学生便是当代的游子，他们了解自己的家乡，热爱自己的家乡，也愿意奉献自己的家乡，越来越多的大学生选择毕业后返乡就业。① 2019 年 6 月，共青团中央发出通知，面向全国大学生常态化组织开展"返家乡"社会实践活动。该活动旨在深入学习贯彻习近平新时代中国特色社会主义思想，组织青年投身打赢脱贫攻坚战和实施乡村振兴战略生动实践，帮助青年在实践中了解国情、锤炼品性，助力青年成长成才。这类活动主要包括寒暑假期间返乡实践和在校期间远程互动两种形式：寒暑假期间开展政务实践、企业见习、公益实践、兼职锻炼等实地活动，在校学习期间则进行线上远程联系，配合完成项目对接、校地对接等，服务地方中心工作和经济社会发展，服务地方团的建设和相关工作。2019—2020 年为该项志愿活动的探索阶段，在全国 100 个区县试点开展。如今，"返家乡"社会实践活动范围不断扩大，也有越来越多青年利用假期投入到家乡的建设之中，在服务家乡的过程中找到人生的方向。

---

① 麦可思研究院 2023 年的调查研究发现，近五届在外地（即"非生源省"）求学的应届本科生毕业半年后返乡（即"生源所在省"）就业的比例呈上升趋势。2022 届外地求学本科生返乡就业的比例（47%）较 2018 届（43%）提升了 4 个百分点。

（三）开发主题文化活动的人生价值观教育功能

中华民族有着悠久的历史和灿烂的文化。党和国家十分重视文化的传承与发展，将文化育人作为一种重要的育人路径。文化的传承与弘扬需要发挥人的主观能动性和历史主动精神，以强国建设为目标，推动文化繁荣。青年人生价值观教育活动，既存在于中国特色社会主义的文化谱系之中，为强国建设、民族复兴培养人才，也存在于校园内的亚文化圈中，培养具有校园文化价值观特性的优秀学子。"人创造环境，同样，环境也创造人。"[①]教育者们创造了丰富多彩的物质文化、精神文化、制度文化，构成完整的校园文化图景，并嵌入青年人生价值观教育环境中，通过隐性教育的方式，潜移默化影响青年的人生价值观，这种影响是在传承与发展校园文化的过程中实现的。

校园文化不会自己传承与发展，需要教育者们勇担新时代新的文化使命，坚守以文化人的弘道追求，积极引导青年去了解文化、体悟文化、继承文化、发展文化。在人生价值观教育专题理论教学和参加丰富实践活动的基础上，教育者们也应当开展专门的主题文化活动，引导青年融入校园环境，体悟独特的校园文化。"人生价值""强国建设""团队合作"等都可以成为活动主题。在挖掘校园物质文化的人生价值观教育功能时，可以开展摄影、拓

---

① 卡尔·马克思，弗里德里希·恩格斯《马克思恩格斯文集》（第 1 卷），人民出版社，2009年，第 545 页。

写、写生等主题文化活动，引导青年关注到沉默的石头和标语，感受身边无处不在的精神激励。在挖掘校园精神文化的人生价值观教育功能时，可以开展针对校内优秀教师的访谈与互动形式的主题文化活动，引导青年感受身边榜样的力量。在挖掘校园制度文化的人生价值观教育功能时，可以开展比较不同校园制度文化的主题文化活动，引导青年在制度比较中明确普遍要求、特殊规定、鼓励所在和禁止何为，从而以更高的站位思考校园生活、自身建设的人生意义。通过种种主题文化活动，使校园物质文化熏陶人、校园精神文化感召人、校园制度文化规范人，并推动校园文化与时俱进发展。

（四）完善家校社沟通机制，统筹人生价值观教育立体化发展

在教育体系中·学校、家庭、社会分别扮演不同的角色，各个部分通力合作、各司其职，构成了家校社协同育人模式。通过家校社协同开展青年人生价值观教育的关键在"协同"。以学校主导、社会推动、家庭合力为核心的"协同"应当形成"校—家""校—社""社—家"之间良好的沟通生态。结合青年阶段人生价值观发展的特点和教育的需要，今天的"协同"是政策要求下的任务协同，在顶层设计层面形成的任务闭环。家校社协同机制的未来发展，着力点在建立三者间的沟通机制，推动"协同"内涵式发展，激发家校社协同育人模式的内生发展动力，统筹推进人生价值观教育立体化发展。

构建共时态家校社沟通机制在不同时期各有侧重。家校社协同育人，暗含家、校、社三方应当建立沟通合作的关系，我们要分别从家庭与学校、社会与学校的关系考察这种沟通机制的构建。高考后的升学促使毕业生跨区域流动，意味着青年进入高校深造，是一个离开家庭（或者说远离家庭教育影响）的过程，绝大多数青年会离开家庭居住环境，进入校园居住环境。高校成为继家庭之后的人生价值观首要教育者，家庭人生价值观教育逐渐变成高校人生价值观教育的补充。同时，家庭教育对青年的影响又是深远的，是高校开展人生价值观教育不能忽略的力量。学校与社会的沟通相较于与家庭的沟通更为便捷，因为学校不仅要培养社会主义建设者和接班人，还要培养社会需要的、具有专业技能的人才。在一般情况下，家庭和社会的联系是单向的，父母会根据自己的人生经验和社会阅历有意识地引导孩子树立人生价值观。

不难发现，高校是青年在高中与社会之间的衔接阶段，青年接受高等教育是离开家庭环境进入社会环境的过程，意味着身份从被监护人向成年人的转换。一般情况下，高等教育阶段的家校社的沟通是线性的，而不是一个沟通闭环。为了构建家、校、社之间更有效的沟通机制，家庭与学校沟通的时空交错是要解决的核心问题。解决这个矛盾需要拉长沟通机制作用的时间轴，在顶层设计的调控下，长远布局。高校应加强对家庭人生价值观教育的研究和对人生价值观毕生发展的研究，并在此基础上面向社会开展家庭教育培训，与青年的家庭建立有效沟通机制，从而推动人生价值观教育跨越时空立体化发展。

参考文献

经典文献：

《公民道德建设实施纲要》，人民出版社，2001年，第2页。

教育部社会科学司《普通高校思想政治理论课文献选编》(1949—2006)，中国人民大学出版社，2007年，第203—204页。

教育部思想政治工作司《加强和改进大学生思想政治教育重要文献选编》(1978—2008)，中国人民大学出版社，2008年，第201—202页。

卡尔·马克思，弗里德里希·恩格斯《马克思恩格斯文集》第1卷，人民出版社，2009年，第545页。

毛泽东《毛泽东选集》第1卷，人民出版社，1991年，第274页。

习近平《高举中国特色社会主义伟大旗帜 为全面建设社会主义现代化国家而团结奋斗：在中国共产党第二十次全国代表大会上的报告》，人民出版社，2022年，第64页，第71页。

习近平《决胜全面建成小康社会 夺取新时代中国特色社会主义伟大胜利》，人民出版社，2017年，第70页。

习近平《论党的宣传思想工作》，中央文献出版社，2020年，第56页。

习近平《论坚持党对一切工作的领导》，中央文献出版社，2019年，第

11 页。

习近平《论教育》，中央文献出版社，2024 年，第 5—6 页，第 8 页，第
12 页。

习近平《青年要自觉践行社会主义核心价值观：在北京大学师生座谈会
上的讲话》，人民出版社，2014 年，第 9—11 页。

习近平《习近平著作选读》第一卷，人民出版社，2023 年，第 543 页。

习近平《用新时代中国特色社会主义思想铸魂育人　贯彻党的教育方针
落实立德树人根本任务》，载《旗帜》，第 4 期，2019 年，第 5—7 页。

习近平《在 2015 年春节团拜会上的讲话》，载《人民日报》，第 2 版，
2015 年。

习近平《在纪念五四运动 100 周年大会上的讲话》，人民出版社，2019
年，第 7 页。

习近平《在庆祝中国共产党成立 100 周年大会上的讲话》，人民出版社，
2021 年，第 11 页。

习近平《在庆祝中国共产党成立 95 周年大会上的讲话》，人民出版社，
2016 年，第 15 页。

《新时代爱国主义教育实施纲要》，人民出版社，2019 年，第 1—8 页。

《新时代公民道德建设实施纲要》，人民出版社，2019 年，第 6—8 页，第
10 页。

中共中央党史和文献研究院《十八大以来重要文献选编》（下），中央文献
出版社，2018 年，第 480 页。

中共中央党史和文献研究院《中华人民共和国大事记：1949 年 10 月—
2019 年 9 月》，人民出版社，2019 年，第 79 页。

中共中央党史和文献研究院、中央档案馆《中国共产党重要文献汇编》第

八卷(一九二六年五月——一九二六年七月),人民出版社,2022 年,
第 586 页。

中共中央党校党史教研室《中共党史参考资料》(四),人民出版社,1979
年,第 158—160 页。

《中共中央关于制定国民经济和社会发展第十四个五年规划和二〇三五
年远景目标的建议》,人民出版社,2020 年,第 26 页。

中共中央文献研究室《十八大以来重要文献选编》(上),中央文献出版
社,2014 年,第 278 页。

中共中央文献研究室《十六大以来重要文献选编》(中),中央文献出版
社,2006 年,第 180—181 页,第 637 页。

中共中央文献研究室《十七大以来重要文献选编》(上),中央文献出版
社,2009 年,第 26 页。

中共中央文献研究室《习近平关于青少年和共青团工作论述摘编》,中文
文献出版社,2017 年,第 18 页。

中共中央文献研究室、中央档案馆《建党以来重要文献选编(一九二一—
一九四九)》第十三册,中央文献出版社,2011 年,第 373 页。

《中共中央宣传部　教育部关于进一步加强和改进高等学校思想政治理
论课的意见》,载《中华人民共和国教育部公报》,第 4 期,2005 年,第
31—35 页。

中央档案馆《中共中央文件选集》第二册,中共中央党校出版社,1989
年,第 221—223 页。

学术专著:

[德]康拉德·茨威格特,海因·克茨《比较法总论》,潘汉典、米健、高鸿

钧等译,法律出版社,2004 年,第 25 页。

[德]马克斯·韦伯《社会科学方法论》,韩水法、莫茜译,商务印书馆,
2013 年,第 52—69 页。

[德]亚瑟·叔本华《人生的智慧》,余荃译,民主与建设出版社,2019 年,
第 2 页。

[法]托克维尔《论美国的民主》,董果良译,商务印书馆,2017 年,第
122 页。

[美]艾伦·布卢姆《美国精神的封闭》,战旭英译,冯克利校,译林出版
社,2011 年,第 3 页。

[美]安德鲁·德尔班科《大学:过去,现在与未来》,范伟译,中信出版社,
2014 年。

[美]史蒂文·迪纳《非常时代:进步主义时期的美国人》,萧易译,上海人
民出版社,2008 年,第 77—79 页。

[美]约翰·杜威《民主主义与教育》,陶志琼译,中国轻工业出版社,2014
年,第 2—3 页。

[英]莫妮卡·泰勒,万明《价值观教育与教育中的价值观(上)》,载《教育
研究》,第 5 期,2003 年,第 35 页。

本书编写组《中华民族抗战精神永存》,人民出版社,2005 年,第 26 页。

陈文干《美国大学与政府的权力关系变迁史研究》,浙江大学出版社,
2015 年,第 148—149 页。

费孝通《费孝通论文化与文化自觉》,群言出版社,2005 年,第 344 页。

冯友兰《中国哲学简史》,赵复三译,中华书局,2015 年,第 409 页。

李忠军等《马克思恩格斯思想政治教育思想研究》(第二卷 范畴),高等
教育出版社,2024 年 5 月,第 236 页。

王国维《王国维文学论著三种》,商务印书馆,2010 年,第 29 页。

王英杰《美国高等教育的发展与改革》,人民教育出版社,2002 年,第
200 页。

吴坚《全球教育发展新趋势》,人民出版社,2014 年,第 332 页。

张春兴《心理学思想的流变——心理学名人传》,上海教育出版社,2002
年,第 324 页。

张华《中国共产主义青年团职能研究》,人民出版社,2013 年,第 74—75
页,第 176 页。

郑富兴《现代性视角下的美国新品格教育》,人民出版社,2006 年,第
78—99 页。

郑永廷《思想政治教育方法论》,高等教育出版社,2010 年,第 170 页。

学术期刊与网络文献:

柏路《新时期美国高校道德教育的校园文化途径研究》,载《东北师大学
报(哲学社会科学版)》,第 2 期,2014 年,第 143 页。

蔡瑶《价值观教育与大学责任——基于对美国大学通识教育变迁的研
究》,载《高教探索》,第 12 期,2019 年,第 76 页。

曹莉,郑力《文化素质教育的价值与意义——清华大学的探索》,载《2015
年大学素质教育高层论坛论文集——素质教育与大学教育改革》,
2015 年,第 48—58 页。

陈荟芳《浅谈美国公民教育对我国思想政治教育的启示》,载《前沿》,第 4
期,2007 年,第 84—85 页。

陈露茜《论 20 世纪 80 年代美国"优质运动"中的意识形态冲突》,载《教
育学报》,第 8 卷,第 2 期,2012 年,第 88—99 页。

陈芸,廖黎芳《当代西方道德认知发展理论对我国学校道德教育的启示》,载《青年科学》,第 2 期,2010 年,第 71 页。

程军,李京肽,王舒涵《美国大学校友文化建设研究及其启示》,载《西南交通大学学报(社会科学版)》,第 18 卷,第 5 期,2017 年,第 11 页。

董美玲《"斯坦福——硅谷"高校企业协同发展模式研究》,载《科技管理研究》,第 31 卷,第 18 期,2011 年,第 64 页。

《对于青年运动之议决案》,载共产党员网,https://fuwu. 12371. cn/2012/09/18/ARTI1347957207881127. shtml(访问于 2024 年 9 月 11 日)。

方补课,高原《浪漫主义的延续:美国个人主义教育思想的诞生》,载《基础教育》,第 13 卷,第 3 期,2016 年,第 13—18 页。

《关于实施中华优秀传统文化传承发展工程的意见》,载中国政府网,2017 年 1 月 25 日,https://www. gov. cn/zhengce/2017-01/25/content_5163472. htm(访问于 2024 年 9 月 11 日)。

《哈佛大学独占鳌头,美国大学获社会捐赠排名出炉!》,载搜狐网,2020 年 5 月 7 日,https://www. sohu. com/a/393455514_99949452(访问于 2022 年 6 月 6 日)。

韩宇《达尔文思想与生物进化论的辩正》,载《生物学教学》,第 43 卷,第 5 期,2018 年,第 79—80 页。

胡咚,万美容《当代大学生人生价值观教育创新三问》,载《思想理论教育》,第 6 期,2015 年,第 56—59 页。

黄建顺,宋雪霞《培养什么人 如何培养人——十六大以来青少年教育的重大进展及政策分析》,载《福州大学学报(哲学社会科学版)》,第 5 期,2007 年,第 97—101 页。

姜雪凤,关锋《当代国夕青少年价值观教育及启示》,载《山东省团校学报（青少年研究)》,第 1 期,2007 年,第 23—25 页。

蒋菲《当代大学生人生理想:样态及影响因素》,载《思想理论教育》,第 21 期,2013 年,第 83—91 页。

蒋菲《新世纪美国高校道德教育的"专业性"课程研究——以美国斯坦福大学和哈佛大学为例》,载《东北师大学报(哲学社会科学版)》,第 2 期,2014 年,第 152 页。

《教育部等部门关于进一步加强高校实践育人工作的若干意见》,载中华人民共和国教育部政府门户网站,2012 年 1 月 10 日 http://www. moe. gov. cn/srcsite/A12/moe _ 1407/s6870/201201/t20120110 _ 142870. html(访问于 2024 年 9 月 11 日)。

《教育部关于加快建设高水平本科教育全面提高人才培养能力的意见》,载中华人民共和国教育部政府门户网站,2018 年 9 月 17 日,http://www. moe gov. cn/srcsite/A08/s7056/201810/t20181017 _ 351887. html(访问于 2024 年 9 月 11 日)。

《教育部关于进一步加强和改进高等学校思想政治理论课的意见》,载《中华人民共和国教育部公报》,第 4 期,2005 年,第 31—35 页。

李成保《实用主义的理论评价及其合理性——以威廉·詹姆士思想为例》,载《理论文萃》,第 6 期,2011 年,第 5 页。

李向成《用"以文化人"推进大学生核心价值观宣传教育的实践路径探析》,载《思想教育研究》,第 11 期,2015 年,第 27—30 页。

刘清平《"人生意义"的元价值学分析——兼答"我是谁"的哲理问题》,载《江苏行政学院学报》,第 1 期,2017 年,第 12—18 页。

刘绪《构建高水平的教育评价体系——南方科技大学教育评价改革实

践》,载《光明日报》,第 13 期,2021 年。

刘绪《构建高水平的教育评价体系——南方科技大学教育评价改革实践》,载《光明日报》,第 13 期,2021 年。

马平,赵兵《南京林业大学　用稻草营造景观　将课堂搬到田野》,载《建筑与文化》,第 2 期,2018 年,第 12—17 页。

穆肃,王孝金,周腾《多样化教育教学背景下的开放在线课程》,载《现代远距离教育》,第 4 期,2016 年,第 51—57 页。

钱家先,张学伟《论托马斯·杰斐逊的宗教自由思想》,载《云南师范大学学报(哲学社会科学版)》,第 3 期,2000 年,第 41—43 页。

乔法容《"改革开放与人生价值观"研讨会简介》,载《哲学动态》,第 8 期,1993 年,第 14—16 页。

宋书其,张世贵《市场经济与大学生的人生价值观塑造》,载《广西大学学报(哲学社会科学版)》,第 S3 期,1999 年,第 80—81 页。

王春来《转型、困惑与出路——美国"进步主义运动"略论》,载《华东师范大学学报(哲学社会科学版)》,第 5 期,2003 年,第 71—78 页。

王阳,李晋《美国传统道德教育模式的复兴》,载《求实》,第 2 期,2005 年,第 305—306 页。

王寅申,朱忆天《沉浸传播时代思想政治教育的发展变革与价值澄明》,载《思想理论教育》,第 4 期,2021 年,第 90—95 页。

吴鹏,刘华山《道德推理与道德行为关系的元分析》,载《心理学报》,第 46 卷,第 8 期,2014 年,第 1192—1207 页。

吴倩《美国价值观教育的历史演进及其启示》,载《社会主义核心价值观研究》,第 2 卷第 2 期,2016 年,第 90—95 页。

武淑梅《当代美国大学生价值观教育研究》,中国地质大学(北京)博士论文,2020 年。

《新时代学校思想政治理论课改革创新实施方案》,载中国政府网,2020
年 12 月 18 日,http://www.gov.cn/gongbao/content/2021/content_
5595931.htm(访问于 2024 年 9 月 11 日)。

杨国顺《科尔伯格的道德认知发展理论及启示》,载《教育与职业》,第 14
期,2004 年,第 60—61 页。

杨韶刚《美国品格教育的最新发展研究》,载《江西师范大学学报》,第 2
期,2002 年,第 63—63 页。

杨晓慧《习近平青年价值观教育思想论要》,载《马克思主义研究》,第 11
期,2017 年,第 124—133 页,第 160 页。

于剑,韩雁,梁志星《中国民航大学多维课堂教学质量评价体系研究》,载
《高教发展与评估》,第 34 卷,第 2 期,2018 年,第 63—72 页,第 105—
106 页。

虞立红,李艳玲《完善质量保障和监控体系 切实提高教学质量——北
京师范大学本科教学的实践》,载《中国大学教学》,第 2 期,2007 年,
第 60—62 页。

张会兰《美国 90 年代以来的教育标准化运动述评》,载《外国中小学教
育》,第 2 期,2005 年,第 6—10 页。

张进辅《论青年价值观的形成与引导》,载《西南大学学报(社会科学
版)》,第 3 期,2007 年,第 82—87 页。

张小青《论美国进步主义运动的思想背景》,载《中国社会科学院研究生
院学报》,第 5 期,1987 年,第 71—79 页。

张晓娜《价值澄清理论与价值观教育》,载《前沿》,第 11 期,2006 年,第
146—148 页。

张学华《小班化教学破解理工院校思想政治教育困局》,载《教育与职业》,第 3 期,2015 年,第 160—161 页。

张陟遥《试析美国新保守主义的生存土壤》,载《中共桂林市委党校学报》,第 1 期,2005 年,第 35—38 页。

赵作斌《素质学分制——大学生评价模式的新探索》,载《中国高等教育》,第 20 期,2018 年,第 27—29 页。

郑富兴,高潇怡《道德共识的追寻——美国新品格教育的内容浅析》,载《外国教育研究》,第 11 期,2004 年,第 30—35 页。

郑富兴《论美国新品格教育的"社群化"特征》,载《比较教育研究》,第 11 期,2004 年,第 85—90 页。

仲惟嘉《美国思想政治教育的历史发展和现实状况》,载《文摘版:教育》,第 8 期,2015 年,第 55 页。

周萍《社会主义核心价值观融入高校校园文化建设的新思考》,载《思想教育研究》,第 8 期,2018 年,第 128—132 页。

周耀东《仅废除"叛乱诸州"的奴隶制是林肯的思想局限吗》,载《历史学习》,第 10 期,2004 年,第 24—25 页。

朱海龙《美国新品格教育对我国大学生道德教育的启示》,载《山东师范大学学报(人文社会科学版)》,第 58 卷,第 6 期,2013 年,第 115—120 页。

英文文献:

Adams, James Truslow, *The Epic of America*, Boston: Little, Brown and Company, 1931, p. 405.

Armitage, David, *The Declaration of Independence: A Global History,*

Cambridge, MA: Harvard University Press, 2008, pp. 483 – 484.

Berger, Christian, Deutsch, Nancy, Cuadros, Olga, Franco, Eduardo , Rojas, Matias, Roux, Gabriela and Sánchez, Felipe, "Adolescent Peer Processes in Extracurricular Activities: Identifying Developmental Opportunities", *Children and Youth Services Review* 118(2020), p. 2.

Brinkley, Alan B. , "The Problem of American Conservatism", *The American Historical Review* 99(1994), pp. 409 – 429.

Brown, Sarah and Taylor, Karl, "Religion and Education: Evidence from the National Child Development Study", *Journal of Economic Behavior and Organization* 63(2007), pp. 439 – 460.

Bryson, Arthur J. and Carr, David, "Character in Learning for Life: A Virtue-Ethical Rationale for Recent Research on Moral and Values Education", *Journal of Beliefs & Values* 34(2013), pp. 26 – 35.

Calhoun, Craig, "The Specificity of American Higher Education", *Comparative Social Research* 19(2001), pp. 47 – 81.

Campus Free Expression Act, https://www. goldwaterinstitute. org/wp-content/uploads/2019/04/Campus-Free-Speech_Model-Legislation_Web. pdf.

Campus Free-Speech Legislation: History, Progress, and Problems, https://www. aaup. org/report/campus-free-speech-legislation-history-progress-and-problems # fn7.

Carl D. Perkins Career and Technical Education Act. https://careertech. org/what-we-do/engaging-policymakers/federal-policy-agenda/perkins-act/.

Colby, Ann, Ehrlich, Thomas, Beaumont, Elizabeth, Stephens, Jason &

Lee S., Shulman, *Educating Citizens: Preparing Americans Undergraduates for Lives of Moral and Civic Responsibility*, San Francisco: Joseey Bass, 2010, pp. 243 – 246.

Comrey, Andrew L. and Newmeyer, John A., "Measurement of Radicalism-Conservatism", *The Journal of Social Psychology* 67 (1965), pp. 357 – 69.

Crowson, Robert L., Kenneth K. Y., Wong and Ahmet, Aypay, "The Quiet Reform in American Education: Policy Issues and Conceptual Challenges in the School-to-Work Transition", *Educational Policy* 14 (2000), pp. 241 – 258.

Damon, William, *The Path to Purpose: How Young People Find Their Calling in Life*, New York: The Free Press, 2008, p. 26.

Deroche, Edward F., Williams, Marry M., *Education Hearts and Minds: A Comprehensive Character Education Framework*, Thousand Oaks: Sage Pubns, 1998, p. 74.

Durham, Martin, "The Christian Right, the Far Right and the Boundaries of American Conservatism", *Political Studies* 37(2000), pp. 497 – 499.

Federal Work Study. https://seo.harvard.edu/for-students/federal-work-study.

Frequently Asked Questions: The Campus Free Expression (CAFE) Act, https://www.thefire.org/research-learn/frequently-asked-questions-campus-free-expression-cafe-act.

Garrett, Alan W., "Planning for Peace: Visions of Postwar American Education during World War II", *Journal of Curriculum and*

Supervision 11(1995), pp. 6 – 38.

GEAR UP. https://wsac.wa.gov/gear-up.

Halford, Graeme Sydney, " Cognitive Developmental Theories ", *Encyclopedia of Infant and Early Childhood Development*, (2008), pp. 298 – 308.

Hardjono, Teun W. and van Kemenade, Everard, " The Emergence Paradigm", *The Emergence Paradigm in Quality Management*, (2021), https://doi.org/10.1007/978-3-030-58096-4_7.

Harrits, Gitte Sommer, "More than Method: A Discussion of Paradigm Differences within Mixed Methods Research", *Journal of Mixed Methods Research* 5(2011), pp. 150 – 166.

Higher Education Act of 1965, https://www.govinfo.gov/app/details/ COMPS-765/.

Higher Education Opportunity Act, https://www.congress.gov/110/ plaws/publ315/ PLAW-110publ315.pdf.

Hui, Yan Keung, Kwok, Lam for and Ho Shing Ip, Horace, "Employability: Smart Learning in Extracurricular Activities for Developing College Graduates' Competencies", *Australasian Journal of Educational Technology* 2(2021), pp. 171 – 188.

International Education Act of 1966, https://www.govinfo.gov/content/ pkg/STATUTE-80/pdf/STATUTE-80-Pg1066.pdf.

Jefferson, T., Madison, J., *The Declaration of Independence and the Constitution of the United States of America*, New York: Bantam Classics, 1979.

Jie, G. , "From Contemporary Character Education to Developmental Character Education—the Transformation and Practice of American Values Education in the 21st Century", *International and Comparative Education*, 2017, pp. 66 - 69.

Ketcham, Ralph, *Individualism and Public Life: A Modern Dilemma*, New York: Wiley-Blackwell Inc. , 1991, p. 4.

Kienel, P. , *A History of Christian School Education*, Purposeful Design Publications, 2005, pp. 23 - 29.

Kolchenko, Kateryna and Kozlikovska, Nadiia, "Development of Students' Vocational Competence in the Frame of Extracurricular Activities", *Social Welfare: Interdisciplinary Approach*, (2012), pp. 23 - 25.

Lickona, Thomas, "The Return of Character Education", *Educational Leadership: Journal of the Department of Supervision and Curriculum Development* 51(1993), pp. 6 - 11.

Lin, Alex R. , "Citizenship Education in American Schools and Its Role in Developing Civic Engagement: A Review of the Research", *Educational Review* 67(2015), pp. 35 - 63.

M. , Boccard, "Thomas Paine's Common Sense", *Literary Contexts in Essays Thomas Paine's Common Sense*, 2012, p. 76.

M. , Ogletree, "Methods of Curriculum Implementation", *Curriculum Development*, (1979), p. 20.

M. P. , Federici, *The Challenge of Populism: The Rise of Right-Wing Democratism in Postwar America*, New York: Praeger Publishers, 1991, pp. xiv, 157.

M. W. , Kirst, "National Standards in American Education: A Citizen's Guide", *American Journal of Education* 2(1995), p. 223.

Malin, Heather, *Teaching for Purpose: Preparing Students for Lives of Meaning*, Cambridge, Massachusetts: Harvard Education Press, 2018, pp. 102, 177.

McCunney, Dennis, "Shaped by Campus Culture: Intersections Between Transformative Learning, Civic Engagement, and Institutional Mission", *Journal of Higher Education Outreach and Engagement*, no. 21(2017), pp. 61 – 68.

Miller, Howard, "J. David Hoeveler. Creating the American Mind: Intellect and Politics in the Colonial Colleges ", *The American Historical Review*, Vol. 109, No. 5(2004), pp. 1553 – 1554.

Moghaddam, F. M. , *The Specialized Society: The Plight of the Individual in an Age of Individualism*, Westport, Conn. : Praeger Publishers, 1997, p. 111.

MUTUAL EDUCATIONAL AND CULTURAL EXCHANGE ACT OF 1961-(FULBRIGHT-HAYS ACT), https://www. govinfo. gov/ content/pkg/COMPS-1082/pdf/COMPS-1082. pdf.

National and Community Service Act of 1990, https://americorps. gov/ sites/default/files/document/YYYY_MM_DD_National_Community_ Service_Act_Of_1990_as_Amended_by_the_Serve_America_Act_ ASN. pdf.

National Commission on Excellence in Education, A Nation at Risk: An Imperative for Educational Reform, A Report to the Nation and the

Secretary of Education United States Department of Education, 1983, http://www. ed. gov/pubs/NatAtRisk/risk. html.

R. Burke, Johnson and John Onwuegbuzie, Anthony, "Mixed Methods Research: A Research Paradigm Whose Time Has Come", *Educational Researcher* 33(2004), pp. 14 - 26.

Reiss, Steven, *Who Am I? The 16 Basic Desires That Motivate Our Actions and Define Our Personalities*, New York: Penguin Putnam Inc, 2002, pp. 17 - 18.

Richardson, John T. E. , "Cultural Specificity of Approaches to Studying in Higher Education: A Comparative Investigation Using the Approaches to Studying Inventory", *Educational and Psychological Measurement* 55(1995), pp. 300 - 308.

S. , Peach, "Understanding the Higher Education Curriculum in the 21st Century", *American Journal of Veterinary Research* 35 (2012), pp. 1135 - 1136.

S. J. , Sims, *Student Outcomes Assessment: A Historical Review and Guide to Program Development*, New York: Praeger, 1992.

Servicemen's Readjustment Act of 1944, https://www. archives. gov/milestone-documents/servicemens-readjustment-act ♯ transcript.

Strengthening Career and Technical Education for the 21st Century Act, https://crsreports. congress. gov/product/pdf/R/R47071.

T. G. , Mabary, *Values, Moral, and Character Education in Colonial America through the Nineteenth Century: A Qualitative Historical Study*, (PhD), Southwest Baptist University, 2017, p. 99.

Tewksbury, Donald G., "The Founding of American Colleges and Universities before the Civil War", *Teachers College Record: The Voice of Scholarship in Education* 34(1932), pp.1－2.

The Americans with Disabilities Act (ADA) protects people with disabilities from discrimination, https://www.ada.gov/.

Walsh, David Austin, "The Right-Wing Popular Front: The Far Right and American Conservatism in the 1950s", *The Journal of American History* 107(2020), pp.411－432.

Wolf, Susan Rose, *Meaning in Life and Why It Matters*, New Jersey: Princeton University Press, 2012, pp.8－10,12.

Zytowski, Donald G., "Frank Parsons and the Progressive Movement", *Career Development Quarterly* 50(2001), pp.57－65.

后记

　　"人为什么而活?""人生的目标和追求是什么?""人生价值如何实现?"这些关于人生价值观的基本思考,对于青年人生发展至关重要。引导青年树立正确的人生价值观,将"我们想要什么"的社会价值导向与"我想要什么"的个人价值取向有机衔接,用中国梦激扬青春梦,用报国行点燃人生行,对青年成长成才具有重要意义。如何推动青年人生价值观教育日常化、具体化、形象化、生活化,乃至生命化,实现人生价值观从"入耳入脑"向"入心"的发展飞跃,是新时代开展青年人生价值观教育的核心问题。全球化背景下,中外教育交流与合作日益密切,我国青年人生价值观教育需在扎根中国大地的基础上充分借鉴国际经验。因此,本书紧密聚焦青年这一决定未来整个社会价值走向的关键群体,考察文化语境下的青年人生价值观教育,通过人生价值观塑造的理论体系、历史发展进程、教育实践和发展趋势分析,着力探寻社会主义核心价值观个人化、生命化的普遍性规律及区域性特质。

　　实现中华民族伟大复兴中国梦,需要凝聚强国建设的思想伟力,需要结合人生价值观教育规律引导青年将国家建设、社会发展的价值预期与个人生命成长的价值期待相互融通。本书始于我国强国建设的现实需要,终于人生价值观教育规律的探索,全书系统研究了青年人生价值观教育的体系结构、历史发展、实践样态,分析了教育体系和教育理念在培养青年人生价值观方面的规律性认识,展现了人生价值观教育的完整图景。主要观点和结论有深厚的理论基础和鲜明的实践指向,研究过程虽然坎坷,进行了多次思想分化与重组,但最后实现了最初的研究设想。

本书的写作和研究经费来自国家社科基金项目支持。本项目实施以来,斯坦福大学青少年中心威廉·戴蒙教授团队在美国青少年人生价值观教育的国际视野方面,给予作者巨大支持。

本书以青年人生价值观教育为研究对象,研究过程扎根于中国本土,并结合了国际经验,为我国人生价值观教育拓展国际视野、提升教育实效性提供了有益探索成果和启示。依托于本项目撰写的"Educating the Whole Person: Broad Extracurricular Involvement and Prevalence of Purpose and Thriving among College Students in China""Qualitative Purpose Profiles of Chinese Student Teachers""How to Influence and Cultivate Young Adults' Life Purpose in the Process of Education: A Systematic Review of Empirical Studies"等论文均发表在国际高水平 SSCI 期刊(其中 JCR 一区两篇),深化了我国人生价值观教育研究的中外学术交流融通,扩大了我国人生价值观教育研究的国际影响力。

感谢东北师范大学思想政治教育研究中心的杨晓慧教授对

本研究领域的长期支持与指导,让本书得以顺利出版;感谢美国斯坦福大学青少年研究中心威廉·戴蒙教授团队提供的人生理想研究理论模型和研究方法支持。感谢项目组的全体成员,他们都以不同方式参与了本书的文献查阅、研究和写作过程。

项目研究成果虽然较为系统地呈现了青年人生价值观教育的现实样态及规律性认识,但是由于人生价值观教育是不断发展进步的实践活动,会根据新的时代需要、社会发展和物质条件的改变而做出相应的调整,相关理论研究和实践内容都有待进一步深入,所以本书所提出的众多理论观点和实践措施还需要在讨论中进一步深化,在实际应用中不断完善。